젊은 크리스천들에게

개정증보판
젊은 크리스천들에게

개정증보판 2쇄 발행 2025년 9월 5일

저　자 김하중

발행인 배영민
편집인 이경석

발행처 레가투스
등　록 제2025-000118호
주　소 서울시 서초구 사평대로26길 78
이메일 legatusbooks@kakao.com

디자인 디디앤 김다은

ISBN 979-11-993455-1-5

이 출판물은 저작권법에 의해 보호를 받는 저작물이므로 무단 전재와 무단 복제를 금합니다.

*잘못된 책은 바꿔 드립니다.
*책값은 뒤표지에 있습니다.

'레가투스(Legatus)'는 라틴어로 고대 로마 시대 황제가 먼 지역에 파견한 특별한 사절을 의미합니다. 이들은 황제의 권위를 가지고 그 땅에서 황제의 뜻을 전하며 변혁을 일으키는 사람들이었습니다. 사도 바울은 "그러므로 우리가 그리스도를 대신하여 사신이 되어"(고후 5:20)라고 말하는데, 여기서 '사신'이 바로 '그리스도의 대사' 곧 '하나님의 대사(Legatus Dei)'를 의미합니다. 크리스천은 만왕의 왕이신 하나님께서 이 땅에 파견하신 특별한 사절입니다. 레가투스(Legatus) 출판사는 크리스천들이 하나님의 대사(Legatus Dei)로서의 사명을 온전히 감당하도록 돕고자 합니다.

젊은 크리스천들에게

김하중 지음

나에게 믿음의 뿌리를 남겨 주신 사랑하는 어머니
고(故) 정갑순 권사님께 이 책을 바칩니다.

Contents

서문   008
프롤로그   014

Part 1 ✦ 죄를 은혜로 돌려받다

1 가난 속에서도 꿈은 자란다	020
2 가장 큰 만남의 축복, 아내	038
3 기대와 설렘으로 사회에 첫발을 내딛다	048
4 3년 반 동안 다섯 번 자리를 옮기다	061
5 무슨 일을 맡든 120퍼센트 정성을 쏟았다	073
6 큰 그림 안에서 차근차근 이끄시다	092
7 내일 일을 대비시키신 하나님	116
8 한중 수교, 그 역사적인 무대에 서다	130

Part 2 ✦ 구별된 삶을 시작하다

1 거듭남, 삶의 방향을 완전히 돌이키는 것　　152
2 놀라운 도약을 기다리다　　174
3 세상 권력의 중심에서 하나님을 의지하다　　188
4 대사로 사는 어려움, 대사로 사는 기쁨　　243
　· 한 나라의 대사로 산다는 것　　254
　· 하나님의 대사로 산다는 것　　296

Part 3 ✦ 하나님을 믿는 젊은이들에게

1 성공을 향해 달리고 있는가　　316
2 세상 끝 날까지 도전과 시련은 멈추지 않는다　　340
3 강하고 담대하라, 성령의 능력으로 승리하라　　390

에필로그 406

서문

나는 지금으로부터 꼭 60년 전인 1965년에 대학에 입학, 1969년 졸업과 동시에 ROTC 장교로 임관되어 전방에서 2년여의 복무 후 1971년 6월 말 제대했다. 1973년 봄 외무고시에 합격해 외무부 근무를 시작하여, 2009년 2월 통일부장관을 마지막으로 36년간의 공직 생활을 끝내고 은퇴했다.

은퇴 후인 2010년 1월 《하나님의 대사》 출판을 시작으로 2015년 1월까지 5년 사이에 신앙 서적 6권을 포함하여 9권의 책을 출간했다. 이를 계기로 간증집회나 특강을 하게 되는 과정에서 한국 교회들의 내면을 들여다보게 되었으며, 고목나무처럼 완고한 일부 기성세대들의 믿음에 실망할 때도 많았다. 그러나 기성세대에 비해 아직 세상 물이 덜든 비교적 순수한 믿음을 가진 청년들과의 교제를 통해 결국 한국 기독교계의 미래는 이런 젊은이들에게 달려 있다고 생각하게 되었고, 크리스천 젊은이들을 위한 책을 구상해 왔다.

2015년 8월 나는 《젊은 크리스천들에게》를 출간했는데, 그 책은 목회자나 하나님을 위한 사역을 전문적으로 하는 청년들보다는 크리스천으로서 일반 직장에서 살아가고자 하는 청년들에 대한 메시지라고 할 수 있다. 나는 그 책을 통해서 사회생활을 먼저 한 선배 크리스천, 특히 정부에서 중요한 직책을 담당했던 한 리더로서 나의 경험을 가감 없이 들려줌으로써 젊은 크리스천들이 혼탁한 세상을 이길 수 있는 믿음과 어려운 경제적 상황에도 굴하지 않는 용기를 가질 수 있기를 소망했다.

지금 한반도에는 통일이 서서히 다가오고 있다. 통일은 '할 것이냐 안 할 것이냐'라는 우리 의지의 문제가 아니라, 하나님의 방법으로 틀림없이 이루어질 일이며, 그 시기도 우리가 예상하는 것보다 빠를 가능성이 크다. 특히 올해가 해방 80주년, 광복 80주년임을 고려할 때 그런 생각을 지울 수가 없다. 한반도의 통일이 이루어지면 지금의 젊은이들은 모두 통일한국시대와 동북아중심시대의 주역이 될 것이다. 그중에서도 하나님을 믿는 젊은이들의 역할은 더욱 중요하다. 그렇기 때문에 이 시점에 그들에게 주는 메시지가 더욱 필요하다고 생각한다.

《젊은 크리스천들에게》가 출간되고 꼭 10년이 흘렀다. 그동안 책이 절판되어 많은 독자들이 개정판의 출간을 요청하여 이번에 개정증보판을 출간하게 되었다. 개정증보판에서는 삶을 통해 나누고 싶은 영적인 교훈들과 다양한 상황 속에 있는 청년들이 모임에서 활용할 수 있도록 질문들을 추가했다.

《젊은 크리스천들에게》 출간 이후 국립외교원에서 출간된 회고록 2권(한국 외교와 외교관 김하중 상.하)과 하나님의 대사 1, 2, 3권의 일본어판이 추가되어 지금까지 총 14권의 책이 출간된 것도 오직 하나님의 은혜임을 고백한다. 앞으로도 집필 작업은 계속할 생각이며, 본서의 개정증보판 출간을 계기로 개정이 필요한 책들과 새로운 전문서적과 신앙 서적도 시간이 나는 대로 집필하여 출간하려고 한다.

나는 집필 활동을 하는 한편 여러 가지 사역에도 힘쓰고 있다.
우선 일본 사역이다. 내가 출석하는 온누리교회 요청으로 2014년부터 시작된 일본 목회자들과 교인들에 대한 일본어 강의는 지금도 매년 2회 정도 일본의 각 도시를 방문하면서 11년째 계속하고 있다 (코로나가 한창이던 2021년과 2022년에는 매년 3번 씩 온라인으로 강의). 또한 2022년부터는 한일연합선교회와 WGN(World Good News)이 공동으로 추진하는 일본 순교지 탐방과 한일 문화교류회의 사역에도 매년 2회 정도 씩 참여하고 있다.

그리고 2019년부터는 수감자 사역을 전담하는 안홍기 목사(글로벌 찬양의교회 담임)님과 전국의 교도소를 다니면서 수감자들을 위로하고 기도해 주는 사역을 하고 있는데, 지금까지와는 전혀 다른 상황에서 하나님의 인도하심을 경험하고 있다.

또한 탈북민들을 위한 사역이다. 몇 년 전 북한에서 억류되었다가 돌아오신 임현수 목사(캐나다 토론토 큰빛교회 원로)님과 함께 금년 5월에 '복음통일비전'이라는 사단법인을 설립하여 통일에 대비한 여러 가지 사역 특히 탈북민들을 위한 사역에 집중하고 있다.

올해로 만 78세가 된 나는 지나온 인생을 돌아보면서 먼저 하나님의 은혜에 깊이 감사드리지 않을 수가 없다. 그리고 다른 누구보다도 나에게 믿음의 뿌리를 주신 어머니에게 감사드린다. 또 살아 계실 때 나를 위해서 정말 많은 기도를 해 주신 큰 누님(고 김영애 권사)과 작은 누님(고 수산나 영자), 지난 50여 년 동안 나의 튼튼한 버팀목이 되어 주신 성중 큰 형님과 형수님에게 감사한다.

지난 50년 이상 동반자이자 친구로서, 그리고 이제는 동역자로서 항상 나를 지지해 주는 사랑하는 아내 배영민에게 고마움을 전한다. 또한 묵묵히 믿음의 길을 걸어가는 사위 윤한구와 딸 새려, 외손녀 채영, 손녀 유빈, 유진, 손자 유담 세 아이를 키우며 믿음으로 가정을 세우는 큰 며느리 정자원과 장남 보람, 그리고 주담, 주철 두 손자와 함께 사랑과 믿음의 귀한 가정을 이룬 둘째 며느리 사미영과 차남 가람에게 깊은 사랑을 전한다.

지금은 비록 우리 곁을 떠나가셨지만 고 하용조 목사님의 사랑과 은혜를 잊을 수가 없다. 중국에서 회심하고 1995년 1월 귀국해 온누리교회에서 믿음 생활을 시작한 나는 하용조 담임목사님으로부터 영적인 양육과 함께 큰 사랑을 받았다. 특히 2001년 10월 주중대사로 부임하기 직전 나에게 나라의 대사이기도 하지만 '하나님의 대사'로 살아야 한다는 하나님의 부르심(Calling)을 전해 줌으로써, 이후 내가 하나님의 대사로서 삶을 살아갈 수 있도록 하셨던 목사님께 존경과 감사를 표한다.

2025년 8월
김 하 중

프롤로그

이 책을 구상하면서 어떤 식으로 이 악한 시대에 고뇌하는 젊은 크리스천들을 격려할 수 있는 메시지를 풀어 나갈까 오랫동안 고민했다. 처음에는 성경에 나오는 믿음의 영웅 이야기로 풀어 나갈까도 생각했다. 나는 공직에 있었기 때문에 성경에 나오는 인물 중에서도 특히 공직에 있었던 인물들, 그중에서도 총리를 지냈던 요셉과 다니엘, 그리고 다윗왕을 좋아했다. 그런데 막상 이런 인물들 이야기를 글로 쓰려고 하니 신학적 배경이 없는 내가 수천 년 전 성경의 인물로 현대를 사는 젊은이들에게 메시지를 전한다는 것은 쉬운 일이 아니었다. 기도하며 고심한 끝에 부족하지만 내가 살아온 인생을 바탕으로 글을 쓰기로 결심했다.

1994년 회심을 하고 나서 나 자신을 돌아보니 나는 죄인이었다. 그것도 바울이 말한 것처럼 죄인 중의 괴수였다. 나는 하나님으로부터 당연히 벌을 받아야 할 존재였다. 그러나 하나님은 나를 벌하는 대신 사랑하셨으며, 계속해서 은혜를 부으셨다. 회심을 하고 나서야 비로소 그것을 깨달았다. 더 놀라운 것은 하나님께로 돌아오는 과정에서도 나에게는 별다른 고난이나 시련이 없었다는 사실이었다. 나는 그 사실이 너무나 감사하여 앞으로의 삶은 무조건 하나님께 순종하고, 하나님의 영광을 위해 나 스스로 힘들고 어려운 길을 가겠노라고 다짐하고 그렇게 살아가려고 노력했다.

그렇게 결심한 이후 나는 사람을 무서워하지 않게 되었으며, 아무리 힘들고 어려운 일이 생기더라도 아주 기쁘게 그것을 감당할 수 있게 되었다. 그랬더니 오히려 하나님께서 나를 높이시기 시작했다. 이 모든 것이 너무나 놀라웠다.

주중국 한국대사관에서 공사로서 임기를 마치고 한국으로 돌아오면서 나는 교회에서 교인들에게 인사를 하게 되었고, 그때 나도 모르게 10년 후에 대사가 되어서 돌아오겠다고 말했다. 그런데 10년이 아닌 6년 10개월 만에 주중국 한국대사로 중국에 부임하게 되었다. 그 당시 외교 관례를 깨고 이틀 만에 신임장을 제정하였고, 그로부터 6년 5개월이나 주중대사의 직을 감당했다. 이로써 직업외교관으로서 최장수 대사라는 기록을 세우게 되었다.

통일부장관 인사청문회 당시에는 시작 후 한 시간 만에 인사청문 경과보고서 채택에 관한 결의를 한 후, 오후 4시 반이 넘도록 정책질의가 진행되었다. 보통의 경우 인사청문회에서는 하루 종일 정책질의를 비롯한 각종 질의를 한 다음, 여야가 그 사람이 장관으로서의 자질과 능력을 갖췄는지를 판단해 보고서를 채택하게 된다.

그런데 질의를 다하지도 않은 상태에서 장관으로서 적합하다는 판단하에 보고서 채택에 관한 결의를 먼저 하고 정책질의를 계속했다는 것은 전무후무한 일로서 하나님의 은혜가 아니면 일어날 수 없는 놀라운 일이었다. 나는 이 과정에서 더욱 철저히 하나님만 의지하게 되었다.

본서에서는 통일부장관 때의 일은 기록하지 않았다. 그러나 앞으로 적당한 시기가 되면 밝힐 수 있는 내용은 밝히려고 한다.

이 이야기는 하나님 앞에 너무나 부끄러운 죄인을 벌하시는 대신 오히려 은혜로 돌려주신 것이 감사하여 철저히 순종했더니 하나님께서 얼마나 큰 은혜를 부어 주셨는지에 관한 간증이다. 지금 이 순간 여러 가지 어려움에 처한 젊은이들이 이 이야기를 읽고 앞으로 어떻게 세상을 살아가야 하며 어떤 길로 나아가야 하는지에 대한 답을 얻고, 기도할 때 성령께서 주시는 담대함과 지혜로 이 세상을 이기기를 소망한다.

본서는 총 3부로 구성되었다. 1부와 2부는 나의 인생 이야기로서, 그중 1부는 내가 죄인이었음에도 불구하고 하나님께서 내 죄를 은혜로 돌려주신 시절의 이야기 즉 어린 시절부터 시작하여 외무부에 들어가 뉴욕, 인도, 일본을 거쳐 중국에 가서 한중 수교에 참여한 뒤, 29년 만에 하나님을 다시 믿게 되기까지의 이야기다.

2부는 세례를 받은 후 세상과 구별된 삶을 살기 시작하면서 아태국장, 장관 특보, 대통령 의전비서관과 외교안보수석비서관, 주중대사를 거쳐 통일부 장관이 되기까지의 이야기를 다루었다. 그리고 3부에서는 나의 지나온 삶을 바탕으로 이 시대의 젊은 크리스천들에게 전하고 싶은 이야기를 담았다. 그렇기 때문에 3부 이후에는 종결 어미가 존대어로 바뀌는 것을 참고하기 바란다.

본서에서 나는 기본적으로 나의 간증서인 《하나님의 대사 1, 2, 3》과 《사랑의 메신저》, 《김하중의 중국 이야기 1, 2》를 참고했다. 특히 청와대 생활에 관해서는 내가 쓴 김대중 대통령에 관한 책 《증언》을 참고했다. 독자들의 이해를 부탁드린다.

PART1
죄를 은혜로 돌려받다

1

가난 속에서도
꿈은
자란다

1950년 6월에 시작된 한국전쟁은 1953년 7월에 휴전됐다. 그리고 그해 봄에 나는 돈암동에 있는 돈암초등학교에 입학했다. 막 전쟁이 끝난 서울은 완전히 폐허가 되어 버렸다. 시내 어디를 가도 무너진 건물 잔해만이 넘쳤다. 모두가 가난했다. 먹을 것이 없었다. 돈암동에 유엔군 트럭이 지나갈 때면 나는 동네 아이들과 함께 트럭을 쫓아가며 먹을 것을 달라고 소리쳤고, 간혹 외국 군인들이 껌이나 초콜릿을 던져 주면 그것을 주우려고 난리였다.

학교에서는 미국이 구호물자로 제공한 분유를 수업이 끝나고 돌아가는 학생들에게 나누어 주기도 했다. 우리는 분유를 손바닥에 받아들고 갔는데, 어쩌다가 넘어지기라도 하면 울면서 빈손으로 돌아갈 때도 있었다. 집에 가면 손바닥에 받아 간 분유를 어머니가 쪄 주셨는데, 간혹 아끼려고 조금만 놓아두면 이내 딱딱해져서 망치로 부셔서 먹고는 했다.

원래 양반집의 외동딸이었던 어머니는 외할아버지가 일찍 돌아가시자 외할머니를 따라 예수님을 믿게 되었다. 그러나 믿지 않는 집안의 아들인 아버지와 결혼하면서 어머니의 신앙생활은 중단될 수밖에 없었다. 그러다 한국전쟁 후 어려운 가정 형편으로 어머니는 다시 예수님을 찾게 되었고, 교회를 열심히 다니면서 모든 것을 하나님께 의지하셨다.

선연하게 떠오르는 어린 시절

언제부터인가 아버지가 집을 비우는 날이 많아졌다. 어머니는 아버지가 지방에 다니면서 장사를 하신다고 했다. 집안 형편은 점점 더 어려워졌다. 어머니는 자주 나를 데리고 동대문 시장에 가셨다. 집 안에 있는 물건들을 내다 팔아서 쌀과 먹을 것을 사 오기 위해서였다. 딱히 동대문 시장까지 가는 교통수단이 있는 것도 아니어서 어머니와 나는 그냥 걸어 다녔는데 간혹 힘들 때면 낙산에서 잠시 쉬곤 했다. 그래도 그때는 먹을 것은 부족했지만 잠을 잘 수 있는 집이 있어서 괜찮았다.

큰형이 고등학교에 들어갈 때였다. 고등학교 입학금을 구하지 못하자 어머니는 내 손을 잡고 아주 가까운 친척 집에 찾아가서 사정을 설명하고 돈을 좀 빌려 달라고 했다. 그러나 대청마루에 앉아 있던 그 친척들은 우리에게 올라오라는 소리도 하지 않고 거절을 했다. 어머니는 내 손을 잡고 밖으로 나와 거리에 있는 나무를 붙들고 한참을 서 계셨다. 나는 그 모습을 지금도 잊을 수가 없다. 그 가슴 아픈 경험 때문에 나는 나 자신도 그렇고, 아이들에게도 누군가 어려운 사람이 찾아오면 절대로 빈손으로 보내지 말고 최선을 다해 도와주라고 강조하고 있다.

초등학교 4학년쯤이었다. 별안간 사람들이 찾아와서 집을 비우라고 했다. 아버지가 장사를 하다가 부도가 나는 바람에 집이 차압당한 것이다. 어머니와 우리 가족(누나 둘, 형 둘)은 하루아침에 집에서 쫓겨났고, 그때부터 삼선교에 있는 어느 집 별채에서 세를 살게 되었다. 생활은 점점 어려워졌으며, 그 후에도 몇 번이나 이사를 다녀야 했다.

나는 돈이 없어 항상 걸어 다녔다. 무슨 일이 있으면 집이 있는 삼선교에서 동대문이든 서대문이든 무작정 걸어갔다. 나는 친구들과 어울려 가끔 동대문 운동장에 갔다. 몰래 운동장 담을 넘어 들어가다 걸리면 몇 대 얻어맞기도 했지만, 운이 좋으면 운동 경기를 볼 수 있기 때문이었다. 한번은 삼륜차 뒤에 몰래 매달려 가다가 삼륜차 바퀴에 다리가 걸려 다치기도 했다.

그래도 우리는 어머니의 기도와 사랑 덕분에 이런 경제적 어려움을 능히 이겨 나갈 수 있었다. 그런 가운데 누님들이 결혼하고 큰형이 취직을 하자, 형편이 조금은 나아졌다.

중학생 때는 바둑을, 고등학생 때는 기타를

나는 초등학교 때부터 외교관이 되겠다는 생각을 했다. 그리고 휘문중학교에 입학한 후부터는 중국에 관한 여러 가지 책을 보면서 외교관이 되면 중국에서 근무하고 싶다는 막연한 생각을 가지기 시작했다(《하나님의 대사 2》 18쪽 참조).

가난한 탓에 별다른 취미활동도 할 수 없었던 나는 중학교 2학년 때 큰형의 어깨너머로 바둑을 배웠는데 대학 다닐 때쯤에는 1급 정도의 실력이 되었다.

중학교 3학년 때 좀 더 유명한 고등학교에 다니고 싶어서 시험을 쳤지만 떨어졌다. 내가 고등학교 시험을 친 1962년에는 전국에 있는 모든 중학생이 동시에 똑같은 시험을 쳤는데, 1차 지망 학교에 떨어지면 그 점수로 2차 지망 학교에 가게 되어 있었다. 내가 들어간 삼선고등학교는 2차 고등학교 중에서는 커트라인이 가장 높았다.

고등학교 시절에도 집안 형편은 크게 나아지지 않았다. 어느 날부터 독학으로 기타를 배우기 시작했는데, 틈만 나면 기타를 쳐 대는 바람에 시끄럽다고 야단치는 가족을 피해 밤에 이불 속에서 기타 연습을 하곤 했다. 그러다 고등학교 2학년 여름 어느 날, 굳은 결심을 하고 마당에 있던 돌계단에 기타를 내리쳐 부숴 버렸다. 이렇게 기타만 열심히 치다가는 아무래도 원하는 대학에 가지 못할 것 같아서였다. 그러고 나서 공부에 전력을 집중하기 시작했다.

중학교와 고등학교에 다닐 때 나는 어머니를 따라서, 혹은 친구들과 함께 동네에 있는 교회를 다니곤 했다. 예수님을 믿어서 나갔다기보다는 교회에 가면 사람들이 따뜻하게 대해 주고, 무슨 절기가 되면 먹을 것을 주고, 한편으로는 혹시 여학생을 만날 수 있지 않을까 하는 기대가 있어서였다. 엉뚱한 것에만 관심이 있었으니 말씀이 귀에 들어올 리가 없었다. 그래도 그때 나는 찬송가 부르는 것을 좋아했으며 지금 아는 찬송가도 대부분은 그 당시 배운 것이었다.

중국에 대한 비전을 굳히다

고등학교 3학년이던 1964년 가을, 대학 입시에서 전공을 선택할 때 외교관이 되겠다는 생각에 1지망은 외교학과를 지망하기로 했지만, 2지망은 중국에 대한 내 생각에 확신이 들지 않아 계속 고민하고 있었다. 그러던 차에 10월 16일 중국이 핵 실험에 성공했고, 다음 날 신문은 앞으로 중국이 강대국이 될 것이라는 기사로 뒤덮였다. 나는 중국에 대한 비전을 굳히고 2지망으로 중국문학과를 선택했다. 당시에는 중문과를 나오면 취직이 잘 안 되는 상황이라 주위에서 다른 과를 선택하라는 의견도 많았지만, 담임선생님이 강력히 지지해 준 것이 마음을 정하는 데 큰 힘이 되었다. 그런데 1지망인 외교학과에는 떨어지고 2지망인 중문과에 합격한 것이다.

당시만 해도 중국은 공산국가로서 "중공"(中共)이라고 불리며 우리나라와 적대적인 관계에 있었고 특히 문화대혁명이 일어나기 직전이어서 중국 내 상황이 매우 혼란스러운 때였다. 또 현실적으로 중문과를 나오면 취직할 곳도 마땅치 않았다. 그러나 나는 "황하의 물이 10년은 동쪽으로 흘렀다가 다시 10년이 지나면 서쪽으로 흐른다"(十

年河東 十年河西)라는 말처럼 시간이 지나면 한중 관계에도 틀림없이 변화가 있으리라고 확신했다. 그래서 처음에는 재수를 할까 하는 고민도 했지만 중문과에 합격한 것도 무슨 뜻이 있을 것이라 생각하고 그냥 다니기로 결심했다.

청춘의 날들

내가 대학 1학년생이던 1965년은 학교에서 매일 한일협정 체결을 반대하는 시위가 한창이었다. 나는 친구들과 함께 교내에서, 또는 학교 밖에서 데모를 하다가 경찰에게 쫓겨 여기저기로 도망을 다니곤 했다. 그렇게 한 해가 지나고 있었다.

록밴드 '엑스타스'를 결성하다

늦가을 어느 날 음악을 좋아하는 친구들과 이야기를 나누다가 그 당시 세계적으로 유행하던 전기기타를 연주하면서 노래하는 록밴드를 구성하기로 했다. 우리는 각자 서로의 장점을 살려, 멜로디인 리드기타는 내가, 리듬인 세컨드기타는 친구가, 베이스기타는 선배 한 사람이 맡고, 다른 한 친구는 드럼을 맡기로 했다. 그리고 우리 그룹의 이름을 당시 새로이 발견된 X Stars(미지의 별들)의 이름을 빌려 Xstars로 하기로 했는데, 나중에 이름이 복잡한 것 같아 라틴어로 '황홀'(extasis)이라는 뜻과 비슷한 발음의 엑스타스(EXTAS)로 바꾸었다.

우리는 1965년 말부터 연습을 시작하여 1966년 봄부터 본격적인 연주 활동을 시작했다. 학생들이라 돈이 없었기 때문에 좋은 전기기타를 살 수가 없었다. 그래서 평소에는 보통 전기기타로 연습하다가 연주회 전날 종로에 있는 전문 악기점에 가서 악기를 빌려 연주하곤 했다. 그런데 악기 빌릴 돈을 구할 수가 없어서 집에 있는 물건들을 전당포에 맡기고 돈을 구했다. 때로는 돈을 융통한 뒤 연주회 때 명목적인 입장료를 받아서 갚기도 했다.

연습 장소도 마땅하지 않아 처음에는 문리대와 법대 구내 다방을 늦은 시간에 사용하기도 하고, 그것도 곤란한 경우에는 교내의 빈방을 찾아 사용하기도 했다. 그러다가 얼마 후 학교에 정식으로 '문리대 경음악회'라는 이름으로 등록해 문리대 운동장 계단 아래에 있는 역도부의 옆방을 배정받아 사용하게 되었다.

공연 요청이 쇄도하다

우리는 많은 준비를 거쳐 1966년 11월 9일 학교 대강당에서 창단 연주회를 열었다. 첫 공연에 대한 반응은 뜨거웠다. 학생과 관객들이 대강당에 입추의 여지없이 들어찬 가운데 공연 도중에 많은 학생이 무대로 뛰어들어 트위스트를 추기도 했다. 당시 서울대 음대 3학년생이던 조영남 씨가 찬조 출연을 해 관객들에게 열광적인 박수를 받았다.

창립 연주회 이후 여러 군데서 공연 요청이 쇄도했지만 우리는 공연지를 엄선했다. 많은 공연 중에서도 성심여대와 금남의 집 이화여대 기숙사, 당시 유명했던 음악감상실 '세시봉'에서 연주를 한 것이 기억에 남는다. 당시 채널 7 TBC 동양방송국에서 25분간 생방송 텔레비전 프로그램에 출연하기도 했다. 요즈음과 달리 텔레비전 방송 채널이 3개뿐이었기 때문에 대학생들이 텔레비전 생방송에 출연한다는 것은 대단한 뉴스였다.

ROTC 훈련의 시작

3학년 봄부터는 ROTC 훈련을 받기 시작했다. 공부하면서 동시에 훈련도 받아야 하니 밴드 활동을 하기가 점점 어려워졌다. 그래서 1967년 가을에 우리는 후배들에게 '엑스타스'를 물려주었다(이 그룹은 그 후 7년간 더 지속되었다). 그러고 나서 외교관이 되겠다는 꿈을 실현하기 위해 외무부에 들어가는 방법을 알아보았다. 그 당시는 외무고시가 없어져 외무부에 들어가려면 4급(지금의 6급) 시험을 봐야 했기 때문에 먼저 군 복무를 마친 다음에 그 문제를 생각하기로 했다.

이렇게 나는 대학 4년간을 중문학 공부를 하면서, 때로는 데모를, 때로는 그룹사운드 활동을 했고, 동시에 ROTC 훈련을 받으면서 보냈다. 그런 가운데서도 틈틈이 아르바이트를 했지만 용돈은 늘 부족했다.

그러면서 중·고등학교 때 가끔 다니던 교회는 한 번도 가지 않았다. 그야말로 세상 속에 푹 빠져 살았다. 그러나 그때도 어머니와 누님 두 분은 나를 위해 정말로 열심히 기도하고 계셨다.

전방으로 배치되다

1969년 2월 말 대학 졸업과 동시에

나는 ROTC 육군 소위로 임관되었다. 나의 병과는 통역(공병)이었다. 통역병과 장교들은 먼저 전라남도 광주에 있는 부대에서 교육을 받고 나서, 다시 서울로 올라와 종합행정학교에서 통역 훈련을 받았다.

그런데 훈련이 끝난 다음 대부분의 동기생은 전부 후방으로 배치를 받은 반면, 나를 포함한 몇몇 동기들은 전방으로 배치되었다. 성적이 그렇게 나쁠 리도 없었는데 아무리 이유를 생각해 보아도 도무지 이해가 되지 않았다. 그러나 명을 받았으므로 나는 춘천에서 트럭을 타고 사창리에 있는 육군 제27사단(이기자 부대)으로 가 공병대대에 배속되어 소대장으로 근무를 시작했다.

소중한 친구를 사귀다

공병대대에서 근무를 시작한 지 10개월여가 지난 1970년 어느 늦은 봄날이었다. 그날따라 왠지 따분하고 답답했다. 그런데 위병 초소에서 누가 면회를 왔다는 연락이 왔다. '면회라니? 이 전방 산골짜기까지 누가 나를 찾아왔다는 말인가?' 아무리 생각해도 올 사람이 없었다.

초소에 나간 나는 깜짝 놀랐다. 같은 대학 ROTC 동기이자 5사단에 근무하는 이운형 소위였던 것이다. 어찌 된 일인지 물으니 그는 빙그레 웃었다. 자기도 사단 공병대대에서 소대장으로 근무하지만(그는 원래 공대 출신이었다), 내가 통역 장교로서 공병대대에서 근무하는 것이 힘들 것 같아 위로라도 해 주려고 버스를 타고 여기까지 찾아왔다는 것이다.

이 소위는 아주 부유한 집안의 장남이었다. 그 당시 세태로서는 그가 군대를 가지 않는다고 해도 무어라고 할 사람이 없었지만 그는 열심히 ROTC 훈련을 받았다. 내가 대학 3-4학년 때 같이 훈련을 받으면서 "자네는 무엇 때문에 이 고생을 사서 하느냐?"고 물으면 자기 아버지가 하도 엄해서서 어쩔 수 없이 받는 것이라고 했다.

나는 이 소위에게 "힘을 써서 후방을 가지 왜 전방에 왔느냐?"고 물었다. 그랬더니 그는 "아버지가 이왕 군대에 가려면 힘든 곳에 가서 고생을 하고 오라"고 해서 아예 전방 근무를 자원했고 5사단 공병대대로 배속을 받았다는 것이다. 그 말을 들으면서 순간이나마 전방에 배치 받은 것을 불만스럽게 생각했다는 것이 창피했다.

그 후 우리는 절친한 사이가 되었다. 이 소위는 나중에 아버지의 뒤를 이어 기업의 회장이 되었고 규모를 서서히 키워 나갔다. 그는 내가 외국 근무를 할 때면 항상 그곳으로 나를 찾아왔으며, 한국에서도 종종 만나곤 했다. 그는 기업인이었지만 관료인 나에게 그 무엇도 부탁한 적이 없었으며, 대기업의 회장이었지만 겸손하고 온유하며 검소했다. 독실한 크리스천이었던 그는, 나를 만나면 항상 고생하는 목회자나 선교사들을 도울 방법을 알려 달라고 했다. 그래서 이 회장을 통해 어려운 선교사들을 많이 도울 수 있었다. 물론 그는 회사 공금을 사용하지 않고 전부 자신의 사비로 그렇게 했다.

2009년 2월 통일부장관에서 은퇴한 후, 나는 여생을 하나님 한 분께만 집중하기 위해서 지인과의 연락을 모두 끊어 버렸다. 전화기를 꺼 버리니까 처음에는 문자로라도 연락하던 사람들도 시간이 지나면서 서서히 떠나갔다. 그런데 이 회장만은 내가 아무리 전화기를 꺼 놓아도 끊임없이 연락을 해서 만나자고 했다. 하나님을 위한 사역을 하더라도 가끔은 자기와 같은 세상 사람을 만나서 맛있는 음식도 먹고, 세상 사는 이야기도 들어야 한다면서 말이다. 그래서 우리는 일 년에 몇 번씩 만나서 식사도 하고 이야기를 나누곤 했다. 그는 내가 은퇴한 후에도 일 년에 몇 번씩 꾸준히 만난 유일한 친구였다.

그러던 그가 안타깝게도 2013년 봄에 돌연 우리 곁을 떠났다. 나는 그의 죽음을 믿을 수가 없었다. 매일 그의 빈소를 지키면서 하나님께서 그에게 영원한 안식을 주시고 그의 아내와 자녀들을 축복해 주시도록 간절히 기도했다. 그가 떠난 뒤 어느 날, 나는 그가 하나님께서 나를 위로하러 보내 주신 친구임을 깨달았다.

그때는 30년 후를 몰랐다

이 소위가 면회를 다녀가고 나서 얼마 되지 않아 나는 갑자기 사단 사령부 사단장실로 전출 명령을 받았다. 사단에 주한미군들이 방문하기도 하고 때로는 미군과 합동훈련을 하는데 통역 장교가 필요해서 나를 부른 것이었다. 나는 사단장실에 있는 고참 대위와 전속부관인 중위와 함께 근무를 시작했다. 얼마 후 나는 중위로 진급했고 전속부관으로 있던 장교가 대위로 진급하면서 중대장으로 나가자, 내가 그 업무를 인수받아 전속부관을 하게 되었다.

그 당시 사단장은 윤홍정 소장(작고, 육사 8기, 후에 체신부장관)이었는데 군인으로서도 탁월했지만 인품도 매우 훌륭한 분이었다. 사단장은 전방 지휘관으로서 가족과 함께 살 수가 없어 관사에서 혼자 생활하고 있었다. 당시만 하더라도 전방에 텔레비전은 물론이고 오락이라는 것이 거의 없었다. 사단장은 바둑을 아주 좋아했는데 그의 바둑 실력은 1급 정도 되었다. 나도 비슷한 실력이어서 사단장은 저녁에 심심하면 나를 불러 바둑을 두곤 했다. 특히 토요일과 일요일 저녁에는 몇 시간씩 바둑을 두었다. 그러다 보니 같이 식사도 자주 하게 되었고 이야기를 나누는 일도 많아졌다.

처음에는 가벼운 이야기를 하다가 시간이 지나면서 차츰 정치나 사회, 국제정세 등에 관한 여러 가지 이야기를 나누게 되었다. 나는 그때 1968년 말에 부활한 외무고시를 준비하고 있던 터라, 전방이지만 〈타임〉(Time)지와 〈뉴스위크〉(Newsweek)지를 정기적으로 구독하여 국제정세를 파악하고 영어 공부도 하려고 노력하던 중이었다.

나는 사단장과 바둑을 둘 때마다 미리 〈타임〉지와 〈뉴스위크〉지를 정독하고 가서는, 대화 도중 내가 읽었던 내용들을 설명했다. 그때마다 사단장은 상당히 놀라곤 했다. 지금처럼 뉴스를 실시간으로 알 수 있는 것도 아닌 1970년대에 전방에서 최신 미국 시사 주간지에서 읽은 해외 소식들을 전하니 놀라는 것이 당연했다. 그러자 사단장은 무슨 문제에 대해 의문이 생기면 나를 불러 묻곤 했다.

이런 일은 후방 같으면 상상도 못할 일이었다. 또 전방이라 하더라도 연대장이나 사단 참모도 근무 중에 하는 공식적인 보고 외에 사단장과 개인적으로 만나 그런 이야기를 나눈다는 것은 거의 불가능했다. 중위인 전속부관이 소장인 사단장과 하루에 몇 시간씩 앉아 바둑을 두거나 식사를 하면서 국내 문제나 국제 문제에 관해 이야기를 주고받는다는 것은 흔치 않은 특권이었고 귀중한 경험이었다. 덕분에 군대라는 것이 무엇이며 어떻게 움직이는지, 장군이나 고위 지휘관들이 무슨 생각을 하는지에 대해 귀한 통찰을 얻었고, 군의 여러 인사와도 친분을 쌓게 되었다.

전방으로 배속받았을 때 왜 내가 전방으로 가야 하는지 몰랐고 잠시나마 섭섭한 마음도 있었던 것이 사실이었다. 그러나 그로부터 30년 후인 1999년 8월 대통령 외교안보수석비서관이 되면서 비로소 의문은 해소되었다. 그것은 하나님의 전적인 인도하심이었다.

그 당시 외교안보수석은 지금의 국가안보실장과 외교안보수석의 역할을 겸하고 있었기 때문에 국방부 업무도 관장했다. 그래서 외교안보수석이 되려면 군부 인사들과의 관계도 중요한 고려 요소였다. 그런데 내가 외교안보수석이 되었을 때, 1969년에 나와 함께 27사단에서 소대장으로 근무를 시작한 김종환 소위(육사 25기, 후에 합참의장)가 국방장관 정책보좌관(중장)을 거쳐 1군사령관(대장)이 되었다. 그리고 우리 ROTC 동기(7기) 일부와 우리와 동일한 해에 임관한 육사 출신(25기) 장교 중 많은 이가 이미 소장이나 중장이 되어 있었다. 군에서는 나의 외교안보수석 임명을 크게 환영해 주었다.

사람이 계획해서 할 수 없는 일

2008년 3월 통일부장관이 되고 나서, 그해 12월 중순에 국무위원들이 총리를 모시고 국군 장병 위문차 전방을 가게 되었다. 나는 총리에게 따로 갈 곳이 있으니 총리를 수행하지 않겠다고 사전에 양해를 구했다. 그리고 12월 15일 아침, 과거 내가 근무했던 27사단으로 위문을 갔다. 김인동 사단장은 사단의 간부들을 모아 놓고 대대적인 환영을 해 주었다.

내가 근무한 사단장실이 있던 건물은 박물관으로 바뀌어 있었다. 박물관에는 사단의 역사에 관한 각종 자료와 그동안 27사단을 거쳐 간 사단장들, 주요 지휘관들에 관한 자료가 전시되어 있었다. 박물관을 돌아보던 나는 깜짝 놀랐다. '이기자 부대를 빛낸 사람'이란 제목의 코너에 두 사람에 관한 자료가 전시되어 있었는데, 그중 한 명이 나였다. 박물관을 나와서 나는 방명록에 이렇게 썼다.

"오늘의 영광의 시작인 '이기자' 부대는 저의 자랑이요 사랑입니다."

진심이었다. 나의 전방 근무는 내 인생에서 굉장히 중요한 시작이었다. 나는 그곳에서 유능한 군인을 많이 만났고, 특히 훌륭한 상관을 만나 부하를 어떻게 통솔하고 조직을 어떻게 운영해야 하는지에 관해 지식과 경험을 쌓았다. 그 경험은 훗날 공직의 여러 요직을 거치고 통일부장관이라는 중책을 맡는 데 중요하게 작용했다.

그런데 전방을 갔다고 하더라도 내가 통역 장교가 아니었으면 사단장실에서 근무하는 일은 없었을 것이고, 또 사단장실에서 근무하더라도 바둑을 둘 줄 몰랐다면 사단장과 그렇게 가까워지는 것은 불가능했을 것이다. 그런 점에서 보면 중학교 때 바둑을 배우고, ROTC 통역 장교가 되고, 대부분의 동기들과 달리 전방으로 간 것은 하나님의 인도하심으로밖에 해석할 길이 없다.

창세기 45장 8절에서 요셉이 고백했던 것처럼, 나 역시 내 인생의 순간마다 세심하게 인도하신 하나님께 감사하며 감히 이렇게 고백하고 싶다.

"그런즉 나를 전방으로 보내신 이는 하나님이시라. 하나님이 전방에서 많은 사람을 만나게 하시고 많은 것을 배우게 하여 대통령 외교안보수석비서관으로 삼으시고 정부의 주중대사로 삼으시며 통일부장관으로 삼으셨나이다."

결국 남들이 가기 싫어했던 전방 근무가 내게는 앞으로 누리게 될 많은 영광의 시작이었던 것이다. 돌아보면 모든 것이 하나님의 계획이요 은혜였지만, 당시에는 전혀 그런 생각조차 할 수 없었다.

삶에서 길어 올린 지혜

01
하나님을 향한 신앙을 삶의 기초로 삼으십시오

"하나님을 향한 어머니와 누님들의 끊임없는 기도가 인생의 큰 힘이 되었습니다." 가족의 기도와 신앙에서 오는 지지는 어려움을 이겨 나갈 수 있는 든든한 버팀목이 됩니다. 주님께 뿌리내린 믿음과 가정의 영적 유산은 우리의 삶을 떠받치는 견고한 기초가 됩니다. 다음 세대에 신앙의 유산을 물려주는 사람이 되십시오.

02
미래를 준비하는 지혜를 구하십시오

'황하도 10년 뒤엔 방향을 바꾼다'는 격언처럼, 세상의 변화에 민감하게 반응하고 시대의 흐름을 읽어 미래를 대비할 수 있는 지혜를 간구하십시오. 타인의 평가에 흔들리지 말고, 하나님께 의지하며 모든 것을 맡기십시오. 하나님의 부르심을 좇아 그분의 뜻을 이룰 수 있도록 기도하며 자신을 준비하십시오.

03
겸손과 헌신의 마음을 가지십시오

고위 공직에 올라서도 겸손함을 잃지 않고, 은퇴 후에도 전심으로 하나님께 헌신하는 모습은 크리스천 리더가 추구해야 할 삶의 모습입니다. 많은 관심과 중대한 책임이 주어질수록 더욱 겸손하고, 받은 축복을 기꺼이 나누는 것은 나 자신의 삶과 다른 사람의 삶에 아름다운 변화를 불러옵니다. 지금부터 겸손과 헌신의 삶을 훈련하십시오.

04
하나님의 인도하심을 신뢰하십시오

"당시에는 이해할 수 없었던 전방 근무가 훗날 인생의 중요한 발판이 되었음을 깨달았습니다." 우리는 일상에서 하나님의 세심한 인도하심을 경험할 수 있습니다. 우리의 소소한 선택과 경험이 하나님의 거대한 계획 안에서 귀한 의미가 있고, 훗날 퍼즐처럼 맞춰지리라는 믿음을 항상 마음에 간직하십시오.

05
항상 감사하십시오

자신의 인생 여정을 돌아보며 모든 것이 하나님의 은혜였음을 고백하는 자세는 우리에게 감사의 중요성을 일깨웁니다. 삶의 여정에서 맞이하는 모든 순간, 기쁨과 시련 모두에 감사하는 마음은 우리의 영혼을 더욱 맑고 깊이 있게 해 줍니다. 모든 상황 속에서 감사하는 삶을 살아가십시오.

나누며 깊어지는 시간

학업 중인 청년에게

1. 학업을 하는 일상에서 신앙이 견고한 삶의 기초로 세워지고 있나요? 고난을 견디고 이기게 하는 신앙의 밑바탕을 다져 놓기 위해 지금 내가 할 수 있는 것을 생각해 보세요.

2. 하나님께서 내 삶에 보내 주셨다고 생각되는 친구나 선후배, 선생님이 있나요? 그 관계를 통해 배운 점이나 마음에 새겨진 말이 있다면 나눠 보세요.

일터에 있는 청년에게

1. 직장 생활에서 사람의 평가나 기준보다 하나님의 뜻과 부르심을 따라 결정하거나 준비한 일이 있나요? 그때 어떤 고민과 기도를 했는지 나눠 보세요.

2. 어떤 선택이나 경험(부서 이동, 프로젝트 진행, 뜻밖의 만남 등)이 하나님의 큰 계획 안에 있었음을 깨달아 감사하게 됐던 순간이 있나요?

한 걸음 더 나아가기

여러 경험 중 내 삶에 긍정적인 영향을 주는 것은 무엇인가요? 짐이 되거나 불안을 주는 기억이 있다면, 그것을 하나님 앞에서 어떻게 바라보는 것이 좋을까요?

2

가장 큰
만남의 축복,
아내

1971년 6월 말 전역을 하고, 이듬해인 1972년 2월에 나는 서울대 행정대학원에 입학했다. 그동안 폐지되었던 외무고시가 1968년 말에 부활했기 때문에 그냥 고시만 준비하는 것보다는 대학원을 다니면서 준비하는 것이 좋을 것 같아서였다.

일생일대의 만남

그해 여름 행정대학원 학생들과 가정대학 여학생들이 미팅을 겸해서 팔당에 놀러 갔다. 나는 군대까지 다녀와 대학원생 중에서는 비교적 나이가 많은 그룹에 속했기 때문에 안 가겠다고 했지만 하도 강권해서 가게 되었다. 팔당에 도착해 버스에서 내리는데 누가 반갑게 인사를 하기에 보니 사촌 여동생 성희였다. 성희가 자기의 친한 친구라고 하면서 한 여학생을 소개하는데, 그 여학생의 모습이 내 가슴에 깊은 인상을 남겼다. 우리는 가벼운 목례만 했다.

그날 팔당에서의 미팅은 아무런 재미가 없었다. 마음 한구석에 사촌 동생이 소개한 그 여학생의 모습이 계속 남아 있었지만 고시를 준비하고 있을 때라 한가롭게 한 번 본 여학생을 생각할 여유가 없었다. 나는 다시 도서관에 파묻혀 고시 준비에 몰두했다.

어느 날 도서관에서 한창 공부하는데 누가 나를 툭 치는 것이었다. 깜짝 놀라 돌아보니 사촌 여동생 성희였다. 성희는 나에게 잠깐만 밖으로 나가자고 했다. 고시 공부하느라 힘들 텐데 잠시 머리도 식힐 겸 다방에 가자고 하는 것이었다. 우리는 학교 앞에 있는 유명한 '학림다방'으로 갔다. 그런데 거기에 팔당에서 인사한 바로 그 여학생이 앉아 있는 것이 아닌가!

나는 속마음을 들킨 것 같아 깜짝 놀라 어떻게 된 일인지 물었다. 성희 말로는 가정대학에서 가을에 축제를 하는데 그 친구가 그 축제에 함께 갈 파트너가 필요해서 나에게 부탁하러 왔다고 했다. 나는 매우 기뻤지만 겉으로는 전혀 내색하지 않고 아주 담담하게 그렇게 하자고 대답했다. 그 이후 우리는 만남을 시작했다.

아내의 희생과 헌신

해가 바뀌어 1973년 5월에 나는 외무고시에 합격했고, 다음 해 3월 말에 결혼을 했다. 아내의 집은 독실한 불교 집안이었고 아내도 물론 하나님을 믿지 않았다. 교제할 당시에 나는 이 사실을 어머니께 조심스럽게 말씀드렸다.

"사귀는 사람이 하나님을 안 믿는데 괜찮을까요?"

어머니는 선뜻 대답하셨다.

"그런 것은 걱정하지 말고 데려오기만 해라."

어머니는 이미 작전이 있으신 듯했다.

결혼한 후 우리는 어머니가 계신 큰형님 댁과 가까운 곳에서 살았는데, 주일이면 어머니가 우리 집에 오셔서 자고 있는 나는 놔두고 아내만 데리고 교회에 가셨다. 아내는 시어머니가 가자고 하니 마지못해 가긴 갔지만 다녀오면 나한테 불평을 쏟아 놓기 일쑤였다. 하루는 아내가 어머니를 따라 나가면서 말했다.

"어머니, 저만 데리고 가지 마시고요. 저 사람도 좀 같이 데려가시지요."

어머니는 그런 아내에게 "얘야, 쟤는 어차피 다시 예수를 믿을 거야. 그러면 큰 예수쟁이가 될 테니까 지금은 그냥 놔두고 우리끼리만 가자."라고 하셨다.

그러던 아내가 10년이 좀 넘어 예수를 믿고 나를 변화시켰다.

사랑하는 사람과 결혼했지만 동시에 공무원 생활을 시작하면서 나는 일에 파묻혀 살았다. 내 머릿속에는 오직 나라와 국민, 그리고 일뿐이었다. 그러다 보니 나는 아내에게 잘못하는 것도, 소홀한 것도 너무 많았다. 결혼 후 둘이서 조용히 저녁을 먹거나 주일에 어디 놀러 가는 즐거움을 가진 적이 거의 없었다. 대부분은 일에 쫓겨 사무실에서 저녁을 먹었고, 조금이나마 시간적인 여유가 있을 때면 동료나 친구들과 식사를 하거나 술을 마시곤 했다. 그리고 주일에는 피곤하다는 핑계로 교회도 가지 않고 집에서 빈둥거리거나 잠자는 날이 더 많았다.

그러다 보니 나는 가정일에 관한 한 아내를 전혀 도와주지 못했다. 아니 도와줄 생각도 하지 않았다. 세 아이를 키우는 것도, 학교에 보내는 것도, 이사를 하는 것도, 모든 것이 아내의 몫이요 아내의 일이었다. 거기다 많지도 않은 공무원 봉급을 갖다 주면서 주위의 어려운 사람을 도와준다고 돈을 가져가기 일쑤였다. 아내 입장에서 보면 자기가 불우이웃인데 남편이 다른 불우이웃을 돕는다고 돈을 가져가니 기가 막힐 노릇이었을 것이다. 나는 그러면서도 일이 여의치 않으면 아내에게 화를 내고 짜증을 냈다. 그래서 젊을 때는 많이 싸우기도 했다.

그러나 아내는 모든 것을 잘 참고 나를 이해하려고 노력했다. 외국 근무를 위해 이사할 때마다 혼자서 짐을 꾸렸으며, 세 아이가 유치원에서 대학을 졸업할 때까지 모든 교육과 준비와 수속을 혼자서 감당했다. 나는 정말 남편으로서 아버지로서 한 것이 아무것도 없었다. 그런데 놀라운 점은 내가 그런 것을 전혀 의식하지 못했다는 것이다. 나는 그저 매일 나라와 국민을 위해 일해야 하며 집안일은 당연히 아내가 해야 한다고 생각했다.

그렇게 꼭 20년이 지난 1994년 가을에 어머니, 아내의 오랜 기도와 딸의 금식으로 회심해서 하나님을 제대로 믿기 시작하고 1995년 1월에 세례를 받은 뒤, 나는 비로소 아내에게 지었던 잘못과 죄를 깨닫기 시작했다. 그때부터 나는 깊이 회개하면서 눈물로 하나님께 용서를 빌었다. 그러나 아직도 어떤 상황에 부닥치면 옛날의 그 나쁜 버릇들이 튀어나오곤 한다.

51퍼센트의 공로는 아내에게 있습니다

1995년 외무부 아태국장으로 귀국한 이후 1997년에 장관 특보, 그리고 1998년부터 3년 8개월 동안 청와대에서 대통령을 모시고 일하면서 나는 매일 바쁘고 긴장된 삶을 살았다. 자연히 아내와 함께하는 시간이 전보다 더 짧아졌고 집안이나 아이들에 대해서도 도저히 관심을 기울일 여유가 없었다. 그 모든 일은 항상 그렇듯이 아내의 몫이었다.

그러다가 2001년 10월 주중대사로 임명되어 중국으로 갔다. 대사로 부임한 후 곰곰이 생각해 보니 아내와 아이들에게 너무 미안했다. 나라와 국민을 위해서는 나름대로 열심히 일했다고 말할 수 있을지 모르겠지만, 한 가정의 가장으로서, 한 아내의 남편으로서, 그리고 아이들의 아버지로서 내가 한 것이 아무것도 없었다.

어느 날 나는 주중대사관 전 직원 80여 명을 부부 동반으로 대사관에 초청했다. 그동안의 직원들과 그 부인들의 노고를 치하한 뒤 나는 이렇게 덧붙였다.

"이 자리에 오기까지 제가 한 것은 49퍼센트밖에 없습니다. 나머지 51퍼센트는 아내가 한 겁니다. 지난 30년 동안 아내의 희생과 헌신이 없었다면 저는 절대로 이 자리에 올라올 수 없었을 것이라고 확신합니다. 그러니 여러분도 부인을 사랑하십시오. 그리고 부인의 희생과 헌신을 고마워하십시오. 그러면 언젠가 여러분은 반드시 높은 자리에 올라가 있을 겁니다."

사랑하는 아내 영민에게 바친다

2002년 10월 나는 중국에서 중국어로 쓴 《騰飛的龍》(떠오르는 용)이라는 책을 중국 외교부 산하의 '세계지식출판사'에서 출간했다. 그리고 맨 앞에 이 책을 "사랑하는 아내 영민에게 바친다"라고 썼다. 그랬더니 출판사에서 연락이 왔다. 출판사 측에서는 중국 사람들은 일반적으로 "남편이 아내에게 무엇을 바친다"라는 말 자체를 이상하게 생각하는데, 대사가 정말로 그 헌사를 넣겠냐고 물었다. 나는 분명히 그렇다고 대답했다.

2003년 11월 나는 중국어로 쓴 이 책을 한글로 번역하여 출판했다. 그리고 직원회의 때 대사관 직원들에게 한 권씩 선물했다. 그랬더니 한 여성 외교관이 나에게 질문했다.

"대사님, 책에 '이 책을 사모님에게 바친다'고 쓰셨는데 무슨 특별한 이유가 있으신가요?"

그래서 내가 대답했다.

"내 일생에 가장 큰 영향을 미친 두 명의 중요한 여인이 있습니다. 한 분은 나를 낳아 주신 어머님이고, 다른 한 사람은 내 아내입니다.

내 아내는 지금까지 나를 위해서 헌신적으로 살아왔습니다. 그래서 나는 이런 기회를 통해서라도 그런 내 아내에게 고마움을 표시하고 싶었습니다."

창세전에 예비하신 친구요 동역자

처음에는 몰랐지만 믿음이 깊어지면서 나는 아내가 하나님께서 예비해 두셨던 사람이라는 것을 확신하게 되었다. 그렇지 않고서야 팔당에서 잠깐 스쳐간 여학생에게 어떻게 그런 감동을 느낄 수 있겠으며, 또 어떻게 내가 마음에 둔 바로 그 여학생이 사촌 여동생을 통해 직접 찾아와 축제 파트너가 되어 달라고 요청을 했겠느냐는 것이다.

특히 불교 집안에서 자란 아내가 어머니의 전도로 예수님을 믿게 되었고, 그 아내의 기도로 내 영혼이 구원을 받았다. 그뿐만 아니라 처가 식구 모두 예수님을 믿게 되었으니, 이 모든 것이 하나님의 계획이요 은혜라고밖에 달리 설명할 방법이 없다. 아내가 다른 사람들에게 '우리의 연애는 자신의 주도로 시작된 것'이라고 강조하는 것도 어쩌면 하나님께서 주시는 확신일 것이라고 생각한다.

지금 우리는 하나님께서 창세전에 예비하신 부부로, 친구요 동지로, 하나님을 위한 사역의 동역자로서 여생을 살아가고 있다.

삶에서 길어 올린 지혜

01
사랑은 책임과 헌신으로 완성됩니다

"아내는 남편의 외교관 커리어를 뒷받침하기 위해 가사와 육아, 잦은 이사를 홀로 감당해 주었습니다." 진정한 사랑은 달콤한 말을 하는 것이 아니라 묵묵히 책임을 다하는 것입니다. 누군가의 헌신 덕분에 내가 지금 이 자리에 있다는 사실을 깨닫고 인정할 때, 하나님은 우리 마음 중심에 겸손과 감사가 자라나게 하십니다.

02
중보기도는 전도를 위한 강력한 힘입니다

"어머니와 아내, 그리고 딸의 간절한 금식 기도가 회심을 끌어냈습니다." 가족과 성도들의 기도는 어떤 복음 전도 전략보다도 강력한 힘을 발휘합니다. 하나님은 성도들의 중보기도를 통해 일하십니다. 여러분 자신이 구원받을 수 있었던 과정에도 분명히 누군가의 눈물 어린 중보기도가 있었음을 항상 기억하고 감사해야 합니다.

03
늦었더라도 돌이키는 용기를 가지십시오

"20년이란 세월이 흘러서야 아내에게 상처 준 저의 모습을 있는 그대로 바라보며 눈물로 회개할 수 있었습니다." 비록 늦었더라도, 하나님 앞에 무릎 꿇는 용기를 내는 것이 관계를 다시 세워 가는 첫걸음이 됩니다. 참된 성숙은 다른 사람을 바꾸려 하기보다 먼저 자신의 마음을 들여다보고 돌이키는 데서 시작됩니다.

04
성공의 공을 함께 나누는 겸손의 품격을 가지십시오

"내 공로는 49퍼센트이고, 51퍼센트는 아내의 것입니다." 무대 뒤에서 함께해 준 사람들에게 성취의 영광을 내어 줄 때, 따뜻하고 겸손한 리더십의 진짜 모습이 드러납니다. 주목받지 못한 조연에게 스포트라이트를 돌려주는 것이야말로 그리스도인다운 품격입니다.

05
부부는 인생의 동역자이자 진정한 친구입니다

부부는 함께 살아가는 동반자를 넘어 하나님 앞에서 함께 섬기는 동역자며, 인생의 진실한 친구로 부르심을 받은 존재입니다. 같은 방향을 향해 걸어갈 때 부부는 하나님 나라를 위한 소중한 '원 팀'(one team)이 됩니다. '배우자는 하나님 나라의 유업을 나와 함께 상속받을 짝'이라는 마음을 품고 하나 된 부부 관계를 위해 노력하고 헌신하며 살아가시기를 바랍니다.

나누며 깊어지는 시간

학업 중인 청년에게

1. 지금의 여러분이 공부하고 꿈을 꿀 수 있도록 묵묵히 기도하거나 헌신해 준 가족이나 친구, 선생님이 있다면 떠올려 보세요. 그들의 헌신과 기도가 여러분에게 어떤 의미가 되었고, 여러분은 그 사랑에 어떻게 응답하고 있나요?
2. 관계 속에서 나의 잘못을 인정하고 용서를 구한 적이 있나요? 그때 어떤 용기가 필요했으며 무엇을 배웠나요?

일터에 있는 청년에게

1. 성공이나 성장의 순간에 함께 공을 나누고 싶은 사람을 떠올려 보세요. 그 사람에게 감사와 존중의 마음을 전하기 위해 나는 어떤 실천을 할 수 있을까요?
2. 여러분이 꿈꾸는 결혼이나 동역자의 모습을 이야기해 보세요. 나와 상대가 하나님 나라를 위한 '원 팀'이 되기 위해 지금부터 내가 준비하고 기도해야 할 것은 무엇인가요?

한 걸음 더 나아가기

여러 관계 속에서 이전보다 더 헌신하며 사랑해야 할 대상과 영역을 생각해 보세요. 그를 위해 이번 주 실천할 수 있는 작은 결단을 나눠 보세요.

3

기대와 설렘으로
사회에
첫발을 내딛다

1973년 5월 외무고시(7회)에 합격함으로써 외교관이 되겠다는 첫 번째 꿈을 이루었다. 외교안보연구원(현 국립외교원)에서 교육을 받고 나서, 나는 여권과로 배치를 받았다. 당시는 일반 국민이 해외에 나가는 것 자체가 어려웠고, 여권을 받는 것도 매우 힘들었기 때문에 여권과는 외무부의 유일한 민원 부서로서 언제든지 사고가 발생할 가능성이 많은 곳이었다. 그래서 본부에서는 우리 동기들 중에서 가능한 한 군 복무를 마친 사람을 중심으로 배치를 했다. 나는 외무부에 들어가자마자 여권과 창구에서 민원인들의 하소연을 듣거나 그들과 승강이를 벌여야 했지만, 그래도 기쁜 마음으로 최선을 다해 봉사했다.

일 년이 지난 다음 중국을 관장하는 동북아2과로 자리를 옮겼다. 그 당시 동북아2과에는 과장 이외에 직원이 4명 정도였다. 동북아2과가 관장하는 나라는 미수교국인 중국과 몽골, 그리고 유일한 수교 관계인 타이완(臺灣)뿐이라 일이 별로 많지 않았다. 우리는 기본적으로 중국에 관한 연구를 진행하면서 매달 '중공 정세' 같은 보고서를 발간하기도 했다.

나는 주말만 되면 동료들과 어울려 자주 포커를 했다. 특별히 할 것도 없으니까 시간만 나면 모여 포커를 한 것이다. 그리고 포커를 안 할 때면 술을 마셨다. 어떤 때는 폭음을 해서 주일 오후까지 쓰러져 자기도 했다. 지금 생각하면 다 부끄러운 죄였지만 그때는 전혀 몰랐다.

명예와 권력의 부질없음을 깨닫다

다시 해가 바뀌어 나는 김동조 장관의 수행비서로 근무를 시작했다. 그 자리는 밤낮이 없었다. 매일 아침 일찍 내가 살던 은평구 역촌동에서 택시를 타고 한남동에 있는 외무부장관 공관에 가서 장관을 모시고 출근했다가, 저녁 늦게 장관의 활동이 끝나면 장관 공관까지 모셔다 드리고 밤 12시 통행금지에 걸리지 않으려고 허겁지겁 택시를 타고 집으로 돌아오기 바빴다.

또 주일이나 공휴일에 장관이 골프를 치러 가면 새벽 일찍 장관 공관에 가서 장관을 모시고 골프장에 가서 골프가 끝날 때까지 하루 종일 운전기사와 함께 기다려야 했다. 물론 외무부나 해외 공관에서

급한 일이 발생하면 모두 나에게 연락했기 때문에 그때마다 장관에게 보고도 했다. 주일이나 공휴일에 온종일 골프장의 뙤약볕에서 아무것도 안 하고 사람을 기다린다는 것은 정말 피곤한 일이었다. 그래도 장관실에서 일함으로써 많은 사람을 알게 되고 많은 일을 배우게 되는 좋은 점도 있었다.

그해 12월 말 장관이 바뀌자 모든 상황이 바뀌었다. 외무부의 많은 간부나 직원들은 물론이고 모든 사람들의 태도가 하루아침에 바뀌었다. 아무도 전 장관에 대해 관심이 없었다. 나는 그때 처음으로 사람들의 마음이 얼마나 무서운 것인지, 또 권력이나 명예라는 것이 얼마나 헛된 것인지 실감했다.

1976년 2월 나는 주뉴욕총영사관 부영사로 발령받았다.

두고두고 큰 도움이 된 타자 연습

1973년 외무부에 들어와 외교안보연구원에서 교육받는 기간에 나는 광화문에 있는 타자 학원에서 타자를 배웠다. 사실 내 또래들은 일반적으로 타자를 잘 못한다. 그때만 해도 어디를 가나 항상 타자수들이 있었기 때문이다. 그러나 나는 타자를 치는 것에 집착했고 계속 연습했는데, 이것이 두고두고 큰 도움이 되었다.

1976년 3월 주뉴욕총영사관에서 근무할 때는 타자수가 없어 대부분의 보고서를 직접 타자를 쳤으며, 그 후에도 민감한 내용의 중요한 보고서나 급한 보고서는 계속해서 직접 타자를 쳤다.

내 타자 실력이 빛을 발하기 시작한 것은 1992년 2월 주베이징 무역대표부에 부임한 다음이었다. 그해 4월부터 시작된 한중 비밀 교섭은 대표부 내에서도 대사와 나만 아는 극비 사항이었기 때문에 타자수에게 맡길 수가 없었다. 그래서 나는 외교부에 들어가거나 중국 인사들과 접촉한 뒤에는 집으로 가서 중국 측과의 접촉 결과 보고서를 내 컴퓨터로 작성해 보고했다.

그 이후 아태국장 시절이나 장관 특보를 할 때도 민감한 사항이나 비밀 사항은 직접 타자를 쳐서 작성했다. 다른 사람에게 보고서 작성을 지시하고 기다리면 타이밍을 놓칠 때가 많았다. 그래서 나중에 청와대에서 근무할 때도 중요한 문제들은 직접 보고서를 작성하여 대통령에게 보고했다.

첫 번째 해외 근무지, 뉴욕

1976년 3월 말 나는 기대와 설렘을 안고 아내와 두 살배기 딸과 함께 외교관으로서의 첫 해외 근무지인 뉴욕에 부임했다. 그러나 기대와는 달리 정부에서 주는 봉급으로는 도저히 직원들 생활이 안 돼서, 뉴욕 근무를 마치고 떠날 때 빚이 없으면 성공이라는 말까지 나돌 정도였다. 나는 마음속으로 그들이 지나치게 엄살을 부리는 것이라고 생각했다.

가난한 나라 외교관의 실상

나는 사무실에서 비교적 가깝고 한국인이 몰려 사는 퀸즈(Queens)

지역의 우드사이드(Woodside)라는 동네에 있는 오래된 아파트로 집을 얻었다. 처음 몇 달 동안은 침대와 식탁만 구입하고, 조금씩 시간이 지나면서는 신문 광고를 보고 찾아가 중고 카펫, 가구 등을 하나씩 사 나갔다.

나는 외환은행 지점에서 매달 내 월급에서 100달러씩 떼어 갈 수 있도록 아예 몇 년 치 수표에 사인한 후, 대출받은 돈으로 중고 자동차를 구입했다. 외환은행에 100달러를 갚고 나면 내 손에 들어오는 돈은 500달러가 채 안 되었다. 거기서 일부를 아내에게 생활비로 주고 전기료, 전화료, 가스요금, 자동차 기름 값, 신문 구독료 등을 내고 나니 남는 돈이 거의 없었다. 직원들이 한 말이 과장이 아니었다.

우리 아파트에 사는 사람들은 대부분 노동자였고, 넥타이를 매고 다니는 사무직은 거의 없었다. 한번은 엘리베이터에 탔는데 한 주민이 나에게 직업이 무엇이냐고 묻기에 차마 외교관이라고 대답하지 못하고 그냥 회사에 다닌다고 했다. 그러다 그 사람이 회사의 위치를 묻길래 엉겁결에 총영사관이 있는 주소를 말했는데, 아니나 다를까 그가 깜짝 놀라면서 "그런 곳에서 근무하는 사람이 왜 이런 아파트에 사느냐?"고 되묻는 것이다. 그도 그럴 것이 총영사관 건물이 있는 곳은 뉴욕 시내에서도 최고의 요지라 변호사 사무실이나 최고의 기업 사무실이 즐비했기 때문이다.

당시 아파트의 주차장 한 달 임차료가 30달러였는데 뉴욕 시에는 외교관들에게 8퍼센트의 세금을 공제해 주는 제도가 있었다. 가만히 생각해 보니 30달러의 8퍼센트면 2달러 40센트를 공제받을 수 있었다. 한 푼이 아쉬운 참에 나는 아파트 관리인을 찾아가 주차장 임대료에 포함된 세금 8퍼센트를 공제해 달라고 말했다. 그랬더니 관리인이 나를 쳐다보면서 엄숙하게 말했다.

"세금은 외교관만 공제해 주는 겁니다. 당신의 친구가 외교관이라고 하더라도 당신은 세금을 면제받을 수 없습니다. 만일 그런 거짓말을 하면 당신은 감옥에 가야 합니다."

그렇게 말하는 관리인에게 내가 한국 외교관이라는 말이 차마 목에서 나오지 않았다. 나라가 가난하면 외교관도 경우에 따라 외교관이라는 말을 할 수 없을 상황도 있다는 것을 나는 그때 절감했다.

나중에 회사원으로 뉴욕 지점에 나와 있는 친구들 집에 가 보니 그들은 대부분 임차료가 내 집의 두 배 정도 되는 좋은 아파트에서 살고 있었다. 그들이 외교관이라는 직업을 어떻게 볼까 생각하니 좌절감이 들었다.

한 달에 30-40번씩 공항에 가다

뉴욕총영사관은 직원이 10여 명으로 비교적 큰 공관이었다. 나는 총무 업무를 담당하게 되었다. 총무는 총영사관의 예산과 행정 및 직원들에 관한 일과 총영사 관저 운영, 그리고 서울에서 오는 손님들을 영접하는 일 등을 담당하는 자리였다. 그런데 총무과에는 타자수도 없고 짐을 싣는 밴 한 대를 제외하고는 공무용 자동차도 없었다. 그러다 보니 총무에 관한 보고서는 대부분 내가 직접 쳐야 했고, 한국에서 손님이 오면 내 개인 자동차로 공항에 나가 영접을 하고 안내를 해야 했다.

그때는 뉴욕을 직접 방문하는 사람들 외에도 워싱턴을 방문하거나 중남미를 가는 본국의 대표단 및 고위 인사들은 대부분 먼저 뉴욕에 도착해서 하루를 쉰 다음 워싱턴이나 중남미로 갔다가, 공식 업무가 끝나면 주말쯤에 다시 뉴욕에 와 하루 이틀을 쉬고 한국으로 돌아갔다. 그런데 한국에서 오는 인사들 중에 많은 사람이 뉴욕에 오기만 하면 시내에 있는 엠파이어스테이트 빌딩에 올라가고 싶다고 하는 것이었다. 그들을 안내하느라 나는 그 빌딩을 수도 없이 올라갔다. 그래서 나중에는 "엠파이어스테이트 빌딩"이라는 소리만 들어도 피곤해서 정작 가족은 한 번도 데려가지 않았다.

1977년 가을 보스턴대학에서 연수를 마치고 한국으로 돌아가는 경제기획원의 이석채 과장(후에 정보통신부장관)이 가족과 함께 뉴욕에 왔다가 이런 사정을 듣고 다음 날 내 아내와 딸에게 엠파이어스테이트 빌딩을 구경시켜 주었다. 나는 이 과장에게 감사한 동시에, 다른 사람들에게는 수없이 안내를 해 주었으면서도 정작 아내에게는 그렇게 못한 것이 미안했다.

그렇게 뉴욕을 오가는 주요 인사들을 영접하고 전송하고, 거기에다 일주일에 두 번씩 오가는 파우치(외교행낭)를 접수하고 발송하기 위해서 나는 한 달에 평균 30-40번씩 케네디공항을 드나들었다. 특히 밤 12시가 넘어 한국행 국적기로 출발하는 사람들을 전송하고 집에 돌아오면 새벽 1-2시가 되기 일쑤였다. 공항에서 집으로 돌아오면서 졸음이 밀려오면 애써 정신을 차리려고 겨울에도 에어컨을 켰지만 그래도 별 수 없었다. 쏟아지는 잠을 쫓기 위해 하도 허벅지를 있는 힘껏 꼬집어서 내 허벅지에는 항상 멍 자국이 남아 있었다. 그리고 대표단이나 손님들이 왔다 가면 업무가 밀려서 사무실에서 새벽까지 일할 때도 많았다.

12월 17일은 둘째 아이의 출산 예정일이 한참 지난 토요일이었다. 그해의 마지막 파우치가 그 다음 주 화요일에 발송될 예정이고 그 파우치 편에 금년도 마지막 보고서를 몇 가지 보내야 했기 때문에 나는 아침에 사무실에 나갈 채비를 했다. 그런데 아내가 아무래도 오늘 해산할 것 같다는 것이었다.

딸아이를 맡길 곳이 없어서 할 수 없이 영사관에서 근무하는 현지 행정 여직원에게 딸을 부탁하고 아내와 병원으로 갔다. 아내가 분만실로 들어가고 몇 시간이 지나 의사가 대기실로 전화해서는 아들이라면서 축하해 주었다. 나는 아내에게 그동안 수고했다고 위로하고 갓 태어난 아들을 잠시 본 후, 직원 집에서 딸을 데리고 와 저녁을 먹였다.

다음 날인 주일에도, 월요일에도 지인에게 딸을 맡기고 저녁 늦게까지 일을 하고 나서 맡겨 둔 딸을 데리고 왔다. 아내가 해산을 했음에도 불구하고 남편으로서 해 주는 것은 아무것도 없이 나랏일을 한다고 계속 어린 딸아이를 남의 집에 맡기고 밤늦게까지 일만 했으니 아내에게 미안하고 딸에게도 미안했다.

자동차로 90킬로미터를 달리던 출근길

그 당시 유엔에 주재하는 한국대표부에는 대사가 두 명 있었다. 지금은 주유엔대사와 주유엔차석대사라고 구별해 부르지만, 그때는 두 명이 다 똑같은 주유엔대사였다. 그중 한 명이 1977년 봄에 갑자기 다른 지역으로 가면서 그 대사가 거주하던 관저가 총영사관저로 이전됐다. 그 관저는 뉴욕 시 북쪽에 있는 스카스데일(Scarsdale)이라는 고급 주택가에 있었는데, 총영사관에서 25마일 정도 떨어진 곳에 있었다.

그런데 관저 이전 시기에 정도순 총영사가 떠났기에, 신임 윤호근 총영사가 부임하기 전에 구 관저에 있는 가구와 비품을 새로운 관저로 옮기고 생활을 할 수 있도록 준비해 놓아야 했다. 나는 총무과에 근무하는 남자 행정직원과 함께 이를 위한 준비를 시작했다.

미국에서 큰 저택을 유지한다는 것은 보통 일이 아니었다. 더구나 그런 저택에서 살아 본 적이 없는 사람에게는 모든 것이 생소하고 힘들었다. 처음 관저에 가니 집안에 바퀴벌레가 가득했다. 소독업자에게 연락해서 약을 뿌려 달라고 하니 예약이 밀려 일주일은 기다려야 하며, 한 번 뿌리는 데 수십 달러를 달라는 것이었다. 또 정원에 잡초가 자라면 정원사에게 연락하여 풀을 뽑아 달라고 해야 하고 수영장 물도 갈아야 했다. 이런 일은 관리인을 두고 해야 하는데 공관에 돈이 없고 인력도 없으니 관저 운영의 책임을 진 총무가 이 모든 일을 할 수밖에 없었다.

관저는 내가 사는 곳에서 30마일(약 48킬로미터) 정도 떨어져 있었다. 나는 일주일에 몇 번씩은 아침 일찍 관저로 가서 이상 유무를 확인한 다음, 다시 25마일(약 40킬로미터)을 달려 사무실로 출근해야 했다. 아침에 관저를 거쳐 사무실에 출근하는 데만 자동차로 평균 90킬로미터를 달려야 했다. 이런 일은 신임 총영사가 부임한 후에도 몇 달이나 지속되었다.

뉴욕을 떠나기로 마음먹다

이러한 일들을 떠나 총영사관의 영사로서 재미있고 보람 있는 일도 많았다. 우선 외교관으로서 미국 사람은 물론 한국 사람들에게 직업에 대해 인정을 받고, 영어도 배우면서 세계 문화와 예술의 중심지인 뉴욕에서 근무한다는 자부심이 있었다. 그리고 다방면의 미국 인사들과 교류하고, 뉴욕을 거쳐 가는 본국의 고위 인사들과 친분을 맺으며, 뉴욕에 나와 있는 한국의 각 기관이나 은행, 기업 등의 책임자들과도 가까워질 수 있다는 좋은 점도 있었다. 또 미국에 거주하는 교포들과 유학생들을 도와줄 수도 있었다.

그러나 총무 업무를 1, 2년도 아니고 3년씩 계속 한다는 것은 아무리 생각해도 무리였다. 물론 그 당시 내 경우는 좀 특별했다. 총영사관 내 다른 부서에 가서 일을 하고 싶어도 다른 직원들이 나보다 열 살 이상의 연장자들이니 그들이 공관 살림과 온갖 궂은일을 해야 하는 총무를 맡기가 현실적으로 어려웠다.

어쨌든 이것은 내가 한국을 떠나올 때 생각하고 기대했던 외교관의 모습이 아니었다. 아무리 힘이 들더라도 외교관 본연의 일을 하고 싶었다. 그리고 아내와 아이들을 위해서 경제적으로나, 시간적으로 좀 더 여유가 있는 곳에 가고 싶었다. 그래서 뉴욕 근무가 2년 반이 되어 갈 무렵 나는 본부에 연락해서 어디라도 좋으니 다른 곳으로 자리를 옮겨 달라고 요청했다.

얼마 후 연락이 와서 지금 본부에 직원이 필요하니 본부로 발령을 내겠다고 했다. 8월 말 미국을 관장하는 북미담당관실로 발령이 났고, 9월 중순 나는 2년 반의 뉴욕 근무를 마치고 한국으로 돌아왔다.

뉴욕을 떠나면서

뉴욕에서의 첫 근무는 경제적으로도 그렇고, 외교관 본연의 일은 하지 못하고 공관 살림을 하는 총무 업무만 했기 때문에 힘들고 아쉬운 점도 많았지만, 보고 배우고 얻은 것도 많았다. 뉴욕에서 큰 아들을 얻었고, 영어를 갈고 닦을 수 있었으며, 미국이라는 나라와 미국인에 대해서도 많은 것을 배웠다. 그리고 뉴욕에서 만난 한국의 많은 관료, 정부 기관 직원, 언론인, 교수, 기업인, 예술인, 학생 등은 살아가는 데 큰 자산이 되었다. 다른 무엇보다도, 힘들고 어려운 일을 겪으면서도 참고 인내하는 것을 배운 것이 감사했다. 모든 것이 하나님의 은혜였다.

삶에서 길어 올린 지혜

01
작은 일에도 성실히 임하십시오

"여권과에서 민원인의 하소연을 들으며 시작한 외교관 생활은 화려하지 않았지만, 기쁜 마음으로 최선을 다했습니다." 지금 맡은 일이 보잘것없어 보이더라도, 하나님 앞에서 일하는 마음으로 성실히 임해 보십시오. 작은 일에서의 충성됨은 하나님을 기쁘시게 하고, 더 큰 기회로 이어질 것입니다.

02
성숙은 인내라는 과정의 결과입니다

"뉴욕 근무에서 반복적인 공항 출장과 관저 관리의 고된 업무를 견디며 '인내하는 법'을 배웠습니다." 직장이나 학업에서 지치고 힘든 순간이 있을 때, 그 과정을 통해 그리스도의 인내를 배우게 하시는 하나님 뜻을 묵상하십시오. 하나님은 인내가 필요한 과정을 통해 더 넓은 마음과 더 깊이 있는 생각을 품는 성숙한 사람으로 우리를 빚어 가십니다.

03
낯선 환경은 겸손히 배울 기회입니다

"세계적인 대도시라는 새로운 환경에서 미국 문화와 다양한 사람을 만나고 배우며 성장할 수 있었습니다." 새로운 직장이나 환경에 놓일 때, 그곳으로 인도하신 하나님의 계획을 신뢰하며 겸손한 마음으로 배우고 최선을 다하는 자세를 가져 보십시오. 그 경험은 여러분의 관점을 바꿔 주고 삶을 더욱 풍성하게 만들어 줄 것입니다.

나누며 깊어지는 시간

학업 중인 청년에게

1. 학교생활이나 학업 중에 힘들었을 때 하나님께서 주신 은혜를 발견하고 감사했던 경험이 있다면 나눠 보세요.

2. 반복되는 과제, 시험 준비, 취업 준비 속에서 주변 사람과 비교하며 좌절했던 경험이 있나요? 나만을 위한 하나님의 특별한 계획을 얼마나 신뢰하고 있나요? 믿음이 흔들릴 때 붙들 수 있는 말씀을 찾아서 함께 나눠 보세요.

일터에 있는 청년에게

1. 내가 맡은 일이 보잘것없어 보여 대충한 적은 없었는지 돌아보세요. 작은 일에서 충성하기 위해 내려놓아야 할 것과 결단할 것은 무엇인가요?

2. 직장 생활을 하거나 누군가와 관계를 맺을 때 하나님보다 명예나 인정, 지위에 마음을 둔 순간이 있었나요? 그때 돌이켰던 경험이나 지금 돌이켜야 할 부분이 생각난다면 함께 나눠 보세요.

한 걸음 더 나아가기

도무지 감사하기 어려운 환경이나 상황을 경험한 적이 있나요? 그것이 나의 어떤 약함을 건드리는 일이었는지 돌아보며, 나를 성숙하게 하시는 하나님을 신뢰하는 마음으로 기도 제목을 나눠 보세요.

4

3년 반 동안
다섯 번
자리를 옮기다

　　　　　　1978년 9월 중순 한국으로 돌아온 다음 날 북미담당관실로 출근하니 내 업무가 미 의회를 담당하는 것으로 분장되어 있었다. 그런데 과 분위기가 상당히 긴장된 상태였다. 그도 그럴 것이 1976년 10월 미국 〈워싱턴 포스트〉지 기사로 시작된 '코리아게이트' 이른바 '박동선 사건'(재미실업가 박동선의 미국 의회 로비활동이 정치 스캔들로 보도됨으로써 3년 가까이 한미 관계에 부정적인 영향을 미쳤던 사건)으로 인해 1977년 2월에 미 의회는 윤리위원회를 가동했고, 이에 따라 한미 관계 조사권을 위임받은 '프레이저 소위원회'가 구성되었기 때문이었다.

　　지난 2년여에 걸친 조사 결과에 대한 '프레이저 소위원회' 최종보고서가 11월 발표로 예정됨에 따라, 우리 정부는 보고서 내용에 촉각을 곤두세우고 있었고, 자연히 미국을 담당하는 부서의 분위기도 긴장될 수밖에 없었던 것이었다. 그러다 보니 수시로 야근이었다. 특히 미국과 한국의 시차 때문에 본부에서는 항상 긴장 상태를 유지해야 했다.

미 국회의원 존안 카드를 만들다

그래서 우리 정부의 관심은 미 의회에 집중되어 있었다. 주미대사관 보고서나 언론에 미국 국회의원에 관한 이야기가 나오기만 하면 즉시 국장이나 청와대 비서실의 관계 인사가 나에게 전화해서 그 의원이 어떤 사람인지 빨리 알아내 보고하라고 지시했다. 그런데 전화를 받을 때마다 각종 자료를 찾아서 보고하려니 너무 복잡하고 힘이 들었다.

나는 곰곰이 생각하다가 미국 국회의원들의 존안 자료 카드를 만들기로 했다. 몇 주에 걸쳐 주말이면 혼자 사무실에 나와서 미 의회와 정부의 각종 자료, 그리고 주미대사관 보고나 그동안 본부에서 작성한 각종 자료를 취합해 상원의원 100명과 하원의원 435명에 대한 존안 카드를 작성했다. 그리고 그 카드를 상·하원으로, 다시 ABC 순으로 배열했다. 나는 외무부에 있는 목수에게 카드를 집어넣을 수 있는 잠금장치가 부착된 나무 상자를 만들어 달라고 했다.

얼마 후 카드와 상자가 완성되어 나는 그 상자를 책상 전화기 옆에 설치했다. 그리고 여직원이 "국장님 통화십니다." 또는 "청와대 누구누구 비서관 통화십니다."라고 말하면 즉시 박스를 열면서 수화기를 들었다. 상대방이 나에게 미국 국회의원의 이름을 말하면 해당 인사의 카드를 뽑았다. 그리고 다시 상대방이 다시 무엇을 알아보라고 말하면, 나는 그 자리에서 카드를 보면서 설명했다. 그때까지는 항상 "네, 조사해서 보고 드리겠습니다."라고 했는데 바로 그 자리에서 대답을 하니 상대방이 깜짝 놀라는 것 같았다.

그렇게 며칠이 계속되었다. 하루는 유종하 미주국장(후에 외무부장관)에게 결재받으러 갔더니 나에게 "자네는 그 많은 미국 국회의원들에 관한 사항을 어떻게 다 아나?" 하고 묻는 것이었다. 그래서 나는 웃으면서 존안 자료 상자를 이야기했다. 국장은 아주 기특하게 생각하는 것 같았다. 그 이후 나는 어디서 누가 전화를 해 와도 그 자리에서 척척 대답해 줄 수 있었다.

청와대가 아닌 재외공관담당관실로

해가 바뀌어 1979년이 되었다. 1월 중순 어느 날 청와대 특보실에서 연락이 와서 청와대로 오라고 했다. 청와대로 가서 특보 방에 들어가니 대통령 특보가 "장관에게 이야기를 했으니 내일부터 청와대로 와서 나를 도와 달라"는 것이었다. 나는 무슨 영문인지 몰라 그냥 알겠다고만 대답하고 외무부로 돌아와서 과장에게 조금 전 상황을 보고했다. 과장은 아무 말 없이 밖으로 나갔다가 한참 후에 돌아오더니 "지금 이 시점에 김 사무관을 청와대로 보낼 수 없어서 특보에게 잘 말씀을 드려서 양해를 얻었으니 청와대 가는 것은 없던 일로 하자"고 말하는 것이었다. 나는 알았다고 대답했다.

　몇 달이 지난 5월 중순 갑자기 나는 신설된 재외공관담당관실로 발령이 났다. 나는 과장과 국장에게 가서 어떻게 된 일인지 물었지만 과장이나 국장 모두 그 일을 전혀 모르고 있었다. 나는 인사 책임자에게 찾아가 "왜 나 혼자 발령이 난 것이냐"고 물었다. 그랬더니 그는 고위 간부가 장관의 결재를 받아 와서 발령을 내라고 했다는 것이었다. 나는 다시 그 고위 간부를 찾아갔다. 그랬더니 그 고위 간부는 "이번에 재외공관담당관실을 신설하여 재외공관 예산을 충분히 확보해야 하는데 그 일을 할 사람이 김 사무관밖에 없다고 해서 장관께 보고드려 발령을 낸 것이니 열심히 해 달라"고 했다.

　경위야 어찌 되었든 발령이 났으니 자리를 옮기려고 하는데, 국에서는 미국 카터 대통령의 방한이 6월 말로 예정되어 있으니 가더라도 카터 대통령의 방한이 끝난 다음에 가라고 했다. 결국 나는 부내 발령을 받고도 북미담당관실에서 한 달 반 이상 근무를 더 했다.

생각지도 못한 서기관 승진

　6월에 들어가자 카터 대통령 방한 준비가 본격적으로 시작되면서 거의 매일 야근을 했다. 그런데 인사에 관한 복도 통신(직원들이 복도에 나와서 하는 여러 가지 내부 이야기)이 돌아다니기 시작했다. 곧 승진 인사가 있을 것인데 서기관 승진은 대부분 외무고시 5기와 6기에서 하되, 7기에서도 세 명이 승진될 것이라고 하면서 그 대상자 명단이 돌아다니고 있었다.

7기인 나는 그 세 명의 명단에 없었다. 나는 도와줄 사람도 없고 승진이 될 가능성도 희박하기 때문에 아예 그런 소문에 관심을 갖지 않으려 했다. 6월 말에 승진 인사가 발표되었다. 그런데 놀랍게도 복도 통신으로 회자되던 세 명과 함께 나도 승진 대상자에 포함돼 있었다.

아마 나를 청와대로 보내지 않으려 했던 미주국과 이제 새로이 가서 근무하려는 기획관리실의 간부들이 나보고 더 열심히 일하라고 격려하는 의미에서 힘써 준 것이 틀림없었다.

9개월 만에 다시 북미담당관실로 돌아가다

6월 29일부터 한국을 방문한 카터 대통령은 7월 1일 한국을 떠났고, 7월 2일 아침 나는 재외공관담당관실로 자리를 옮겼다. 뉴욕에서 돌아와 북미담당관실에서 근무한 지 9개월 반 만이었다. 이제는 나를 불러 준 간부들의 기대에 부응하여 재외공관 예산을 충분히 확보하는 것이 문제였다. 일주일에 몇 번씩 경제기획원 행정예산담당관실에 찾아가 그동안 뉴욕에서의 경험을 바탕으로 재외공관 예산 증액의 필요성을 설명했다. 그렇게 직원들과 열과 성을 다해 노력한 결과 외무부로서 만족할 만한 결과가 나오게 되었다. 1979년도 예산이 확정된 이후 나는 본부의 간부들에게서 "수고했다"는 이야기를 많이 들었다.

해가 바뀌어 1980년이 되었다. 2월 하순 어느 날 정우영 기획관리실장(후에 주EU대사)이 나를 부르더니 "자네는 여기서 계속 일할 사람이 아니고 미주국에 가서 일해야 할 사람이니 재외공관 예산 배정 작업을 끝내고 다시 북미담당관실로 돌아가라"고 하는 것이었다.

그 후 나는 재외공관들에 대한 예산 배정 작업을 끝내고 다시 북미담당관실로 돌아갔다. 사실 북미담당관실은 미국 전문가가 되려는 직원들이 선망하는 부서기 때문에 과장이 되기 전에 누구든지 한 번쯤 근무하기를 원하는 곳이라 경쟁이 치열했다. 그런데 나는 북미담당관실에서 재외공관담당관실로 갔다가 9개월 만에 그곳으로 다시 돌아갔으니 많은 직원이 도대체 어떻게 된 일인지 궁금하게 생각했을 것이다.

5개월 만에 또 자리를 옮기다

1979년 10·26 사건으로 박정희 대통령이 서거한 이후 신군부세력은 12·12 사태를 통해 권력을 장악했다. 내가 1980년 4월 초 다시 북미담당관실로 돌아간 이후, 신군부세력은 5월 18일 광주에서 발생한 민주화운동을 진압한 다음, 정식으로 국보위(국가보위비상대책위원회)를 설치하여 정권을 장악했다. 이에 따라 8월 16일 최규하 대통령이 사임했고, 9월 1일 통일주체국민회의를 주체로 실시한 간선에서 전두환 대통령이 11대 대통령으로 선출되었다. 그리고 바로 다음 날 노신영 주제네바대사가 새로운 외무부장관으로 임명되었다.

이러한 사태의 진전 과정에서 우리 정부와 미국 사이에서는 보이지 않는 긴장이 흘렀고, 외무부는 중간에서 어려운 역할을 감당하고 있었다. 그리고 외무부 내에서도 한미 관계를 담당하는 북미담당관실은 거의 매일 야근하면서 일했다. 상황이 엄중하여 매일매일이 살얼음판을 걷는 기분이었고 모두가 긴장 상태에서 일을 했다.

그러다가 나는 북미담당관실로 돌아간 지 5개월이 지난 9월 중순에 또다시 외환계장으로 자리를 옮겼다. 2년 동안에 벌써 4번째 보직 이동이었다. 외환계는 별관에 있었으며, 업무 자체가 재외공관과 관련이 있었기 때문에 본청에서 오가는 사람도 없어 항상 조용했다. 외무부 입부 7년 만에 처음으로 맛보는 조용함이었다. 그러나 그것도 잠시였다.

격변 속에서 겪은 인사의 고통

해가 바뀌어 1981년이 되었다. 1월 중순에 총무과장이 바뀌어 신두병 과장(후에 주이탈리아대사)이 떠나고 새로이 김정기 과장(작고, 후에 주사우디대사)이 부임했다. 나는 이미 서울에 돌아온 지 2년 반이 넘었고 지난번에 뉴욕에서 다른 공관으로 가지 못하고 바로 귀국하는 바람에 경제적으로도 힘들었기 때문에 봄에 해외로 나가기를 희망했다. 그러나 과장은 해외로 나가지 말고 봄에 인사계장을 맡아 달라고 몇 번이나 설득했다.

결국 나는 과장의 지시에 따르겠다고 하면서 다만 한 가지를 약속해 주십사 요청했다. 앞으로 어떤 인사를 하든지 무조건 하라고 지시만 하지 말고 반드시 인사계장의 의견을 존중해 달라는 것이었다. 그러면서 나는 인사계장을 마친 후에는 반드시 험지로 나가겠다고 말했다. 과장은 흔쾌히 그렇게 하겠다고 약속했다.

우리 앞에는 험난한 시간이 기다리고 있었다. 제5공화국이 출범하면서 정부의 인사 혁신에 따라 외무부의 고위직 수십 명이 하루아침에 옷을 벗게 되었다. 그들 한 명 한 명을 달래서 외무부를 그만두도록 설득하는 것은 너무나 힘들고 고통스러운 일이었다. 청와대에서는 인사의 기강을 세우기 위해서 철저하고 공정하게 인사를 하라고 각 부서에 강력히 지시했다. 그래서 인사위원회가 열리는 날이면 밤을 꼬박 새우면서도 결론을 내지 못할 때가 많았다. 그러면서 야근도 많이 하고 밤도 많이 새웠다.

그렇게 일 년이 흘러 나도 해외로 나갈 때가 되었다. 과장은 좋은 공관으로 가라고 했다. 나는 격변기에 원칙적인 인사를 담당했던 인사계장으로서 그럴 수는 없으며 처음에 약속한 대로 어려운 지역으로 가겠다고 우겼다. 아프리카 지역으로 가고 싶었지만 갈 만한 자리가 없어 대신 중동 지역으로 가기로 마음먹었다. 그런데 갑자기 인도대사관에 자리가 났고 과장은 중동보다는 인도가 외교관으로서 할 일이 더 많으니 인도대사관으로 가라고 권했다. 나는 가까운 선배이자 과거 인도에서 근무했던 반기문 유엔과장의 의견을 구했고, 반 과장의 권유에 따라 인도로 가기로 결정했다.

본부를 떠나면서

서울에 돌아온 이후 3년 반 동안 자리를 다섯 번이나 옮기면서 많은 일이 있었다. 물론 쉬운 일보다는 어려운 일들이 더 많았고 외환계에 있던 5개월을 제외하고는 야근도 많이 하고 바쁜 시간을 보냈지만 보람도 많았다.

한미 관계가 가장 민감하고 불편한 시기에 두 번이나 북미담당관실에서 근무하면서 많은 것을 보고 배웠고, 또한 재외공관담당관실과 외환계 그리고 인사계에서 근무하면서 외무부의 예산과 인사에 관해 풍부한 경험을 쌓을 수 있었다. 거기에 1979년 6월에 둘째 아들도 얻었으니 모든 것이 하나님의 축복과 은혜가 아니면 있을 수 없는 일이었다. 그렇지만 그때도 나는 그것이 하나님의 은혜라는 것을 여전히 깨닫지 못하고 있었다.

삶에서 길어 올린 지혜

01
성실함으로 신뢰를 쌓으십시오

"존안 카드와 예산 확보 작업에서의 성실함으로 동료와 상사의 신뢰를 얻었습니다." 맡은 일에서 꾸준히 성실함을 보여 준다면, 자연스레 주변 사람들의 신뢰와 기회를 따라올 것입니다. 성실함은 하나님께서 기뻐하시는 태도이고 결국 그 진가를 드러냅니다.

02
힘든 역할도 피하지 마십시오

"어려운 시절 인사계장과 같은 힘든 역할을 맡아 원칙을 지키며 일했습니다." 직장이나 공동체에서 어려운 역할을 맡게 되더라도, 하나님께서 그 일을 통해 단련하고 계신다고 믿고 도전해 보십시오. 그 경험은 삶에 어떤 원칙을 견지하며 살아가야 할지 또 어떤 삶이 깊이 있고 지혜로운 것인지 알려 줄 것입니다.

03
배울 기회를 소중히 여기십시오

"북미담당관실과 인사계에서 어려운 상황을 헤쳐 나가며 겪게 되는 다양한 경험을 통해 외교와 인사에 대해 배웠습니다." 학업이나 직장에서 만나는 어려운 상황은 그때만 얻을 수 있는 소중한 배움의 기회입니다. 겸손히 배우려는 자세를 갖고 오히려 기뻐하십시오. 기회는 자주 고난의 옷을 입고 찾아옵니다. 그 특별한 배움은 미래를 풍성하게 할 것입니다.

나누며 깊어지는 시간

학업 중인 청년에게

1. 맡은 일 중에서 너무 버겁다고 느꼈던 것이 있나요? 감당하기 힘든 상황을 마주할 때 나는 어떻게 반응하나요? 하나님을 의지하며 어려움을 헤쳐 나가거나 지혜를 얻었던 경험이 있다면 나눠 보세요.

2. 학업 중 긴장되거나 부정적인 생각이 들 때 긍정적인 태도를 지키기 위해 노력했던 적이 있나요? 그때 하나님께 어떤 기도를 드렸고, 어떤 마음의 변화를 경험했나요?

3. 학업이나 공동체 생활 속에서 작은 일에 성실히 임하며 친구나 교수님, 선후배의 신뢰를 쌓았던 경험이 있나요? 그때 느꼈던 보람이나 하나님의 은혜는 무엇이었나요?

일터에 있는 청년에게

1. 직장에서 내가 바랐던 것과 상사나 조직의 지시, 결정이 달라서 갈등했던 경험이 있나요? 그때 나는 어떤 태도로 그 상황을 마주했는지 돌아보세요.

2. 예상하지 못한 변화를 겪거나 계획이 어긋나는 경험을 한 적이 있나요? 그때 어떤 마음을 느꼈나요? 그런 상황에서도 하나님을 신뢰하며 최선을 다하기 위해 지금 내가 새롭게 다짐해야 할 태도나 결단이 있다면 무엇일지 생각해 보세요.

한 걸음 더 나아가기

내가 누릴 만하다고 생각하는 권리를 행사하거나 편안하고 유리한 길을 선택하고 싶었던 순간이 있었나요? 그때 하나님께서 원하시는 길과 내 마음의 방향이 다르다고 느껴 갈등한 경험이 있다면 나눠 보세요. 지금, 이 시점에서 내려놓아야 하는 자리나 포기해야 할 것은 무엇일지 기도하는 마음으로 생각해 보세요.

5

무슨 일을 맡든
120퍼센트
정성을 쏟았다

1982년 3월 초 나는 아내와 세 명의 아이들을 데리고 홍콩을 거쳐 인도로 갔다. 새벽 한 시가 넘어 뉴델리공항에 도착해 보니 한밤중인데도 무더웠다. 대사관에 붙어 있는 직원 숙소에 짐을 풀고 다음 날부터 곧바로 근무를 시작했다. 인도의 3월은 더워서 평균 기온이 섭씨 40도까지 올라갔다.

대사관은 김정태 대사(작고) 이외에 외무부에서 공사 등 6명과 기타 부처 주재관 3명으로 단출했다. 이 중에서 참사관이 정무, 2등서기관은 경제와 영사, 3등서기관이 총무를 맡고 있었는데, 1등서기관으로 간 나의 업무 분장이 애매했다. 나는 외무성에 들어가기도 하고, 한국에서 오는 대표단을 안내하거나 대사의 인도 주요 인사 면담이

나 외교단 활동을 수행하기도 했다.

궂은일을
마다하지 않았다

당시 주인도대사관에는 한 가지 중요한 현안이 있었다. 그해 11월 19일부터 12월 4일까지 뉴델리에서 제9회 아시안게임이 열리는데, 대한체육회의 업무를 도와주고 나중에 경기에 참가하는 우리 선수단과 각 경기 연맹의 활동을 지원하는 일이었다. 그 일들은 사실 외교관 본연의 업무와는 별로 상관이 없고, 특히 400여 명의 선수단과 임원을 지원하기 위해서는 인도의 무더위 속에서 궂은일을 많이 해야 했다.

어느 날 대사는 나에게 지금 맡을 특별한 업무도 없으니 앞으로 뉴델리아시안게임 관련 업무를 전담하라고 지시했다. 대사관에서는 인도 아시안게임 조직위원회 측에 나를 아시안게임 기간 중 한국 선수단을 지원하는 대사관 연락관(Attache)으로 통보했다. 나는 본격적으로 인도 올림픽위원회가 구성한 '아시안게임 조직위원회'를 방문하기 시작했다. 그중에서도 우선 핵심 간부인 국장급 간부들과 집중적으로 접촉했다.

당시 인도 정부는 시간에 쫓기고 있었다. 원래 인디라 간디 정부가 1976년에 아시안게임을 유치했는데, 1977년 3월 총선에서 패배하자 새로운 정부가 아시안게임을 반납해 버린 것이다. 그리고 1980년 1월 총선에서 인디라 간디가 이끄는 인도국민당이 다시 승리했고, 전

정권이 반납한 아시안게임을 다시 가져와 2년도 안 되는 짧은 기간에 준비하느라 전력을 다하고 있었기 때문이었다.

그래서 인도 정부는 준비를 독려하기 위해서 간디 총리의 아들로서 국회의원이자 집권당의 사무총장인 라지브 간디(후에 총리)를 명예 조직위원장으로 임명하고 라지브 간디의 친구와 측근들을 아시안게임 조직위원회 곳곳에 배치하고 있었다. 그래서 국장급 이상 간부 중에는 라지브 간디의 후배나 측근이 많았다. 나는 거의 매일 조직위원회를 방문하여 각종 진행 상황을 파악하면서 주요 간부들과의 관계를 돈독히 했다. 그러면서 인도의 각 경기연맹 책임자들과의 관계도 잘 다져 놓았다.

아시안게임이 가까워 오면서 서울에서 대한체육회의 사전조사단이 와서 인도 측의 준비 상황을 조사하고 돌아갔다. 나는 그때마다 조사단을 안내하면서 그들이 인도 측으로부터 최대한의 협조를 얻을 수 있도록 노력했다. 그렇게 몇 달 동안 거의 매일 조직위원회를 드나들다 보니 고위 간부는 물론이고 중간 간부도 모르는 사람이 거의 없을 정도였다. 그러면서 조직위로부터 우리가 필요한 정보나 협조를 얻는 것이 갈수록 쉬워졌다. 대한체육회에서 외무부를 통해 어떠한 요청을 하든, 또는 한국에서 조사단이 와서 어떤 요구를 하든 그들의 희망을 대부분 관철시킬 수 있었다.

부회장이 아니라 회장을 하십시오

한번은 본부에서 지시가 왔다. 내용은 "대한승마협회 부회장이 이번에 뉴델리에서 개최되는 아시아승마연맹 회의에 참석하여 부회장으로 선출되기를 희망하니, 동인이 뉴델리에 도착하면 부회장으로 선출될 수 있도록 최대한 협조하라"는 지시였다. 나는 인도승마연맹 고위 간부들과 아주 두터운 친분이 있었기에 본부의 지시를 받고 인도승마연맹 간부들을 만나 어떻게 하면 좋을지 상의했다. 그들은 인도의 경우를 예로 들면서, 한국은 다음 아시안게임 주최국으로서 부회장이 아닌 회장을 해야 한다면서 최대한 도와주겠다고 했다. 우리는 여러 가지 구체적인 전략을 협의했다.

아시안게임이 개막하고 나서 며칠 후 김정우 대한승마협회 부회장(작고)이 전무이사와 함께 뉴델리에 도착했다. 김 부회장은 당시 풍한방직이라는 회사의 사장이었다. 김 부회장은 나를 만나자 본부에서 보내온 이야기를 반복했다.

"말씀은 잘 알겠지만 이왕이면 회장을 하셔야지 왜 부회장을 하려 하십니까?" 하고 말했더니 김 부회장은 정색을 하면서 "아니 지금 부회장도 될지 안 될지 모르는데 회장이 된다는 것이 무슨 말씀이십니까?" 하고 반문을 했다.

그래서 나는 "그것은 걱정하지 마시고요. 그런데 부회장님, 영어를 잘하시나요?" 하고 물었다. 이에 김 부회장은 "대학에서 영문과를 다니다 부친의 사업을 물려받느라 학교를 중퇴하긴 했지만, 영어로 말하는 것은 잘 못해도 영문과를 다녔기 때문에 읽는 것은 문제가 없다"고 했다. 나는 "그러면 됐습니다. 나중에 회장으로 선출되면 바로 영어로 인사말을 하셔야 하는데, 인사말은 제가 나중에 써 드리겠습니다."라고 말했고, 김 부회장과 함께 온 전무이사는 내가 무슨 말을 하는 건지 의아해하는 눈치였다.

나는 그날 밤 김 부회장의 아시아승마연맹 회장 선출에 따른 인사말을 영문으로 작성해 두었다. 그리고 이틀 후 우리는 아시아승마연맹 회의에 참석했다. 회의가 진행되면서 차기 회장 선출 문제가 상정되었고, 의장이 이번에 어느 나라가 아시아승마연맹 회장직을 맡아야 할지 참가자들의 의견을 물었다. 그러자 몇몇 나라 대표들이 일어서더니 차기 아시안게임 주최국이 한국인만큼 한국에서 회장을 맡아야 한다고 발언했고, 곧바로 다른 나라 대표들의 지지 발언이 이어졌다. 이의를 제기하는 사람은 아무도 없었다. 아마 입후보를 하려고 했던 나라들도 많은 나라 대표들이 발언하는 것을 보고 그냥 단념했을 것이다. 인도 측이 이미 사전에 충분히 준비를 해 놓은 것 같았다.

그것으로 회장 선출 문제는 확정됐다. 나는 그러한 상황을 보면서 옆에 앉은 김 부회장에게 영문으로 작성해 둔 인사말을 주고 빨리 한 번 읽어 보라고 했다. 잠시 후 의장이 회장으로 선출된 한국 대표에게 나와서 인사말을 해 달라고 요청했다. 김 부회장은 내가 건넨 영어 인사말을 가지고 단상으로 가 참석자들에게 인사를 했다.

나는 이 일로 우리 체육계 인사들에게서 감사 인사를 많이 받았다. 같은 시기에 우리나라의 역도연맹 회장, 조정연맹 회장, 궁도협회 회장들은 모두 아시아 지역 부회장으로 선출되었다. 그런데 김정우 부회장은 승마협회 부회장이었지만 아시아승마연맹 회장으로 선출되었던 것이다. 다음 날 김 회장은 아시아승마연맹의 주요 간부들을 위해 만찬을 열었고, 아시안게임 승마 경기를 참관한 후 시상식에 참석해 메달을 수여했다. 이후 김 회장은 1983년에 제20대 대한승마협회 회장이 되었고 22대 회장도 역임하게 되었다.

인도에서 김치 담그기

인도의 날씨는 무더웠다. 그리고 음식은 향신료를 많이 사용해서 냄새가 강했다. 그래서 처음 인도에 와서 인도 음식을 먹을 때 잘 먹지 못하는 사람이 많았다. 아시안게임이 열릴 11월 하순이면 날씨는 다소 선선하지만 그래도 한국에 비하면 더웠다. 우리는 선수단이 걱정되었다. 특히 음식 때문에 식사를 잘 못 하게 되면 경기에 지장을 줄 것이 우려되었다. 이 문제를 해결할 방법은 김치였다. 선수단에게 김치를 제공할 수만 있다면 어느 정도 문제를 해결할 수 있을 것 같았다. 그러나 뉴델리에는 한국 식당도 없고, 그 시기에 인도에서 한국 배추 같은 것을 구하는 것은 불가능했다.

궁리하고 또 궁리한 결과, 한국 농촌진흥청에 공문을 보내 아시안게임 때 한국 선수단이 먹을 김치용 배추 씨앗을 개발해 달라고 요청했다. 그리고 9월부터 11월까지의 뉴델리 날씨, 기온, 습도, 토양의 상태 등에 관해 상세한 자료를 보내 주었다.

몇 달이 지나 농촌진흥청에서 새로이 개발한 배추 씨앗을 보내왔다. 대사관에서는 교포에게 부탁해 큰 땅을 임차하고 서울에서 보내온 배추 씨앗을 뿌린 뒤 사람을 고용해서 배추를 재배하기 시작했다. 아시안게임이 시작되기 3주 전 쯤 배추를 수확하여 한 곳에 모아 놓고 대사관 직원 부인들과 교민들과 상사 직원 부인들이 김치를 담갔다. 그리고 관저에 대형 냉장고를 비치하여 담근 김치를 저장해 놓았다.

마침내 아시안게임이 시작되었다. 우리가 아침에 미니버스에 김치를 가득 싣고 선수촌으로 가서 선수촌 관리위원회에 김치를 전달하면 선수촌에서는 그 김치를 선수단이 식사하는 식당에 갖다 놓고 아무나 와서 먹도록 했다. 또 대사관저에서는 육개장 등 얼큰한 국을 준비하여 중요한 시합을 앞두고 몇 시간 전에 선수들이 와서 육개장과 김치를 먹고 시합에 임하도록 했다.

당시 뉴델리에는 교포도 몇 명 없었고 한국인이라고는 대사관 직원과 상사 직원 그리고 유학생 몇 명 등의 가족을 합쳐야 수십 명에 불과했다. 그래도 그들은 인도에서 사는 동안에 우리 선수단을 도울 수 있다는 것에 즐거워했고 보람으로 생각했으며 정성을 다해 도우려 했다. 지금 생각해 보면 그때 뉴델리에 있던 한국인 모두가 애국자였다.

이원경 장관과의 만남

어느 날 직원회의를 하는데 대사가 편지를 꺼내면서 말했다.

"우리 외교관 선배 중에 아주 훌륭한 분이 계시는데 지금 체육부 장관을 하시는 이원경 장관이십니다. 그분이 저에게 편지를 보내셔서 말씀하시기를, 이번에 뉴델리아시안게임을 준비하는 과정에서 인도대사관의 김하중 서기관이 너무 성심성의껏 우리를 도와주어 고

마우니, 직원회의를 할 때 직원들에게 본인의 감사의 마음을 전해 달라고 하셨습니다. 그래서 이렇게 이 장관님의 편지를 읽어 드리는 겁니다."

나는 이원경 장관이라는 분이 누구인지 알지 못했고 만나 본 적도 없었다. 몇 달 후 아시안게임 개막식에 맞춰 이원경 체육부장관이 뉴델리에 도착했다. 이 장관은 인도의 주요 인사들을 면담하고 개막식에 참석한 다음, 우리 선수단을 찾아 격려했다. 그리고 한국으로 돌아가기 전에 나를 따로 불러 그동안의 노고를 크게 치하했다. 그러면서 "자신이 한국에 돌아가면 김 서기관이 꼭 훈장을 받을 수 있도록 하겠다"고 말했다.

그런데 나는 그해에 이미 우수공무원으로 선정되어 대통령 표창을 받기로 본부에서 정식 통보까지 받은 상황이었다. 그리고 한 번 국가의 상훈을 받은 사람은 기본적으로 5년 내에는 상훈을 받지 못하도록 되어 있었다. 그래서 더 이상의 상훈 수여는 현실적으로 곤란했다. 그러나 이원경 장관의 강력한 건의로 나는 다음 해인 1983년 겨울 정부로부터 '체육포장'을 받았다. 체육부에서는 나에게 체육포장을 보내오면서 원래 훈장을 상신했지만 이미 해가 지난 사안이라 체육포장으로 격이 낮아졌다고 알려 왔다.

이원경 장관은 다음 해인 1983년 10월 랑군 사태 직후 외무부장관이 되었다.

아시안게임에서 거둔 놀라운 수확

뉴델리아시안게임은 아시아 33개국에서 4,500여 명의 선수가 참가한 역대 가장 규모가 컸던 대회였다. 그 대회에서 우리 선수단은 당초 최대 20개 정도 기대했던 금메달을 28개나 획득함으로써 역대 최고의 성적을 거두었다. 북한과는 8회 방콕아시안게임 때 3개밖에 차이 나지 않던 금메달 수를 11개로 벌림으로써 압도적인 우위를 보여주었다. 본국은 온통 축제 분위기였다. 12월 6일 선수단의 귀국을 수송하기 위한 점보기를 보내오면서 서울 날씨가 춥다고 선수들이 입을 내복까지 가져왔다.

대회가 종료된 뒤, 선수단은 물론 체육계 인사들은 그동안 대사관의 지원과 협조에 깊은 감사를 표했고, 본부에서도 대사관 활동을 치하했다. 모든 것이 대사의 강력한 리더십 아래 전 직원들이 일치단결하여 무더위 속에서 헌신적으로 일한 결과였다.

나는 아시안게임을 준비하는 과정에서 인도 측 인사들로부터 아낌없는 지원을 받았다. 한번은 조직위를 갔더니 한 간부가 나에게 "아시안게임에 입장할 수 있는 연락관 ID 카드를 발급해야 하는데 네 자리로 된 숫자 중에서 어떤 숫자를 제일 좋아하느냐?"라고 물었다. 나는 아무 생각 없이 "3333"이라고 대답했다. 그랬더니 조직위가 당신을 선수단의 일원으로 생각하여 선수단에게 발급하는 카드를 더 준다면 어떤 숫자를 원하느냐고 하는 것이다. 나는 또 "9999"라고 대답했다.

며칠 후 조직위에 갔더니 ID 카드를 주는데, 두 개를 주는 것이었다. 하나는 연락관들에게 주는 파란색의 ID 카드인데 숫자가 '3333' 이었고, 다른 하나는 선수단용 황색 ID 카드였는데 숫자가 '9999'였다. 나는 그 두 개의 카드를 경기 기간 중 가지고 다니면서 필요할 때마다 번갈아 사용했는데, 그 카드를 보는 사람마다 번호를 보고 신기하게 생각했다.

한편 앞에서 언급했던 대로 '아시안게임 조직위'에는 라지브 간디의 후배나 측근을 비롯한 많은 사람들이 근무하고 있었는데, 그들 중 많은 사람들이 아시안게임 후 각 분야에서 두각을 나타내기 시작했다. 어떤 사람은 대통령 비서관이 되었고 또 어떤 사람들은 국회의원이 되었으며 나중에 인디라 간디 총리가 피살되고 아들인 라지브 간디가 총리가 된 다음에는 장관이 된 사람들도 나왔다. 그들은 이후 내가 인도에서 근무하는 동안 많은 도움을 주었으며, 이것은 결국 아시안게임을 통해 내가 거두었던 중요한 수확이었다.

잊지 못할 충격적인 사건들

1983년 3월 말 경제를 담당하던 직원이 귀국함에 따라 내가 경제를 담당하게 되었다. 나는 한국과 인도 간의 무역 증대와 경제협력을 위한 일을 하면서 한국과 인도의 경제 인사들과 활발하게 접촉하기 시작했다.

한국 대통령의 최초 인도 방문이 취소되다

당시 전두환 대통령의 인도 방문이 10월 11일부터 14일까지로 확정되었다. 한국 대통령의 인도 방문은 역사상 처음이었기 때문에 대사관으로서는 매우 중요한 행사였고, 인도 정부도 깊은 관심을 가지고 준비했다.

대통령이 도착하기 5일 전인 10월 6일 경호 선발과 통신처장, 그리고 청와대 및 외무부 소속 관계관들이 도착하여 함께 인도 측과 협의하면서 마지막 점검을 하고 있었다. 전 대통령이 서울을 떠나 첫 번째 방문국인 버마에 도착한 8일 오후, 나는 경호원들과 인도 대통령궁에 들어가 마지막 점검과 아울러 대통령 숙소에 한국과의 핫라인을 설치하고 있었다.

통신을 담당하는 경호원이 전화기를 다 설치한 다음 서울 경호실을 눌러 통화 상태를 점검했다. 그런데 별안간 경호원이 일어서더니 조금 전 설치했던 핫라인을 전부 철수하는 것이었다. 왜 그러냐고 물었더니, 자기도 모르겠지만 본부에서 지금 당장 통신을 전부 철수하라고 하는데, 아무래도 버마에서 무슨 큰 사고가 난 것 같다고 했다. 우리가 나오니 인도 대통령궁 책임자들도 왜 그러냐 물었지만 우리는 아무 설명도 하지 않고 돌아왔다. 대표단이 묵는 호텔로 돌아와 대사관에 전화를 걸었더니 조금 전 버마에서 큰 사고가 났다는 이야기를 듣고 대사 이하 전 직원이 모여 있는데, 무슨 사건인지는 전혀 모른다는 대답이었다.

나는 호텔 내 투숙객을 위해 설치한 외신 부스로 뛰어갔다. 거기에는 AP, UPI, AFP 통신이 나오고 있었다. 전 대통령 일행이 당한 랑군 사태(1983년 10월 9일 버마를 방문한 전두환 대통령의 아웅산 묘역 참배 시, 북한 공작원들의 폭탄 테러로 각료 등 수행원 17명이 사망하고 일부 수행원이 부상을 당한 사건)에 관한 속보가 나오고 있었다. 나는 그 통신들을 찢어 가지고 대사관으로 가 대사에게 보고했다. 그것을 보면서 우리는 서울과 연락하는 동시에 인도 측에 진전 상황을 설명해 주었다.

랑군 사태는 우리나라로서 큰 불행이었고, 대한민국 대통령의 최초 인도 방문을 몇 달 동안 밤을 새우며 준비해 오던 대사관으로서도 너무나 허탈하고 충격적인 사건이었다.

인디라 간디 총리 피살

1984년 3월 대사관의 참사관이 본부 과장으로 들어가고 내가 정무 업무를 인수받으면서 대외직명이 참사관으로 재지정되었다. 그리고 4월 말 대사가 바뀌어 새로이 신동원 대사가 부임했다. 대사가 새로 부임하면 주재국이나 외교단에 예방이나 인사를 할 일이 많고 오찬이나 만찬 등의 행사가 많기 때문에 나 역시 매우 바쁜 시간을 보냈다.

그렇게 6개월쯤 지난 10월 31일 오전 인디라 간디 총리가 관저에서 자신의 경호원들(3명)에게 피살되는 사건이 발생했다. 범인들은 모두 시크교도(전 인구의 2퍼센트를 점하며, 펀자브 주의 독립을 요구)였다. 간디 총리가 시크교도들이 가장 성스럽게 생각하는 '황금 사원'을 탈환하라는 명령을 내림에 따라 정부군이 사원에 침입하여 2천 명

이상을 학살한 것에 원한을 품고 범행을 저지른 것으로 알려졌다. 총리의 피살 소식이 알려지자 인도 전역에서 힌두교도들의 무차별 보복테러로 많은 시크교도들이 살해됐다. 소요 사태는 인디라 간디 장례식을 계기로 소강상태에 들어갔다.

후임 총리에는 인디라 간디 총리의 장남으로서 집권당인 국민회의당의 국회의원이며 사무총장인 라지브 간디가 선출되었다. 문제는 라지브 총리가 자기 어머니가 보여 주었던 그런 강력한 리더십을 보여 줄 수 있느냐였다. 그의 앞에는 종교 분쟁과 경제 침체 등 수많은 난제가 기다리고 있었고, 특히 가장 중요한 현안은 연말에 치러질 총선이었다. 그러나 라지브 총리가 이끄는 국민회의당은 총선에서 대승을 거두었다. 나는 이때 인도의 정치 상황과 앞으로의 전망을 분석하느라 아주 바쁜 나날을 보냈다.

귀국 직전, 이원경 장관이
인도를 방문하다

1985년 봄이 되자 내 인도 근무도 3년이 지나갔다. 나는 봄에 본부로 들어가고 싶었지만 대사관 사정 때문에 여의치가 않았다. 6월 초 어느 날 서울에서 연락이 왔다. 80세가 넘으신 아버님이 위독하니 빨리 들어오라는 전갈이었다. 나는 급히 서울로 들어갔다. 다행히 아버지는 위기를 넘기신 상황이었다. 며칠 병상을 지키는데 의사가 이번에는 위기를 넘겼으니 안심해도 좋다고 하는 것이었다. 가족들은 그래도 아버지가 언제 돌아가실지 모르니 이제는 막내인 내가 서울에 돌아오는 것이 좋겠다고 했다.

나는 인도로 돌아가 대사에게 전후 사정을 설명하고 가을에는 서울로 돌아가야 할 것 같다고 말하고 허락을 받은 다음, 본부에도 가을에는 서울로 돌아가고 싶다는 의사를 전달했다. 본부에서는 가을에 과장 보직이 별로 없다고 하면서 영사국과 외교안보연구원의 과장을 하겠는지 내 의견을 물어 왔다. 나는 본부가 제의하는 보직들이 별로 마음에 들지 않아 아무런 대답도 하지 않고 있었다. 그러는 가운데 7월 초 본부로 발령이 났다.

뜻밖의 인사 발령

본부로 발령이 난 후 갑자기 이원경 외무부장관의 인도 방문이 추진됐다. 방문 기간은 7월 18일부터 21일까지로 결정되었고, 나는 담당 참사관으로서 인도 측과 협의를 진행하면서 장관의 방문 일정을 준비했다. 얼마 뒤 이원경 장관이 뉴델리에 도착했다. 장관은 공항에서 나를 보더니 깜짝 놀라면서 "김 참사관, 아직도 여기서 근무해요?" 하는 것이었다. 1982년 11월 말 아시안게임 개막식 때 만났으니 2년 8개월 만이었다. 나는 장관을 수행하면서 외무장관회담, 총리 면담 등 중요한 공식 일정을 소화했다. 장관의 인도 방문은 성공적으로 끝났고 장관도 매우 흡족해했다.

장관이 서울로 돌아간 다음 며칠 후 나는 장관 보좌관으로 발령이 났다. 사실 그때까지 장관 보좌관은 국장을 지낸 간부가 하는 자리였다. 그런데 아직 과장도 하지 못한 직원이 장관의 보좌관을 하게 된 것이었다.

인도를 떠나면서

사실 인도에서의 생활은 힘들었다. 우선 너무 더웠고 어디를 가도 사람이 많아 지저분했다. 특히 어려웠던 건 먹을 만한 것이 별로 없다는 점이었다. 우리가 좋아하는 소고기는 먹을 수 없었고, 늘 닭고기와 돼지고기 또는 양고기를 먹어야 했다. 그런데 그것도 진한 향신료를 사용하니 적응하는 데 시간이 걸렸다.

뉴델리에는 슈퍼마켓은 물론이고 변변한 상점 하나 없어서 아이들이 먹을 제대로 된 과자 하나도 살 수가 없었다. 한국에서 인편에 가끔 오는 라면은 그야말로 특식이었다. 또한 겨울 몇 달을 제외하고는 3월부터 배추나 파도 없기 때문에 미리 짠 김치를 만들어 보관해서 먹거나, 양배추에 파 대신 양파를 넣어 만든 김치를 먹으면서 약 8개월간의 여름을 버틴다. 그러다 11월쯤 파가 나오면 파 양념간장으로 밥을 비벼 먹는데, 그 맛이 일품이었다. 그래도 아이들이 건강하게 자라니 아내는 그것만으로도 고마워했다.

그러나 업무적으로는 3년 반을 근무하는 동안 많은 것을 배우고 경험했다. 특히 좋은 인도 친구들을 만나 유익하고 보람된 시간을 보낼 수 있었다. 대사관 동료들이 외교관은 골프를 배워야 한다고 하도 강권해서 연습도 별로 하지 않은 채 한두 번 골프장에 나갔지만 재미도 없고 특히 중간에 대사관에 급한 일이 생겨 돌아오는 바람에 그 다음에는 신경이 쓰여 골프장에 가지를 못했다. 그렇게 늘 바쁘고 시간에 쫓겼다. 그래도 감사하고 즐거웠다.

돌이켜 보면 다 은혜였다. 인사계장을 끝내고 좋은 공관으로 나가라는 권유를 뿌리치고 인도로 왔는데, 대사관의 고유 업무를 이미 다른 사람들이 하고 있어 어쩔 수 없이 아시안게임 연락관 업무를 맡게 되었고, 주어진 업무를 불평하지 않고 열심히 하다 보니 대통령 표창을 받고 체육포장도 받았다. 그러면서 인도 각계의 주요 인사들과 깊은 친분 관계를 쌓을 수 있었고, 이것이 인도에서 근무하는 3년 반 동안에 나에게 큰 자산이 되었던 것이다. 특히 그 당시 외무부에서 유능하다고 일컫는 김정태 대사와 신동원 대사를 모시면서 많은 일을 배우고 그분들의 사랑과 신임을 받을 수 있었던 것은 행운이었다.

더욱 감사한 일은 아시안게임을 준비하는 과정에서 이원경 체육부장관의 인정을 받았는데, 그분이 나중에 *랑군 사태 이후 외무부장관이 되었고, 내가 귀국하기 직전 장관이 인도를 공식방문하게 되면서 나를 다시 만나게 되었으며, 자신의 보좌관으로 임명한 것이었다. 상상치도 못했던 하나님의 은혜요 인도하심이었다.

---

* 1983년 10월 9일 버마(현 미얀마) 랑군에서 북한이 전두환 대통령 암살을 시도한 사건. 이 폭탄 테러로 한국 정부 관계자 및 민간인 17명이 사망했다(편집자 주).

삶에서 길어 올린 지혜

01
한 방울의 땀이라도 더 흘리는 사람이 되십시오

"뉴델리아시안게임 연락관으로서 궂은일을 마다하지 않고 120퍼센트의 정성을 쏟았습니다." 학업이나 직장에서 원치 않은 상황과 일로 힘들어질 때 오히려 상황을 반전시키시는 하나님을 의지하며 열정을 다해 보십시오. 그 열정과 성실함은 생각지 못한 열매를 맺을 것입니다.

02
관계를 정성껏 가꾸십시오

"아시안게임 조직위원회와의 지속적인 교류를 통해 낯설었던 현지인과도 신뢰를 쌓았고, 이는 나중에 업무에 큰 도움이 되었습니다." 학교나 직장에서 동료, 선배, 친구들과의 관계를 정성껏 가꿔 보세요. 특히 힘들고 어려운 사람에게 더 따뜻하게 다가가 마음을 나눠 보십시오. 그렇게 쌓아 올린 관계는 삶의 큰 자산이 될 것입니다.

03
역경 속에서 긍정의 시각을 훈련하십시오

"인디라 간디 총리 피살 같은 충격적인 사건 속에서도 긍정적인 태도로 맡겨진 임무를 수행했습니다." 좋지 않은 사건, 직장 내 갈등 속에서도 하나님의 신실하심을 믿고 긍정적인 마음을 유지해 보십시오. 하나님의 선하심과 일하심을 보게 될 것입니다.

04

예상치 못한 기회를 감사히 받아들이십시오

"인사계장을 마친 후 험지로 가겠다는 결심이 인도 근무로 이어졌고, 이는 뜻밖의 축복이 되었습니다." 나의 계획과 다른 길로 나아가게 될 때, 그것을 하나님께서 주신 가장 좋은 선물로 받아들여 보십시오. 그런 믿음의 걸음이 더 큰 은혜로 이끌 것입니다.

나누며 깊어지는 시간

학업 중인 청년에게

1. 낯선 환경에서 열린 마음으로 배우려 애썼던 경험이 있나요? 나에게 그 경험이 어떤 영향을 미쳤고, 어떤 변화가 일어났나요?

2. 친구, 선후배, 선생님과의 관계에서 정성을 다해 관계를 가꾸려고 노력했던 경험이 있나요? 그 과정에서 어떤 기쁨을 마주했나요? 지금 옆에 있는 사람들에게 소중한 축복의 말을 건네 주세요.

일터에 있는 청년에게

1. 직장에서 함께 일하는 사람이나 고객을 위해 평소보다 더 깊은 헌신과 정성을 쏟았던 경험이 있나요? 그때 느꼈던 보람이나, 지금 헌신을 회복해야 할 관계에 관해 이야기해 보세요.

2. 직장에서 뜻밖의 자리이거나 처음에는 원치 않던 자리였지만, 그곳에서 묵묵히 최선을 다했더니 결국 하나님께서 인정과 열매를 얻게 하신 경험이 있나요? 그때 무엇을 배웠나요?

한 걸음 더 나아가기

지금 나의 상황에서 최선을 다해야 하는 영역은 어디인지 생각해 보세요. 나는 그 자리에서 주께 하듯 성실히 임하며 세상 속에서 빛과 소금의 삶을 살고 있나요? 만약 그렇지 못하다면, 지금 무엇을 돌이키고 새롭게 결단해야 할지 기도하며 생각해 보세요.

6

큰 그림 안에서
차근차근
이끄시다

서울에 도착한 다음 날, 나는 외무부에 들어가 이원경 장관에게 인사하고 바로 업무를 시작했다. 장관보좌관의 주요 업무는 매일 외무부 각 부서와 재외공관 및 정부 각 부서에서 보내오는 보고서를 정리하여 장관에게 보고한 다음, 장관이 내리는 지시 사항들을 관계 부서의 간부들이나 부서에 전달하는 일이었다. 물론 장관이 참석하는 외빈 면담 등에 배석하고 주요 회의나 행사에도 참석해 필요한 경우 장관을 보좌했다.

이 장관은 겉으로는 아주 부드럽고 유연하지만 속은 강철같이 강하고 엄격하고 담대한 분이었다. 또 장관은 아주 검소했다. 간부나 직원들과 식사할 때도 늘 구내식당이나 청사 근처 설렁탕집에 갔다. 나는 이 장관을 모시면서 인생의 많은 것을 깨닫고, 배웠다. 그리고 그것이 나의 생각과 행동에 큰 영향을 미쳤다. 그분은 정말 훌륭한 리더였으며, 외무부 역사상 가장 훌륭한 장관으로 평가받고 있다.

어느 날 보고를 마치고 나오는데 장관이 말했다.

"김 보좌관은 여기 있는 것보다 과장을 빨리 해야 하네. 지금 우리 외교에서 가장 중요한 것은 미국과의 관계고, 김 보좌관이 전에 뉴욕에서 근무했고 또 북미과에서도 두 번이나 근무했으니 적절한 시점에 북미과장 같은 것을 하지."

그때 나는 장관께 이렇게 말했다.

"장관님, 죄송하지만 저는 북미과장보다 중국을 관장하는 동북아2과장을 하고 싶습니다."

"아니, 중국과는 수교도 안 되어 있는데 무슨 소리인가? 아무 일도 없는 동북아2과장보다는 북미과장을 해야지."

"저는 앞으로 꼭 한중 수교에 참여하고 싶습니다. 제가 북미과장을 하면 그런 기회를 잃게 될까 걱정이 되니 동북아2과장을 시켜 주십시오."

장관은 알겠다고 하면서 고개를 끄덕였다(《하나님의 대사 2》 20쪽 참조).

드디어 중국 업무를 시작하다

1986년 1월 초였다. 총무과장이 장

관에게 결재받을 것이 있다고 하면서 장관 방으로 들어갔다. 그런데 금방 밖으로 나오더니 내 방으로 와서 말했다.

"김 보좌관, 혹시 동북아2과장에 관심이 있어요?"

"왜 그러세요?"

"동북아2과장이 갑자기 해외 공관으로 나가게 되어서 차관과 후임을 결정하고 지금 장관께 결재 받으러 들어갔더니, 장관 말씀이 먼저 김 보좌관한테 동북아2과장 자리를 어떻게 생각하는지 물어보라고 하시는데."

나는 그제야 무슨 말인지 알았다. 그래서 관심 있다고 답했다. 그랬더니 총무과장은 좋은 과장 자리가 많은데 왜 하필 동북아2과장이냐고 물었다. 나는 총무과장에게 나의 생각을 간단히 설명해 주었고, 총무과장은 돌아갔다.

잠시 후에 차관이 나를 찾았다. 그러더니 나에게 왜 하필 동북아2과장이냐고 하면서 "김 보좌관이 할 수 있는 좋은 보직이 많으니 나중에 원하는 보직을 골라서 하라"는 것이었다. 나는 차관에게 내 생각을 설명하면서 "저는 다른 보직에는 전혀 관심이 없고 오직 동북아2과장에만 관심이 있습니다."라고 말했다. 그런 후 바로 발령이 나서 나는 1월 말 동북아2과장으로 자리를 옮겼다.

겁 없이 고집을 부리다

당시 동북아2과는 종합청사 5층에 있었다. 아주국(亞洲局)의 다른 세 과는 전부 6층에 있었지만 동북아2과는 중국이나 몽골과 수교 관계도 없고 타이완하고만 수교하고 있었기 때문에 기본적으로 상부의 관심에서도 벗어나 있었다. 그래서 예산도 별로 없고 직원도 많지 않아 사무실 배치에서도 밀려 동북아2과만 혼자 5층으로 내려와 있었던 것이다. 나는 직원들에게 "그런 데 신경 쓰지 말고 열심히 일이나 하자"고 말하고, "앞으로 몇 년만 지나면 틀림없이 중국과 관계가 열릴 것이다. 그리고 시간이 지나면 어느 날 아주국에서 가장 큰 과가 동북아2과가 될 것"이라고 강조했다.

한 달이 지난 2월 21일 오후에 중국의 미그 19기가 한국으로 망명하는 사건이 발생했다. 중국의 공군기가 한국으로 날아온 것은 그때가 여섯 번째인데, 그중에서 미그 19기가 망명을 한 것은 1982년 10월에 이어 두 번째였다. 중국 측은 신화사 홍콩분사를 통해 군용기와 조종사를 중국으로 송환해 주도록 요청했지만, 우리 정부는 국제관례에 따라 조종사를 제3국을 통해 타이완으로 보냈다.

6월 중순에는 또 중국인 19명이 탑승한 중국 선박이 표류하는 것을 우리 해경이 발견하여 해안에 정박시킨 사건이 발생했고, 우리는 이 문제를 처리하느라 바쁜 시간을 보냈다.

그러던 6월 하순 어느 날 이상옥 차관(후에 외무부장관)이 나를 찾았다. 차관은 내가 들어가자 앉으라고 하더니 아주 부드럽게 "미안하지만 김 과장이 이번에 다른 곳으로 자리를 옮겨야 할 것 같다"고 말했다. 깜짝 놀라서 무슨 말씀이냐고 물었더니, 차관은 "이번에 의전과장이 해외로 나가는데, 외무부로서는 의전과장 자리가 매우 중요하니 김 과장이 그 후임을 맡아 줘야 하겠다"고 했다.

나는 "지난 1월에 차관님께서 제게 좀 더 기다리다 중요한 자리로 가라고 하셨지만 전 다른 보직에는 관심이 없고 오직 동북아2과에만 관심이 있다고 말씀드렸고, 차관님께서 그렇게 하라고 하셔서 동북아2과로 갔습니다. 그런데 자리를 옮긴 지 다섯 달도 안 됐는데 다른 누구보다도 제 생각을 잘 아시는 차관님께서 제게 다른 자리로 가라고 하시니 아무리 차관님 말씀이라고 하더라도 따르기가 곤란합니다."라고 대답했다.

차관은 계속 설득했지만 나는 끝까지 주장을 꺾지 않았다. 결국 그 다음 날 직원들의 가을 전보에 관한 인사위원회가 열렸지만 의전과장은 이동 대상에 포함되지 않았다.

9월 20일 서울에서 아시안게임이 개막했다. 우리는 아시안게임에 참석한 중국 선수단과 임원들을 통해 한중 관계 개선을 원하는 한국의 메시지를 확실히 전달하려고 했다. 그래서 나도 아시안게임 조직위원회가 베이징시 부시장을 위해 주최한 환영 만찬과 중국 올림픽위원회가 주최한 리셉션에 참석하여 중국 인사들에 대한 적극적인 활동을 했다.

처음으로 죽의 장막, 중국을 방문하다

세계관광기구(WTO)의 동아태지역위원회 제16차 회의가 10월 13일부터 18일까지 중국 베이징(北京)에서 열렸다. 회의가 끝난 다음에는 주최 측에서 10월 19일부터 25일까지 중국의 주요 관광지인 시안(西安)과 구이린(桂林), 그리고 광저우(廣州) 여행을 안내하도록 예정되어 있었다.

　세계관광기구의 요청에 따라 정부는 이 회의에 4명의 대표단을 파견하기로 하고, 교통부의 관광국장이 수석대표로, 나머지 대표는 외무부 동북아2과장(본인), 안기부 서기관과 관광공사 본부장으로 결정했다. 우리는 홍콩으로 가서 중국 외교부 주홍콩 비자 발급처에서 별지에 비자를 받았다.

　우리 일행은 10월 11일 토요일 오후 중국 민항기를 타고 베이징으로 갔다. 대표단 숙소인 호텔에 체크인을 하고 저녁 식사 후 번화가인 창안제(長安街)로 나가 보니 자동차는 거의 없는 도로에 자전거들만 다니고 있었고 가로등도 별로 없어 거리는 캄캄했다. 다음 날 처음으로 톈안먼 광장과 쯔진청 그리고 톈탄을 구경했는데 그 크기와 웅장함은 실로 놀라웠다. 그런데 그것보다 거리에 다니는 사람들의 무표정한 모습, 남녀노소 할 것 없이 거의 다 회색이나 검정색 일색인 옷차림이 더 놀라웠다. 베이징에서 제일 큰 우의상점에 가도 물건이 거의 없었고, 그나마 있는 것도 품질이 떨어지는 상품뿐이었다. 하지만 그 속에서 무언지 모를 개방의 기운을 느낄 수 있었다.

　회의는 월요일인 13일부터 3일간 진행되었다. 19일 아침 외국 대표단은 공군기를 타고 시안으로 가서 진시황의 무덤을 비롯한 여러 관광지를 참관했는데, 유적은 많았지만 도시는 말할 수 없이 낙후되어 있었다. 구이린도 마찬가지였다. 다만 광저우는 홍콩의 영향으로 다른 중국 도시들과 달리 이미 상당한 발전을 이루고 있었다. 25일 아침 우리는 광저우에서 기차를 타고 홍콩을 경유해 서울로 돌아왔다.

2주간의 중국 방문을 통해 나는 중국의 현실을 명확하게 인식할 수 있었다. 중국 방문 기간 중 어디를 가든지 중국인들은 우리를 아주 따뜻하게 대했으며 매우 우호적이었다. 그들은 이미 9월에 열린 서울 아시안게임을 통해 한국의 경제 발전상을 잘 알고 있었고 부러움을 표시하기도 했다. 아시안게임이 이 정도의 영향을 미쳤다면 올림픽은 훨씬 더 큰 파급 효과를 미칠 것이 확실했다.

마음껏 일할 때가 머지않았습니다

9월에 최광수 장관이 새로이 취임했다. 연말이 되자 복도에서 내가 의전과장으로 자리를 옮기게 될 것이라는 소문이 돌아다녔다. 이에 대해 나는 아무 말도 하지 않았다. 해가 바뀌어 1987년이 되었고, 시무식을 시작한 지 며칠 후에 나는 의전과장으로 발령이 났다. 작년에 차관에게 고집을 부렸던 일이 있어서 더는 내 생각을 주장하지 않고 조직의 명령에 따르는 것이 순리라고 생각했다. 1월 말 나는 의전과장으로 자리를 옮겼다. 동북아2과를 떠나면서 직원들에게 이렇게 말했다.

"여러분, 내가 비록 동북아2과를 떠나지만 내 마음은 항상 여기 있을 겁니다. 머지않아 우리나라는 동구 국가들과 관계를 개선하게 될 것입니다. 그리고 중국과도 관계를 개선할 겁니다. 여러분이 마음껏 일할 수 있는 때가 머지않았습니다. 동북아2과는 앞으로 아주국에서 가장 중요한 과가 될 것이니 여러분은 그날에 대비해 열심히 일하고 공부해야 합니다."

당시 직원들은 내 말을 믿지 않았다. 그러나 우리나라는 1989년 헝가리를 시작으로 동구 국가들과 수교를 시작했고, 1990년 10월에는 소련과 수교하기에 이르렀다. 그리고 이러한 움직임은 중국으로 하여금 한국과의 수교를 촉진한 결과를 가져왔다.

제5공화국 마지막 해의 경직된 의전

당시 의전과의 주요한 업무는 두 가지였다. 첫째는 대통령이 만나는 외빈들의 의전에 관한 일이었다. 특히 당시는 전두환 대통령의 임기 마지막 해였고 국내 정국이 요동을 치고 있었기 때문에 전 대통령은 해외에 나가지를 않았다. 그래서 외국의 국가원수들이나 총리 또는 외무부장관들이 한국을 방문하면 가지는 대통령과의 면담이나 예방, 오찬이나 만찬 등의 행사를 준비하는 일이 많았다. 더불어 주한 외국사절의 대통령에 대한 신임장 제정도 중요한 의전 행사의 하나였다.

외국 대통령 방한에 얽힌 이야기

그해 한국을 방문한 국가원수는 버마 대통령, 콜롬비아 대통령, 스웨덴 국왕 등 4명이었다. 외국의 국가원수가 입국하거나 출국할 때 대부분은 대통령이 직접 공항에 나갔다. 그리고 외빈을 모시고 시내로 들어올 때 몇 시간 전부터 교통을 완전히 통제하기 때문에 시내는 교통 체증이 극심했다. 외빈이 한국에 머무는(4박 5일이나 3박 4일) 동안 외빈이 움직일 때도 교통이 완전 통제되니 시민들이 겪는 불편이 이만저만이 아니었다.

그런가 하면 6월 초는 민주화 운동으로 데모가 한창일 때라 서울 시내에 있으면 하루 종일 경찰이 발사한 최루탄 가스로 눈이 아팠다. 그 즈음에 서울에 도착한 버마 대통령 일행은 어디를 가든지 최루탄 가스로 눈물을 흘려야 했다. 우리나라를 방문하기 위해 먼 곳에서 찾아온 외국 귀빈을 수행하는 우리로서는 미안할 따름이었다.

9월 8일 바르꼬 콜롬비아 대통령이 한국을 방문했다. 전용기가 서울공항에 도착하여 전 대통령과 공식 환영식을 하는데 콜롬비아 대통령이 배를 쥐고 자꾸 주저앉았다. 우리는 이상하다고 생각하면서 환영식이 끝나고 숙소 호텔로 갔는데 콜롬비아 측에서 대통령이 아프니 빨리 미 8군 내에 있는 병원으로 가자는 것이었다. 복막염이었다. 콜롬비아 측은 미군 병원에서 수술받기를 원했지만 병원 측은 자신들은 수술하기가 곤란하며, 한국 의술이 세계적인 수준이므로 안심하고 한국 병원에 가라고 권유했다(그 당시 콜롬비아 측은 한국의 의료 수준을 아주 낮게 보았던 것 같다). 우리는 다시 급히 콜롬비아 대통령을 서울대학병원으로 안내하여 수술을 받게 했다.

그날 저녁 예정된 대통령 주최 만찬은 당연히 취소되었고, 우리는 참석자들에게 일일이 전화를 걸어 만찬이 취소되었음을 통보했다. 그야말로 의전 사상 초유의 일이었다. 당초 2박 3일 예정으로 방한한 콜롬비아 대통령은 결국 11일간 병원에서 머문 뒤 18일에 본국으로 돌아갔다.

진통을 앓았던 신임장 제정식

그 당시는 제5공화국의 마지막 해라 권위주의가 최고조에 달한 때였다. 청와대의 의전이나 경호도 너무 긴장을 하니 별의별 일이 다 발생했다. 신임장 제정식 당일 외무부 직원들은 외국 대사 관저에 가서 신임장 제정 연습을 했다. 가장 큰 문제는 머리를 숙여 인사하는 것이었다. 국왕이 있는 나라나 권위주의적인 성향이 강한 나라에서 온 대사들은 그래도 잘했다. 그러나 대부분의 나라, 특히 서양 사람들은 지금까지 그런 것을 해 본 적이 없기 때문에 머리를 숙여 인사하는 게 쉽지 않았다. 그런데 신임장 제정식에서 외국 대사가 대통령에게 머리를 숙여 인사하지 않으면 청와대 측에서는 외무부 의전 직원들을 야단치곤 했다.

그래도 그것은 좀 나았다. 경호실에서는 신임장 제정을 하는 대사가 손가락에 반지 끼는 것을 금지했다. 반지에 독이 있을 수 있다는 이유였다. 하루는 신임장 제정 연습 시 어느 외국 대사에게 외무부 직원이 아무리 반지를 빼 달라고 요청해도 빼지를 않았다. 청와대에 도착하여 대기실에 있는데 청와대에서 근무하는 고위 인사가 들어와서 외국 대사에게 반지를 빼 달라고 요청했다. 그러나 외국 대사는 거절했고 승강이가 계속됐다.

그러다 나중에는 외국 대사가 일어서더니 신임장을 제정하지 않고 그냥 가겠다고 하는 것이다. 그제야 청와대 고위 인사도 포기하고 반지를 낀 채 신임장을 제정하도록 했다. 신임장 제정이 끝나자 경호실 책임자가 우리를 부르더니 방금 그 외국 대사가 반지를 끼고 신임장을 제정하게 했다고 우리에게 고함을 지르면서 야단을 쳤다.

한편 의전과의 두 번째 업무는 한국을 방문하는 다른 나라의 부통령이나 총리, 외무장관들의 총리 예방과 오찬 또는 만찬을 준비하는 일이었다. 그리고 지금은 좀 달라졌지만 다른 나라 외무장관의 방한에 관한 일정을 전부 책임지고 준비하고 집행하는 일을 했다. 그해 2월에서 10월 사이에 외국의 부통령과 총리급이 5명, 외무장관이 11명 한국을 방문했다. 외빈들이 오면 서울뿐만 아니라 경주, 부산, 제주까지 수행하는 경우도 많았다. 그래서 항상 바쁘면서도 긴장된 시간을 보냈다.

의전은 물 흐르듯 조용히, 모두가 기분 좋게

사실 외교에 관한 일을 할 때는 미리 보고서를 작성하고 대책(안)을 준비하여 많은 토의와 회의를 거쳐 우리의 입장을 확정한 다음 교섭에 임하기 때문에 실수하는 일은 드물다(외교상의 실수는 대부분 상황이나 상대방의 전략을 잘못 판단해서 정책의 방향을 틀리게 설정함으로써 국익에 부정적인 영향을 가져오는 경우가 대부분이다).

그런데 의전은 다르다. 어떤 행사를 진행하기 위해서는 많은 사람이 동원되고 복잡한 절차를 거쳐야 하는데 그 과정에서 누군가의 한순간 실수나 착각으로 행사 전체가 영향을 받을 때가 많기 때문이다. 따라서 의전에서는 당초 계획이 100퍼센트 진행되는 경우란 있을 수 없고 의전을 하다 보면 수시로 실수가 생기고 당황스러운 일을 겪기 마련이다. 그럴 때 의전을 하는 사람은 조용하면서도 침착하게 상황을 수습해야 한다.

처음에는 한국에 부임한 외국 대사가 대통령에게 신임장을 제정하기 위해 청와대에 오면서 신임장을 잊어버리고 안 가져온 것을 보고 너무 놀랐다. 그러나 그런 대사들이 종종 있었다. 신임장 제정식이란 것이 주재국 국가 원수와 만나 갖는 행사이기 때문에 지나치게 긴장을 하면 그럴 수도 있었다.

그래서 우리는 아예 신임장을 넣는 빈 봉투에 다른 서류를 넣고 봉함한 임시 신임장을 몇 개 예비해 두었다. 그래서 대사가 신임장을 안 가져왔다고 하면, 우리가 미리 준비해 둔 임시 신임장 봉투를 주고 대통령에게 제정하게 했다. 물론 그 봉투는 대통령이 열어 볼 리가 없기 때문에 나중에 대사가 보내온 신임장과 바꾸면 되었다.

한번은 외국 귀빈이 와서 시내 호텔에서 묵다가 지방 시찰차 특별기를 타려고 서울공항으로 출발하는데, 지방 행사를 맡은 직원이 잠깐 화장실에 간 사이에 모터케이드가 출발했다. 그 직원이 모든 돈과 자료를 다 가지고 있는데 난감했다. 그 직원은 택시를 타고 우리 뒤를 쫓아오고 있었지만 모터케이드를 따를 수는 없었다. 우리가 서울공항에 도착하여 비행기에 탑승을 하는데 그 직원이 택시 앞에 경찰 사이드카를 앞세우고 들어오는 것이었다. 나중에 이야기를 들어보니, 택시를 타고 달려오다 교통경찰에 붙잡혀 사정을 설명했더니 경찰 사이드카가 붙어서 전속력으로 달려왔다고 했다.

또 한번은 외국에서 대통령과 교민들과의 간담회를 준비하는데 대사관 직원이 얼굴이 하얗게 되어 오더니 큰일 났다는 것이다. 간담회장에 놓을 아이스 카빙(Ice Carving)을 가져왔는데 그 안에 들어갈 국기 문양이 잘못되었다고 했다. 외국 사람들이 다른 나라 국기 문양을 잘 몰라 벌어진 일이었다.

나는 직원에게 아이스 카빙을 밖에 버리고, 아이스 카빙을 놓으려던 자리에 화분을 갖다 놓으라고 했다. 그리고 직원들에게 아무 소리 하지 말고 애초부터 아이스 카빙은 없던 것으로 생각하라고 지시했다. 그 직원은 후에 두고두고 나에게 감사를 표했다.

의전은 그런 것이다. 행사가 잘되면 그만이지 아이스 카빙이 있고 없고가 중요하지 않다. 의전의 핵심은 행사가 물 흐르듯이 진행되면서 모든 사람이 기분 좋으면 되는 것이다.

마음을 무겁게 한 승진

6월 말 어느 날이었다. 내가 모시는 장명관 의전장(후에 주스페인대사)이 "오늘 저녁 부이사관 승진 인사가 있을 텐데 어떻게 할 것이냐"고 물었다. 나는 "이번에는 자리가 많지 않아 외무고시 기수가 저보다 빠른 사람들도 되기 어렵다고 하는데 어떻게 제가 되겠습니까?"라고 하면서 다음번 기회를 보겠다고 대답했다. 그런데 다음 날 아침에 출근하니 어젯밤에 열린 승진 인사위원회에서 내 승진을 결정했다는 것이다. 자리가 부족해서 내 앞의 기수(외무고시 6회)는 한 명도 승진하지 못했고, 7회에서 나와 총무과장이 되었다고 했다.

가만히 생각해 보니 총무과장은 인사를 총괄하는 간부이기 때문에 승진하는 것이 당연하다고 할 수 있지만 내가 승진한 것은 지나친 것 같았다. 특히 앞으로 내 앞 기수인 6회 동료들을 만날 생각을 하니 마음이 무거웠다. 인사위원회에서 통과된 결정을 뒤집을 수 있는 것은 장관에게 직접 말씀드리는 방법밖에 없었다.

나는 장관실로 가서 보좌관(후에 주유엔대사)에게 장관에게 보고드릴 것이 있으니 말씀드려 달라고 말했다. 보좌관은 무엇 때문에 장관을 만나려 하느냐고 물었다. 그래서 그에게 이번 승진의 문제점을 설명하고 7회인 나로서는 6회가 한 명도 되지 않은 상황에서 마음이 무거워 도저히 승진을 받아들일 수 없으니 장관께 승진 인사에서 나를 빼 달라고 말씀드리고자 한다고 대답했다. 그랬더니 그 보좌관은 자기도 외무고시 6회지만 인사위원회에서 정정당당하게 통과되어 승진을 하는데 누가 뭐라고 하겠느냐고 하면서 그런 문제라면 장관을 만날 필요가 없다고 했다.

그러나 나는 계속 보좌관에게 장관을 만나게 해 달라고 졸랐고, 보좌관은 장관께 보고드려 보겠다면서 장관실로 들어갔다. 조금 후 그가 나오더니 "장관께서 '무슨 말인지는 잘 알겠지만 인사위원회에서 통과된 사안을 장관이 뒤집는 것은 규정에도 맞지 않아 그렇게 할 수 없고, 아주 빠른 시일 안에 6회 중 몇을 승진시킬 예정이니 그냥 돌아가라'고 하신다"고 말했다.

사무실로 돌아왔지만 마음은 계속 무거웠다. 그리고 이번 승진으로 인해 많은 사람이 뒤에서 나를 욕하고 비난할 것을 생각하니 두렵

기도 했다.

노태우 대통령 취임식과
해외 순방

그해 12월 17일 노태우 후보가 제13대 대통령으로 당선되었다. 노태우 당선자는 당선 직후부터 '보통 사람'을 선언했다. 당선자 측 요청에 따라 외무부에서는 의전 간소화 작업에 착수했다. 여러 차례의 회의를 거쳐 간소화 방안을 작성하여 당선자 측에 전달했다. 이후 많은 개선이 이루어졌으나, 단기간에 해결하기에는 어려운 문제들도 있었다.

처음으로 국회의사당 앞에서 거행된 취임식

1988년 2월 25일 대통령 취임식이 한국 역사상 처음으로 국회의사당 앞에서 거행되었다. 취임식에는 국내 인사 25,000여 명과 일본 다케시타 총리, 미국 베이커 재무장관 등 91개국에서 파견한 경축 사절 350여 명이 참석했다. 취임식을 '검소하면서도 품위 있게' 치른다는 원칙에 따라 식장은 비교적 작았고 화려한 색깔을 피하면서 검소하게 장식했다.

우리는 취임식 참석차 한국을 방문하는 외국의 경축 사절들을 영접하여 취임식은 물론 각종 행사에 차질 없이 안내하는 데 전력을 집중했다. 그리고 경축식이 끝나 경축 사절들이 돌아간 다음에야 몇 주 동안 밀린 잠을 잘 수 있었다.

정부가 새로 출범함에 따라 의전장도 교체되어 박건우 주콜롬비아대사(작고)가 새로이 임명되었다. 그 당시 정부의 가장 중요한 현안은 9월 중순부터 개최되는 서울올림픽이었다. 워낙 큰 행사이기 때문에 청와대에서는 일단 대통령의 해외 방문은 올림픽 후로 미루기로 했다. 그렇지만 중요한 외빈들의 방한과 주한 외국 대사들의 신임장 제정, 주한 외교단과의 여러 가지 행사는 계속돼서 의전과는 늘 바빴다.

한중 수교를 향한 확고한 꿈

한편, 나는 1988년 1월 초 새해를 맞아 앞으로 내가 가야 할 길을 생각했다. 이제 봄이면 서울에 들어온 지 2년 반이 되어 해외로 나가야 하는데 아무래도 대통령 취임식과 9월로 예정된 서울올림픽 때문에 올림픽이 끝난 다음에나 나갈 수 있을 것 같았다. 다음 해외 근무지로 중국에 가고 싶지만, 현재로서는 우선 일본에 가서 때를 기다리는 것이 좋을 것 같았다. 특히 내가 아시아 전문가로서 성장하려면 반드시 일본을 알아야 했다. 나는 일본에 가기로 마음먹고 1월 초부터 새벽에 일본어 학원에 다니기 시작했다.

그러던 어느 봄날이었다. 장관이 나를 찾는다는 연락이 와서 장관실에 들어가니 장관이 나에게 "그동안 김 과장이 본부에서 고생한 공로를 인정해서 가을에 주미대사관에 참사관으로 보낼 테니 그리 알라"고 말했다. 공무원 사회에서 장관이 과장을 직접 불러서 이런 말을 한다는 것은 극히 이례적인 일이었다. 그러나 이미 마음을 정한 나로서는 장관의 권유를 고사할 수밖에 없었다. 그래서 나는 장관에게 "한국과 중국이 수교하는 데 참여하는 것이 꿈인데, 주미대사관에서 근무하게 되면 제 꿈에서 멀어지기 때문에 가고 싶지 않습니다."라고 말했다.

장관은 "그럼 어디로 가고 싶냐"고 물었다. 그래서 나는 "중국에 가고 싶지만 현재로선 불가능하니 중국과 가장 가까운 일본에 가서 기다리다 앞으로 기회가 오면 중국에 가서 한중 관계 개선의 돌파구를 열고 싶습니다."라고 대답했다. 장관은 "성급하게 대답하지 말고, 사흘 정도 생각한 다음에 다시 오라"고 했다. 사흘 후 나는 다시 가서 장관에게 "생각해 봤습니다. 주일대사관에 보내 주십시오."라고 말했다. 마침내 장관은 웃으면서 허락했다. "나도 생각해 봤는데, 어쩌면 김 과장 생각이 옳을지도 모르겠어요. 그럼 주일대사관으로 가세요."

그러고 나서 얼마 후 인사 담당 책임자가 나를 보자고 했다.

"외교관으로서 주미대사관 참사관이 어떤 자리인지 모르십니까? 지금 수많은 사람이 그 자리에 가려고 별의별 노력을 다하고 있는데, 장관께서 보내 주겠다고 하는 것을 왜 안 가겠다고 하십니까?"

"물론 지금 말씀하신 것을 잘 알고 있습니다만 제게는 주미대사관 참사관이 되는 게 아무런 의미가 없습니다. 제게는 앞으로 한중 수교에 꼭 참여하고 싶은 꿈이 있기 때문입니다. 지금은 제 말이 이해가 안 되겠지만 앞으로 몇 년이 지나면 알게 될 겁니다."

훗날 나도 장관을 지냈지만 당시 나는 참으로 겁이 없었다. 지금 다시 그렇게 하라면 과연 할 수 있을까 싶을 정도다. 그만큼 그 당시 중국을 향한 내 꿈은 확고했다. 한중 수교에 나의 모든 것을 걸었다고 해도 과언이 아니었다(《하나님의 대사 2》 21-22쪽 참조).

장관에게서 주일대사관에 보내 주겠다는 약속을 받고 나서 나는 일본어 학원 측과 상의해서 토요일과 일요일, 공휴일 오후에 개인 교습을 받기로 했다. 물론 해외 출장을 나가면 곤란했지만 국내에 있는 동안에는 어떻게 해서든지 일본어 교습을 받으려고 노력했다.

아버지와의 슬픈 이별

9월 17일 제24회 서울올림픽이 개막해서 대회가 순조롭게 진행되기 시작했다. 외무부는 청와대 지시에 따라 비밀리에 올림픽이 끝난 다음인 10월 중순에 대통령의 유엔총회 연설과 워싱턴 방문, 그리고 11월 초부터 말레이시아, 호주, 인도네시아 및 브루나이 4개국 방문을 준비하고 있었다.

9월 28일 대통령의 해외 방문을 준비하기 위해 의전장을 단장으로 하는 선발대가 서울을 출발했다. 선발대는 2주 이상 말레이시아, 브루나이, 인도네시아와 호주를 방문하면서 방문 대상국 정부와 일정을 협의한 다음 행사장들을 답사했다. 10월 14일 우리는 다시 시드니에서 뉴욕으로 이동하여 대통령의 유엔총회 연설에 필요한 것들을 준비했다.

10월 17일 오후 노태우 대통령이 뉴욕에 도착했다. 그리고 다음 날 제43차 유엔총회에서 대한민국 대통령으로서는 처음으로 연설을 했다. 20일 아침 대통령은 워싱턴으로 가서 백악관에 들어가 레이건 대통령과 오찬 겸 정상회담을 가졌다. 유엔 연설과 한미 정상회담은 성공적이었다.

나로서는 선발대로 서울을 떠난 지 25일 만의 귀국이었다. 사실 당시 아버님은 지병 때문에 8월 중순부터 병원에 입원하고 계셨다. 혹시 내가 선발대로 외국에 가 있는 중에 아버님이 돌아가시면 어떻게 하나 걱정했는데 다행히 아무 일도 없었다. 귀국하자마자 병원으로 갔더니, 아버님은 의식이 없으셨다. 가족들은 "아버지가 벌써 돌아가셨다 해도 이상하지 않을 만큼 힘드신 상태인데 너 돌아오기를 기다리셨으니 귀에다 대고 돌아왔다고 말씀드려라"라고 했다. 나는 아버지 귀에 대고 조용히 "아버지, 저 출장 갔다 돌아왔어요"라고 말씀드렸다. 그 순간 아버지는 무어라 말을 하려는데 말이 안 나오니까 혓바닥을 내밀면서 눈물을 흘리셨다. 그리고 이틀 후에 돌아가셨다.

장례식을 마치고 4일 후에 나는 노태우 대통령을 모시고 동남아 순방차 말레이시아로 떠나야 했다. 결국 아버지는 내가 선발대 활동을 마치고 돌아와 다시 대통령을 모시고 나가는 사이 열흘 정도 되는 기간에 돌아가신 것이었다. 아들이 공무를 하는 데 혹시라도 방해를 주지 않기 위해서 출장을 마치고 돌아올 때까지 기다려 주신 아버지가 고마웠다. 그러나 대통령의 순방 문제로 아버지를 잃은 슬픔을 생각할 여유가 없었다.

본부를 떠나면서

대통령의 동남아 순방을 준비하기

위해서 선발대로 돌아다니는 동안 나는 이미 주일대사관 참사관으로 발령이 났다. 그래서 이제는 공관으로 나갈 준비를 해야 했다. 2주 동안 밀린 일들을 처리하고 나서 12월 1일 후임에게 의전과장 업무를 인계했다.

1985년 8월 말 본부에 귀임하여 3년 4개월 동안 참으로 바쁜 시간을 보냈지만 그만큼 보람이 있었다. 장관이 미국을 관장하는 과장을 하라고 해도 중국을 관장하는 동북아2과장을 하겠다고 했고, 6개월 만에 의전과장을 맡으라고 명령하는데도 중국에 대한 미련 때문에 고집을 부리다가 나중에서야 의전과장으로 갔다. 그리고 다시 장관이 주미대사관 참사관으로 가라고 했지만 또 안 가겠다고 하면서 주일대사관으로 가게 되었다.

사실 공무원 사회에서 장관이 과장을 인정해서 직원들 대부분이 원하는 중요한 보직에 보내 주겠다고 하는데 사양한다는 것은 절대로 쉬운 일이 아니었다. 그럼에도 나는 몇 번이나 그런 짓을 저질렀다. 지금 생각해 보면 그것은 하나님의 인도였다. 그렇지 않고서는 그렇게 할 수가 없었다. 훗날 내가 주중대사가 되고 누구나 인정하는 중국 전문가가 되게 하시려고 그런 행동을 취하도록 하나님이 나를 인도하셨음이 틀림없다. 당시에는 대부분의 사람이 내 행동을 이상하게 생각했지만, 훗날 주중대사가 되었을 때 어느 누구도 나의 주중대사 임명에 이의를 제기할 수 없는 확실한 이유를 만들어 주신 것이었다.

또한 나는 차관의 명령에도 불구하고 의전과장을 하지 않겠다고 고집을 부렸다. 그리고 훗날 나는 김대중 대통령 당선 직후 인수위에서 의전비서관 후보를 보내 달라는 요청이 왔을 때도 청와대에 가고 싶지 않다고 했다. 그럼에도 나는 결국 의전비서관으로 가게 되었다. 지나고 나서 생각해 보니 김대중 대통령의 의전비서관이 된 것은 하나님의 계획이 분명했고, 대통령 의전비서관으로서 인정받으려면 사전에 연습과 단련이 필요했다. 하나님께서는 나를 미리 의전과장으로 만들어 여러 가지 형태의 의전에 익숙하게 함으로써, 나중에 대통령 의전비서관의 임무를 성공적으로 수행할 수 있도록 준비시키셨다.

결국 이번에 본부에 들어와 동북아2과장과 의전과장을 한 것은 미래에 감당할 일들을 미리 맛보는 동시에 그 일을 잘 배우고 익혀 두게 하시려는 하나님의 섭리였다. 그러나 역시 그때의 나는 그런 것을 전혀 알지 못했다.

업무를 인계하고 나흘 뒤인 12월 5일에 전면 개각이 이뤄지면서 최광수 장관이 교체되었다. 최 장관은 외무부 역사상 가장 탁월한 외교관 중 한 분으로 인정받는 분이었다. 그런 훌륭한 장관이 잘 알지도 못하는 나에게 의전과장이라는 중책을 맡기고, 내가 사양함에도 불구하고 부이사관 승진을 시켜 주고, 장관이 가라고 한 주미대사관이 아닌 주일대사관에 보내 달라는 내 희망을 다 들어주었던 것이다.

최 장관이 그만두셨다는 이야기를 들으니 그동안 받은 사랑과 은혜가 너무 커 무어라 감사한 마음을 표현할 수가 없었다. 그리고 그동안 야근을 밥 먹듯이 하면서 나라를 위해 일하며 나를 도와준 동북아2과와 의전과 직원들에게 감사했다.

삶에서 길어 올린 지혜

01
때로는 "아니요"라고 말하는 용기를 내십시오

모두가 가고 싶어 하는 좋은 자리를 마다하고 자신의 비전을 좇아 소신을 밝히는 것은 결코 쉬운 일이 아닙니다. 하지만 신앙과 가치관에 어긋나거나, 하나님의 뜻이 아니라고 여겨질 때는 과감히 "아니요"(No)라고 말할 수 있는 용기가 필요합니다. 이는 고집이 아니라, 하나님을 향한 순종의 모습입니다. 흔들리지 않는 용기를 하나님께 구하십시오.

02
상황에 맞는 지혜로운 대처를 배우십시오

"신임장을 잊고 온 대사를 위해 임시 신임장을 준비하고, 잘못된 아이스 카빙(Ice Carving, 얼음 조각)을 조용히 처리했습니다." 예상치 못한 상황들을 침착하고 지혜롭게 해결하는 모습은 깊은 인상을 남깁니다. 삶에서 예상치 못한 문제에 직면했을 때, 당황하지 않고 지혜롭게 대처하는 능력을 기르십시오. 그 능력은 성령 충만함에서 나옵니다. 문제를 해결하는 과정에서 진짜 실력이 드러날 것입니다.

03
타인을 배려하는 선택을 하십시오

"승진이 되었다고 좋아하기보다 오히려 승진하지 않으려 한 것은 동료들과의 관계를 고려한 행동이었습니다." 학교나 직장에서 선택의 기로에 있을 때, 하나님의 뜻을 따르겠다는 마음과 타인을 배려하는 마음으로 결정을 내리십시오. 그러한 선택에서 신앙의 본모습이 드러납니다.

04
모든 경험을 하나님의 훈련으로 받아들이십시오

"의전과장과 동북아2과장의 경험이 대통령 의전비서관의 역할을 위한 준비였음을 나중에 깨달았습니다." 현재 경험이 가치 없거나 의미 없어 보이더라도, 하나님께서 미래를 위한 훈련으로 주셨다고 믿으십시오. 하나님께서 시키시는 훈련을 잘 받고 나면 더 큰 사명을 감당할 그릇으로 준비될 것입니다.

나누며 깊어지는 시간

학업 중인 청년에게

1. 예상치 못한 위기나 실수 앞에서 침착하게 대처했던 순간이 있나요? 그때 하나님께서 어떤 지혜를 주셨고, 어떤 깨달음을 얻었나요?

2. 미래의 꿈과 사명을 위해 지금 내가 미리 준비하고 있는 것이나 준비해야 할 것은 무엇인가요?

일터에 있는 청년에게

1. 하나님의 뜻과 사명을 이루기 위해 "아니요"(No)라고 해야 하지만 거절이나 차단을 망설이고 있는 것이 있나요? 단호히 결단하고 실행할 것을 위해 기도 제목을 나눠 보세요.

2. 닮고 싶은 리더십을 경험한 적이 있나요? 어떤 부분에서 깊은 인상을 받았는지 나눠 보세요. 그 모습에 가까워지기 위해 내가 실천할 수 있는 것은 무엇인가요?

한 걸음 더 나아가기

1. 학업, 신앙, 진로, 일의 영역 등에서 기필코 이루고자 하는 하나의 목표를 위해 주변의 이야기나 만류에도 흔들리지 않고 단단히 밀고 나갔던 경험이 있나요? 그 경험이 나에게 어떤 깨달음을 주었나요?

7

내일 일을 　　대비시키신 하나님

　　　　　　　　　　1988년 12월 말 나는 가족과 함께 일본으로 부임했다. 대사관에 가니 많은 직원이 환영을 해 줬다. 그 중에서도 가장 기뻐한 사람은 전에 내가 장관 보좌관으로서 모시던 이원경 대사였다. 이 대사는 이미 4월 하순에 주일대사로 부임해 계셨다.

　대사관에 부임하고 나서 며칠 후 나는 대사관에서 실시하는 일본어 수업에 참석하면서 동시에 일본어 개인 교습을 시작했다. 지난 일 년 동안 업무가 바빠 일본어를 많이 배우지는 못했지만 그래도 개인 교습을 나름대로 열심히 했기 때문에, 일본에서 정식으로 공부한 사람처럼은 힘들겠지만 어느 정도 시간이 지나면 일본어로 생활하고 외교 업무를 수행할 수 있을 것이라는 자신이 있었다.

대통령의 방일이 연기되다

나는 정무과에서 제3국을 담당하게 되었다. 그래서 먼저 외무성의 중요한 부서 심의관이나 과장들과 접촉하면서 일본의 학계 및 언론계 인사들과도 만나기 시작했다. 그리고 대사가 중요한 인사를 면담하거나 식사를 할 때 필요하면 수행을 하고, 외교관 행사에는 항상 수행을 했다. 그 당시 양국 관계에는 여러 가지 어려움이 많았지만 양국 정치인들 간에는 활발한 교류가 있었고, 그래서 많은 한국 정치인들이 일본을 방문했다. 또한 지리적으로 가까운 만큼 일본을 오가는 사람이 많아 늘 바빴다.

3월부터 비밀리에 노태우 대통령의 5월 말 일본 방문이 추진되기 시작했다. 4월 중순 경호 선발대가 와서 대사관과 협의했고, 나는 선발대와 함께 오사카에 가서 행사장 후보지를 답사하기도 했다. 4월 말 의전장을 단장으로 하는 선발대가 와서 4월 24일 일본 측과 공식적인 회의를 하고 4월 25일에는 행사장 답사도 마쳤다. 그런데 그날 일본의 다케시타 수상이 '리쿠르트 사건'(1988년 일어난 일본 최대의 정치자금 스캔들)으로 인한 정국 경색에 대해 책임을 지고 사임을 발표했다. 자연히 노 대통령의 일본 방문은 연기될 수밖에 없었다.

대사관 살림을 맡다

나는 5월부터 자리를 옮겨 총무참사관을 맡게 되었다. 주일대사관 규모가 크기는 했지만 이미 뉴욕에서 2년 반 동안 총무만 했던 경험이 도움이 되었다. 대사관에는 외교관만 60여 명이 있었으며, 한국에서 온 행정 직원과 현지에서 채용된 행정 직원이 많았고, 또한 운전기사와 경비원도 많았다. 총무를 담당하는 참사관으로서 이들의 봉급은 물론 주택 문제 등 복지를 해결하는 것이 문제였다. 나는 직원들과 상의하면서 본부와 협조하여 그들의 복지를 향상시키기 위해서 열심히 노력했다.

의전에 관한 훈련이 계속되다

그 후 나는 본부 지시에 따라 10월 22일부터 12월 4일까지 영국에 가서 노태우 대통령의 영국 방문 행사를 지원하고 돌아왔다. 영국에 있는 동안 독일에서는 베를린 장벽이 무너지는 놀라운 일이 벌어지기도 했다.

총무참사관을 담당한 지 9개월 후인 1990년 2월 나는 경제참사관으로 자리를 옮겼다. 경제부에는 외무부 직원도 많았고 특히 경제부처 주재관이 많았기 때문에 경제 분야 별로 각종 회의도 많았다. 또한 한일 간의 무역 규모가 크다 보니 자연히 양국 정부 간의 회의나 오가는 경제인도 많아 늘 바쁘게 지냈다.

4월에 들어가자 작년에 연기되었던 대통령의 일본 방문이 조용히 추진되기 시작했다. 대사는 내가 경제를 담당하는 참사관이지만, 본부에서 의전과장을 하면서 노태우 대통령의 해외 순방을 준비했던 경험을 고려하여 나에게 대통령 방일 행사를 책임지고 준비할 것을 지시했다. 나는 대사관 직원들로 실무대책반을 구성했다. 4월 중순 경호 선발대가 도착하여 대사관과 여러 사항을 협의했고, 우리는 선발대와 함께 오사카에 가서 행사장을 답사하고 돌아왔다. 그리고 5월 초 의전장을 단장으로 하는 정부합동선발대가 도착하여 일본 측과 협의를 갖고 도쿄에 있는 행사장을 답사한 뒤에 오사카로 가서 행사장을 답사하고 돌아갔다.

5월 24일 정오 노태우 대통령 내외가 도쿄 하네다공항에 도착하여 영빈관에 가서 공식 환영식에 참석한 다음 일왕 내외와 면담을 했다. 그리고 먼저 도쿄 도지사를 접견하고, 나까소네, 다케시타 전 수상 및 야당 당수들을 접견한 다음, 가이후(海部) 수상과 1차 정상회담을 가졌다. 저녁에는 궁성에서 열린 일왕 내외 주최 만찬에 참석했다.

다음 날 노 대통령은 한국 대통령으로서는 역사상 처음으로 일본 의회에서 연설을 했다. 그 외에 일본 경제 단체와의 오찬, 가이후 수상과의 2차에 걸친 정상회담, 일본 기자 클럽에서의 회견, 오사카 방문을 마치고 서울로 돌아갔다.

대통령의 방일이 끝난 다음, 대사관 경제부에서는 대통령 방일 후속조치를 위한 회의를 개최하고 각 분야에서의 대책을 강구했다. 이에 따라 나는 외무성 내 경제 관련 부서 책임자들은 물론 주재관들과 같이 일본 경제 부처 책임자들도 접촉했다. 또 일본에 주재하는 한국 상사 대표들과 각 품목별 협의회를 개최하여 공동 대응 방안을 협의하면서, 일본의 주요 경제 단체 책임자들과도 접촉했다. 한편 본국에서 무역이나 경제협력에 관한 대표단들이 수시로 일본을 방문하다 보니 늘 바쁘게 시간을 보냈다.

중국으로 가는 것이 일 년 늦어지다

당시 한국과 중국 간에 무역이 증대되고 경제 교류가 활발해짐에 따라 양국은 서울과 북경에 상호 무역사무소를 설치할 필요성에 공감했다. 1990년 10월 한국의 코트라(KOTRA; 대한무역투자진흥공사)와 중국 측은 베이징에서 한중 무역사무소 상호개설에 관한 합의서에 서명했다. 이에 따라 정부는 1991년 1월 중 코트라 주베이징 무역대표부의 개설 준비에 들어갔다. 주베이징 한국무역대표부는 형식상 코트라에 속한 것으로 되어 있었으나 대표부 직원들은 전부 외교부와 각 부처 직원들로 구성되어 실질적인 대사관 기능을 수행할 예정이었다.

11월 경 본부 인사 책임자가 내게 전화해서 내년 1월에 개설 예정인 무역대표부에 발령을 내려고 하는데 대사관 사정이 어떤지를 물었다. 그래서 본부에서 연락이 온 내용을 대사에게 보고했더니 대사가 말했다.

"내년 봄이면 내가 일본에 온 지 3년이 되니까 나는 돌아갈 걸세. 그러니까 자네가 중국에 가더라도 그때까지는 있다가 내가 떠난 이후에 가게."

나는 본부에 연락해서 이번에는 곤란하다고 말하고, 가더라도 내년 봄 대사가 귀국한 이후에 가겠다고 연락을 했다.

12월 말 개각이 단행되면서 외무부장관도 교체되어 이상옥 주제네바대사가 외무부장관으로 임명되었다.

우연이 필연으로

1991년 1월이었다. '환태평양 관광 서미트 회의' 사무국 측에서 2월 초 홋카이도(北海道)에서 개최되는 회의에 대사를 연사로 초청했다. 그 회의에는 일본에 주재하는 환태평양 국가 외교 사절들도 초청됐다. 나는 2월 초 대사를 수행하여 삿포로(札幌)로 갔다. 도착 당일 나는 대사를 수행하여 삿포로 시장을 예방하고 저녁에는 사무국이 주최한 환영 리셉션에 참석했다. 다음 날 오전에 회의가 개최되었고, 대사는 "관광에 대한 기대"라는 제하의 연설을 했다. 오후에 사무국에서 준비하는 '눈 축제'에 대한 답사가 있었고, 저녁에는 민단이 대사의 삿포로 방문을 환영하는 만찬이 열렸다.

셋째 날 나는 사무국이 안내하는 관광에 참가했다. 그런데 버스에 앉다 보니 중국 외교관 옆자리에 앉게 되었다. 그는 중후한 인상에 일본어를 매우 유창하게 구사했다. 처음에는 일본어로 서로 얘기를 주고받다가 중간에 내가 중국어로 말하기 시작하자 그는 깜짝 놀라면서 어디에서 중국어를 배웠느냐며 반색했다. 나는 오랜 세월 품어 온 중국을 향한 꿈과 한중 수교에 대한 포부를 말했다. 그는 내 이야기에 깊은 감동을 받은 것 같았다.

그날 사무국에서는 회의에 참석한 외교 사절들을 위해 눈 축제

행사장, 스키 점프장, 전망대, 역사박물관 및 민속촌 관광을 준비했는데, 우리는 행사장을 오가는 동안 계속 버스 옆자리에 앉아서 여러 가지 이야기를 주고받았다. 그날의 행사를 마치고 헤어지기 전, 도쿄에서 다시 만날 수 있는지 묻자 그가 말했다.

"지금은 두 나라 간에 수교 관계가 없으니 당분간은 만나기가 어렵겠지만, 앞으로 관계가 개선되면 틀림없이 만날 수 있을 것입니다."

그는 주일 중국대사관 공사였으며, 이름은 탕자쉬안(唐家璇)이었다. 훗날 그는 중국의 외교부장이 되었고 나중에는 국무위원(부총리급)이 되었다. 그리고 나에게 말할 수 없이 많은 도움을 주었다.

**나의 표상,
이원경 대사**

1991년 3월 이원경 대사는 3년간의 임기를 마치고 귀국했다. 사실 이 대사는 그 당시 일본에 관한 한 대한민국 최고의 권위자라고 할 수 있었다. 일제 강점기 시절 경북중학교를 졸업하고 일본에 유학을 가서 동경제대 법대에 들어가 공부를 했다. 그 당시 아베 외상(훗날 총리가 된 아베의 부친)은 자신의 동경제대 후배인 이 대사를 다른 누구보다도 정중하게 대우했으며, 그랬기 때문에 일본 외무성의 간부들도 대사를 깊이 존경했다. 일제 강점기 속에서 교육받고 성장한 대사는 일본 사람들이 어떤 사람들인지를 정확히 알고 있었고 또한 한일 관계 갈등의 뿌리에 대해서도 깊은 통찰력을 가지고 있었다. 그러한 대사를 모시고 일하면서 대사의 생각과 의견을 듣는 것은 어느 책에서도 배울 수 없는 귀중한 경험이었다.

앞에서도 설명했지만 대사는 나와 아무런 연관이 없었음에도 불구하고 처음 만날 때부터 계속해서 나를 아껴 주고 신임해 주었다. 특히 지난 2년여 동안 주일대사관에서 대사로 모시면서 나는 앞에 말한 업무적인 것은 물론이고 진정한 리더가 어떻게 행동해야 하는지를 보고 배웠다. 대사 이임 리셉션을 하고 나니 참석자 중에 몇 사람이 전별금을 놓고 갔다. 비서관이 그 전별금을 갖다 드리니 대사는 전별금 전부를 봉투에 넣어서 대사관 경비원들에게 갖다 주라고 했다.

대사의 그런 말 한마디 한마디와 행동은 나에게 큰 영향을 미쳤다. 그분은 청렴결백하고 강직하고 의연하면서도 너그럽고 포용력이 큰 이 시대의 선비요, 참으로 내가 지향하는 표상이었다.

오랫동안 기다려 온 중국으로 가다

이원경 대사가 귀국한 다음, 새로이 오재희 대사가 부임했다. 나는 경제참사관으로서 맡은 바 직무를 조용히 수행하면서 중국으로 갈 날을 기다렸다. 12월 말 본부에서 직원들의 해외 근무 인사 발령이 났고, 나에게도 기다리던 소식이 왔다. 내가 드디어 주베이징 무역대표부의 공사로 발령이 난 것이었다. 대사는 종무식 후에 전 직원들에게 나의 베이징 무역대표부 발령 소식을 전하면서 공사로 간다고 소개했다. 종무식이 끝난 후 나는 많은 직원에게 축하를 받았다.

1992년 1월 3일 나는 일본을 떠나기에 앞서 대사관의 젊은 직원들을 집으로 초청하여 그동안의 수고에 감사하는 송별 저녁을 먹고 있었다. 그런데 서울에서 총무과장이 나에게 전화를 해 왔다. 총무과장은 "이번에 김 참사관을 베이징 무역대표부 공사로 발령을 냈더니, 대표부에 김 참사관보다 나이가 많은 참사관이 있어서 대외직명을 공사에서 다시 참사관으로 재지정했으면 하는데 어떻게 생각하느냐"고 조심스럽게 말하는 것이었다.

나는 "조직을 위해서라면 기꺼이 그렇게 하겠다"고 대답했다. 총무과장은 "김 참사관이 말한 내용을 상부에 보고하겠다"고 말하고 전화를 끊었다. 옆에 앉아 전화를 듣고 있던 직원들이 나에게 물었다.

"참사관님, 누구 전화입니까? 그리고 하신 말씀은 무슨 말씀이세요?"

나는 직원들에게 조금 전 총무과장과의 전화 내용을 설명해 주고 말했다.

"생각해 보세요. 우리는 앞으로 대사가 될 사람들입니다. 어차피 대사가 될 사람이 공사가 무엇이 중요하다고 아등바등할 필요가 있겠어요. 다른 사람들 신경 쓰면서 공사를 할 바에는 차라리 대외직명을 다시 참사관으로 내리고 편하게 일하지요."

잠시 후에 총무과장이 다시 나에게 전화를 해 왔다.

"조금 전 김 참사관이 말한 내용을 상부에 보고했습니다. 본부에서는 김 참사관의 이야기를 감사히 받아들이기로 했습니다. 그럼 내일 대외직명을 참사관으로 재지정하는 전문을 보내겠습니다."

다음 날 출근을 해서 나는 대사에게 어제 총무과장과 있었던 전화 내용을 설명하고 대외직명이 공사에서 참사관으로 재지정될 것이라고 보고했다. 그러자 대사는 "지금 무슨 말을 하는지 잘 이해가 되지 않는다"고 했다. 시무식이 끝나고 본부에서 나의 직명이 공사에서 참사관으로 재지정되었다는 전문이 왔다. 나는 대사관 직원들을 만나서 일일이 "내 대외직명이 오늘 참사관으로 재지정되었기 때문에 공사가 아니니까 참고하라"고 설명했다. 혹시라도 직원들이 참사관으로 재지정된 것을 모르고 밖에 나가 외부 사람들에게 내가 공사로 베이징에 간다고 말하면, 내가 거짓말쟁이가 될 수도 있기 때문이었다.

직원들은 '며칠 전 종무식 때 대사가 공사로 발령 났다고 하더니 왜 다시 참사관으로 재지정이 되었을까?' 하고 궁금해하는 눈치였다. 그러나 나는 대외직명이 문제가 아니라 베이징 무역대표부에 가서 근무할 수 있다는 것 자체가 감사했다. 그래서 나를 그곳으로 보내 준 이상옥 장관에게 진심으로 고마웠다.

일본을 떠나면서

3년 넘게 일본에서 지내면서 보고 배우고 느낀 것이 참으로 많았다. 나는 일본에서 근무하는 기간 내내 일본어 공부에 집중했다. 주말이나 공휴일에 특별한 일이 없으면 늘 일본어를 공부했다. 또 그때 처음으로 등장한 워드프로세서와 노트북 컴퓨터를 본격적으로 사용하기 시작했다.

나는 일본 근무를 통해 일본과 일본인, 특히 관료들의 사고방식과 행태에 대해 많은 것을 알게 되었다. 그리고 한일 관계라는 것이 얼마나 민감하고 폭발성이 있는지도 체득했다. 또한 그동안 별로 다루어 본 적이 없던 경제 관련 업무를 익힐 수 있어서 좋았다. 이 모든 것이 다 앞으로 언젠가 내가 해야 할 일의 준비 작업이라고 생각하니 감사했다. 그래서 나는 일본을 떠나기 전 내가 가까이 했던 일본 친구들과 식사를 하든지, 전화를 하든지, 아니면 편지로라도 감사의 뜻을 전했다.

일본어를 할 줄 아는 것과 일본에서의 근무 경험은 나중에 내가 아태국장이 되었을 때 큰 도움이 되었다. 특히 일본 문제의 최고의 권위자인 이원경 대사를 모시면서 듣고 배운 것들은 나에게 큰 자산이 되었다. 그리고 더욱 감사한 일은 내가 앞으로 중국에서 근무할 때 나에게 결정적인 도움을 줄 탕자쉬안이라는 중국 외교관과의 운명적인 만남을 예비하신 것이었다. 정말 놀라운 하나님의 은혜였다. 그러나 그때도 나는 그 사실을 전혀 몰랐다.

삶에서 길어 올린 지혜

01
새로운 시작을 두려워하지 마십시오

"일본 대사관으로의 부임은 낯선 환경으로의 새로운 도전이었지만, 열심히 일본어를 배우며 적응했습니다." 학교나 직장에서 새로운 환경에 직면하더라도, 두려움 대신 적극적인 마음으로 맞이해 보십시오. 하나님께서 그곳에서 여러분을 새롭게 빚으실 것입니다.

02
리더의 모범을 통해 배우십시오

"이원경 대사를 통해 일본을 깊이 이해하고, 진정한 리더의 자세를 배웠습니다." 삶의 지혜와 통찰력을 가진 선배나 멘토를 가까이하십시오. 그들의 경험과 가르침은 책에서는 얻을 수 없는 소중한 보물이 되어 여러분의 생각을 넓히고, 현명한 판단을 하도록 도울 것입니다.

03
작은 만남을 소중히 여기십시오

"홋카이도 관광버스에서 우연히 옆자리에 앉게 된 탕자쉬안 공사와의 만남은 훗날 인생에 결정적인 도움이 되었습니다." 삶의 작은 만남을 가볍게 여기지 마십시오. 하나님께서 예비하신 만남을 통해 길을 열어 주시고, 여러분에게 위로와 격려를 해 주는 소중한 동역자를 허락하실 것입니다.

04
끊임없이 배우는 자세를 가지십시오

"일본어 공부와 워드프로세서 사용을 익히며 새로운 지식과 기술을 쌓았습니다." 학업이나 직장에서 새로운 지식이나 기술을 배우는 기회를 뒤로 미루거나 놓치지 마십시오. 그 배움이 미래를 위한 하나님의 한 수가 될 것입니다.

05
미래를 위한 준비를 게을리하지 마십시오

"일본 근무를 중국 근무의 준비로 여기며 일본어와 경제 업무를 익혔습니다." 현재의 학업이나 직장 경험이 미래의 사명을 위한 준비라고 믿고 계속 노력해 보십시오. 하나님께서 그 준비를 귀하게 보시고 여러분을 선한 길로 인도하실 것입니다.

나누며 깊어지는 시간

학업 중인 청년에게

1. 하나님의 인도하심을 더 신뢰하기 위해 내려놓아야 할 두려움이나 집착은 무엇인가요?

2. 지금 내 삶에서 하나님께서 예비하신 만남이나 기회가 있다면 무엇이라 생각하나요? 그 만남이나 기회를 더 소중히 여기기 위해 이번 주에 무엇을 실천하고 싶나요?

일터에 있는 청년에게

1. 새로운 부서나 프로젝트, 낯선 일에 투입될 때 하나님께 의지하며 적극적으로 배우고 적응하려 애쓴 적이 있나요? 그때 하나님의 어떤 모습을 경험하게 되었나요?

2. 직장 생활에서의 만남이 나에게 격려를 주거나 새로운 길을 열어 준 경험이 있나요? 그런 만남을 소중히 여기며 이어 가기 위해 무엇을 실천할 수 있을까요?

한 걸음 더 나아가기

현재 내가 배우고 준비하고 있는 것들이 하나님의 큰 계획 안에서 어떻게 이루어져 갈지 기대하는 마음으로 잠시 기도하며 묵상해 보세요. 떠오르는 생각이나 깨달음이 있다면 나눠 보세요.

8

한중 수교,
그 역사적인 무대에
서다

도쿄에서 잠시 서울에 들어간 나와 가족은 2월 12일 홍콩을 거쳐 베이징으로 갔다. 동북아2과장 시절인 1985년 10월에 세계관광기구 회의 참석차 베이징을 방문한 지 6년 4개월 만이었다. 베이징은 이미 그 당시와는 비교도 할 수 없을 만큼 발전하고 있었다. 그 당시 대표부는 중국대반점(China World Hotel) 별관에 있었는데, 대표부의 대사 이하 전 직원은 바로 그 앞에 있는 아파트에서 살았다. 우리는 정식 수교국이 아니어서 외교관 단지에 들어갈 수가 없기 때문이었다.

나는 본부로 귀임하는 전임자로부터 정무참사관 업무를 인수받고 바로 대외적인 활동을 시작했다.

한중 수교, 그 감동의 현장에서

내가 베이징 무역대표부에 부임할 당시 외무부 본부나 대표부에서는 수교가 당장 이루어지지는 않을 것으로 판단하고 있었다. 그래서 우선 무역대표부를 정부 간의 연락대표부로 격상하는 문제에 관심이 많았고 그런 의사를 중국 측에 전달하고 있었다. 그런데 내가 외교부 간부들이나 연구소의 학자들을 만나면 그들은 한중 수교를 낙관하면서 수교 전에 연락대표부 같은 중간 단계를 거칠 필요가 없다고 말하는 것이었다. 나는 그들과 대화하면서 한중 수교가 우리가 예측하는 것보다 훨씬 가까운 것 같다는 느낌을 받았다.

아주 중요한 문제를 협의하게 될 것입니다

나는 3월 초부터 외교부에 들어가 아주국의 장팅옌(張庭延) 부국장(후에 주한 중국대사)과 4월 중순으로 예정된 이상옥 외무부장관의 중국 방문 준비를 협의했다. 그런데 한중 외무장관회담이 예정된 그 기간에 장 부국장은 양상쿤(楊尙昆) 주석의 북한 방문을 수행하게 되어 있었다.

나는 그가 떠나기 전에 "이번에 우리 장관이 오면 첸치천(錢其琛) 외교부장과 어느 정도까지 이야기할 수 있겠느냐"고 물었다. 그랬더니 장 부국장은 웃으면서 "아주 중요한 문제를 협의하게 될 것이고, 한국 측이 들으면 아주 기뻐할 일"이라고 말하는 것이었다. 장 부국장의 이야기와 그동안 중국 측 인사들이 보여 준 태도를 종합해 볼 때 첸치천 부장이 이 장관에게 수교 문제를 거론할 것이라는 확신이 들었다.

중국 제의로 수교 교섭이 시작되다

1992년 4월 12일, 이상옥 외무부장관이 북경에서 개최되는 제48차 아시아·태평양 경제사회위원회(ESCAP) 총회 참석차 베이징에 도착했다. 그날 저녁 장관 일행은 다음 날(4월 13일)로 예정된 한중 외무장관회담에 관한 대책을 협의했다. 그 자리에서 나는 장관에게 그동안 내가 접촉한 중국 인사들의 태도와 이에 대한 분석을 소개하면서 중국 정부가 한중 수교에 관심이 많기 때문에 내일 첸치천 부장이 먼저 수교를 거론할 가능성이 높으며, 만일 중국 측이 거론하지 않는다면 우리 측에서 거론해야 한다고 건의했다.

4월 13일, 댜오위타이(釣魚臺)에서 한중 외무장관회담이 열렸다. 먼저 확대회담이 있었고 이어서 제한된 배석자들만이 참석한 가운데 외무장관회담이 속개되었다. 그리고 첸치천 외교부장이 주최하는 오찬을 마치고 호텔로 돌아왔다. 장관은 호텔 방으로 돌아온 다음, 다른 사람들은 다 나가라고 하더니 나에게 "김 참사관이 예상한 대로 중국 측이 관계 정상화에 적극적인 태도를 보였다"고 말했다. 우리가 그렇게 기다리던 한중 수교 교섭이 시작되는 것이었다.

극도의 보안을 유지하다

한국 정부는 수교 교섭의 비밀 명칭을 "동해 사업"(東海事業)이라고 명명했다. 그리고 수교를 위한 모든 교섭은 베이징 무역대표부를 통해 진행하되 나에게 한중 양국 간에 연락을 맡는 책임이 주어졌다. 나는 수시로 본부에서 내려오는 지시를 중국 측에 전달하고, 이에 대한 중국 측의 반응과 입장을 전달받아 본부에 보고하는 역할을 했다. 당시 중국 측의 연락 책임자는 외교부의 장팅옌 부국장이었다. 그런데 장 부국장은 혼자 나오는 것이 아니고 항상 동료 직원과 함께 나왔다. 우리는 수시로 외교부에서 만나거나, 아니면 밖에서 접촉할 때는 사람들의 눈에 잘 띄지 않는 조용한 장소에서 만나 서로의 입장을 교환했다.

그 당시 수교 교섭은 극비 사항이었기 때문에 대표부에서는 대사와 나만 알고 있었다. 그리고 본부에서는 장관과 아주국장, 수교 교섭에 관여하는 극소수 인원, 안기부의 부장과 차장과 차장보 등 극소수, 그리고 청와대에서도 외교안보수석 등 극소수의 인원만이 알고 있었다. 나중에 본부 대표단에 의하면 한국에서 이 사실을 알고 있는 사람은 10여 명에 불과했다고 한다.

나도 극도의 보안을 유지했다. 나는 중국 측과의 접촉이 끝나면 대표부 바로 앞에 있는 집에 가서 타자와 인쇄가 동시에 가능한 워드프로세서로 보고서를 작성하여 직원들 몰래 대사관저로 찾아가 결재를 받아 본부에 타전했다. 그렇기 때문에 수교가 발표될 때까지 누구도 수교 교섭이 진행되는 사실을 눈치채지 못했다(《김하중의 중국 이야기 2》 181-184쪽 참조).

삿포로에서 만난 탕자쉬안을 다시 만나다

그런 어느 날이었다. 외교부에 들어가서 협의를 하고 나오는데, 외교부 직원이 부장조리(한국의 차관보에 해당)가 나를 찾는다고 했다. 당시 나는 참사관이었기 때문에 내가 만날 수 있는 상대는 주로 부국장이었으며, 아주 특별한 경우에만 국장을 만날 수 있었다. 따라서 부장조리는 당연히 대사의 상대였다. 그런데 부장조리가 나를 찾는다니 의아한 생각이 들었다.

방에 들어가 보니 낯익은 사람이 앉아 있었다. 바로 탕자쉬안이었다. 그가 주일대사관 공사로 있다가 바로 본부의 부장조리로 발탁이 되어 들어왔던 것이었다. 나를 반갑게 맞으며 그가 말했다.

"내가 삿포로에서 당신에게 말했지요. 앞으로 내가 당신을 많이 도울 겁니다. 어려울 때는 언제든지 내게 이야기하십시오."

그는 부장조리로서 이미 한중 수교 교섭에 깊이 관여하고 있었다. 그 후 그는 나에게 정말 많은 도움을 주었다. 1997년 2월에 '황장엽 사건'이 발생해서 내가 혼자 베이징에 가서 협상할 때 뒤에서 나를 적극 도운 사람이 바로 당시 외교부 부부장(한국의 외무차관에 해당)이던 탕자쉬안이었다. 그리고 내가 주중대사로 부임했을 때, 그는 이미 외교부장(한국의 외무부장관에 해당)이 되어 있었고, 나중에 부총리급인 국무위원이 되었다.

덕분에 나는 중국에 주재하는 170여 명의 대사 중에서 항상 특별한 대접을 받았다. 대사가 어느 나라에 부임하여 그 나라 외무부장관과 개인적으로 친밀한 관계를 맺게 되면, 그의 활동 범위는 상상할 수 없을 정도로 넓어진다. 어느 조직이든지 조직의 최고 실력자가 중시하는 사람은 아랫사람들도 자연히 중시하기 마련이다. 중국 외교부장이 나를 중시하니 다른 간부들이나 직원들도 나를 특별하게 대우해 주었다.

드디어 중국의 문이 열리다

1992년 8월 23일 아시아나 항공기가 역사상 처음으로 베이징공항에 도착했다. 그때까지 한국 항공기는 베이징으로 올 수 없었으므로 모두 톈진(天津)에서 이착륙을 했고, 그 때문에 베이징에 오는 한국 사람은 모두 톈진에서 비행기를 내려 자동차를 이용하여 베이징에 와야 했다. 그러나 중국 정부는 한중 수교 공동성명 서명식에 참석하는 이상옥 외무부장관 일행을 위해 베이징공항 착륙을 허가했던 것이다.

이상옥 장관은 베이징에 도착하자마자 첸치천 외교부장과 외무장관회담을 가졌다. 그리고 8월 24일 댜오위타이 팡페이위안(芳菲園, 후에 6자회담 본회담 장소로 이용)에서 이상옥 외무부장관과 첸치천 외교부장 간에 역사적인 수교 공동성명서 조인식이 개최되었다. 드디어 한국과 중국이 40여 년간의 적대적인 관계를 청산하고 수교를 하는 중요한 순간이었다. 그동안 중국 측이 계속 강조한 "참외가 익으면 저절로 꼭지가 떨어지고 물이 흐르면 도랑이 생긴다"(瓜熟蒂落, 水到渠成)라는 말과 같이, 처음에는 간접 무역으로 시작한 양국 관계가 나중에 직접 무역을 거쳐 오늘 수교하기에 이르렀던 것이다. 이상옥 외무부장관과 첸치천 외교부장 뒤에 서서 공동성명서에 서명하는 장면을 보는데 한중 수교의 의미가 깊이 느껴지면서 온몸에 감동이 밀려왔다.

그날 오후 이상옥 장관은 양상쿤 국가주석과 리펑(李鵬) 총리를 예방했으며, 양 주석은 가까운 시일 내에 노태우 대통령이 중국을 방문해 줄 것을 요청했다. 그리고 우리는 바로 중국 측과 노태우 대통령의 중국 방문 문제를 협의하기 시작했다.

무역대표부, 대사관으로 승격하다

수교 발표 4일 후인 8월 28일, 주베이징 한국무역대표부는 주중국대한민국대사관으로 승격되었다. 동시에 노재원 대표는 대사로, 나는 대사관의 공사로 대외직명이 재지정되었다.

당시 대사관은 중국대반점 부속 건물에 입주해 있었는데, 건물이 전부 유리창이라 국기를 게양할 자리가 없었다. 그래서 호텔 입구에 있는 국기 게양대에 게양해야 했다. 대사관으로 승격하는 날 대사관 직원 전원이 창안제 옆 길거리에 서서 태극기가 게양되는 것을 보며 국기에 대한 경례를 할 때 가슴에 느꼈던 그 감격을 지금도 잊을 수가 없다(《김하중의 중국 이야기 2》 190-191쪽 참조).

연이은 새벽 퇴근

1992년 8월 24일 한국과 중국이 역

사적인 수교를 한 이후 첫 번째 행사는 노태우 대통령의 중국 공식방문이었다. 이 행사는 중국 양상쿤 국가주석의 초청으로 9월 27일부터 30일까지 있을 예정이었다. 노 대통령은 한국과 중국의 오랜 역사에서 중국을 공식방문하는 최초의 국가원수였다. 더욱이 지난 40여 년 동안 관계가 완전히 단절되었던 중국을 한국 대통령이 방문하는 것이었기 때문에 노 대통령의 중국 방문은 그 자체로 역사적인 의미가 있었다.

수교한 지 6일 후인 8월 30일, 노 대통령의 방중을 준비하기 위해 28명의 선발대가 도착했다. 그동안 비밀 수교 교섭 이외에는 중국 측과 실무진 접촉이 거의 없다가 갑자기 대통령의 방문을 준비하려니 어려운 점이 한두 가지가 아니었다. 중국은 나름의 전통과 의전이 있고, 우리 또한 한국 특유의 전통과 의전이 있기 때문에 양측 의견이 대립되거나 상충되는 것이 많았다. 그러나 행사의 성공을 위해 가능한 한 중국 측의 입장을 최대한 존중하면서 준비해 나갔다. 그러다 보니 매일 새벽에 퇴근하기 일쑤였다.

대한민국 대통령의 첫 방중

9월 27일 대한민국 대통령으로서는 역사상 처음으로 노태우 대통령 내외가 베이징에 도착했다. 대통령 전용기가 베이징공항에 들어서는 순간 '아! 이제 정말로 한중 관계가 제대로 시작되는구나' 하는 감동이 엄습했다.

다음 날인 9월 28일 노 대통령은 톈안먼 동편 광장에서 열린 공식 환영행사에 참석한 다음 양상쿤 국가주석과 정상회담을 했다. 저녁에는 인민대회당에서 열린 양상쿤 주석 주최 만찬에 참석하고 나서 민속공연을 참관했다. 또한 9월 29일에는 리펑 총리 및 장쩌민(江澤民) 총서기를 각각 면담했다.

노 대통령은 중국 지도자들과 만나 한중 수교의 의의를 높이 평가하면서 양국이 과거의 비정상적인 관계를 청산하고 상호 선린 협력 관계를 발전시키는 것이 양국 국민의 이익에 부합될 뿐만 아니라 아시아와 세계의 평화와 발전에도 중요한 의의를 갖고 있다는 데 인식을 같이했다. 중국 지도자들은 한반도에서 남북 대화가 진전을 이루고 있는 것을 높이 평가했다. 아울러 한반도 비핵화 공동선언의 목표가 하루속히 실현되기를 희망하면서 남북한 쌍방이 한반도의 자주 평화통일을 조속히 실현하는 것을 지지했다.

노 대통령은 9월 30일 상하이(上海)를 거쳐 귀국했고 모든 일정은 성공적으로 끝났다. 양국은 드디어 당시에는 아무도 예측하지 못한 눈부신 관계 발전을 위한 첫걸음을 힘차게 내딛기 시작했다.

새로운 한중 관계의 시작과 북한 핵 문제

한중 수교 직후 이루어진 노태우 대통령의 방중 이후, 40년 이상 닫혔던 양국 관계가 풀리기 시작했다. 무엇을 하든지 시작이었고 모든 것이 새로웠다. 양국 관계의 발전을 위해 할 수 있는 일이 무궁무진했다. 매일 힘든 일이 계속되고 야근을 하면서도 하는 일마다 즐겁고 보람이 있었다.

그런데 양국 관계가 그렇게 발전하는 상황에서 북한 핵 문제가 발생했다. 1993년 3월 11일 북한이 핵확산금지조약(NPT) 탈퇴를 선언한 이후 한반도에는 위기가 감돌았고, 주중대사관도 긴장의 연속이었다. 양국은 즉시 북한 핵 문제에 관한 협의를 시작했다. 물론 한중 수교 이후 첫 번째 닥친 사건이고 특히 북한이 관여된 문제였기 때문에 중국의 적극적인 협조를 받기는 어려웠지만 워낙 국제적으로 민감한 문제였기 때문에 양국 간의 협의는 비교적 잘 이루어졌다. 다행히도 1992년에 한중 수교가 이루어졌기에 망정이지 조금만 늦었더라도 북한의 핵 문제 때문에 양국 수교에 상당한 시간이 더 필요했을지도 모를 일이었다.

이 과정에서 1993년 5월 말 주중대사가 교체되었다. 지난 1991년 1월 주베이징 무역대표부를 창설하고 한중 수교를 수립하는 데 큰 공헌을 한 노재원 대사가 돌아가고 황병태 대사가 새로 부임했다.

1994년 2월 미국은 북한 핵 문제를 유엔 안보리에 회부하기로 결정했다. 유엔 안보리에서 북한 핵 문제에 관한 결의안을 채택할 것인지에 세계의 이목이 집중되었다. 김영삼 대통령의 중국 방문은 이러한 상황에서 이루어졌다.

김일성 주석의 사망

김영삼 대통령의 중국 방문 이후, 북한 핵 문제로 인해 한반도에 긴장이 계속되던 1994년 7월 8일, 북한은 김일성 주석 사망 소식을 발표했다.

북한의 공식 발표 직후 중국은 장쩌민 국가주석, 리펑 총리 및 차오스 전인대 상무위원장 공동명의의 조전을 보냈는데, 조전 내용 중에 "김정일을 중심으로 단결하기를 바란다"고 언급함으로써 김정일 체제를 지지하겠다는 것을 분명히 밝혔다. 결국 중국 지도자들은 북한 정세의 신속한 안정을 위해 김정일 체제를 지지하기로 결정한 것으로 보였다.

김일성 주석의 사망은 북한과 중국 관계에 많은 영향을 미쳤다. 중국에 김정일과 개인적인 유대 관계를 가지고 있는 지도자들이 없었기 때문에 이제 북한과 중국 관계는 과거와 같이 신의에 기반한 차원이 아니라, 중국의 이해와 이익에 기반한 실용주의적인 차원에서 이루어질 수밖에 없었다. 다시 말해 전에는 중국의 최고지도자들이 김일성과의 개인적인 관계를 고려하여 자신들이 하고 싶은 말을 북한에 할 수 없었지만, 김일성 사후에는 자신들의 입장과 의사를 북한 측에 분명하게 전달하려고 했다.

특히 중국의 발전에 따라 중국이 국제적인 문제에 적극 참여하면서 중국은 단순히 양자 외교만이 아니라 다자 외교에도 적극 참여하기 시작했으며, 이것이 중국의 지도자들과 정책 결정자들에게 많은 영향을 미쳤다. 그러나 중국은 한반도의 안정을 고려하여 북한을 지나치게 궁지로 몰아넣는 것은 극력 피하려고 노력했다. 그래서 계속 북한과의 관계를 정상화시키기 위해 노력했으며 이를 위해 식량을 지원해 주기도 했다.

김대중 이사장과의
첫 만남

1994년 10월 본부에서 연락이 왔다. 아태평화재단의 김대중 이사장이 중국 정부의 초청으로 11월 1일부터 6일까지 베이징을 방문할 예정이니 적절한 안내와 편의를 제공하라는 지시였다. 그런데 그때 마침 중국의 리펑 총리가 중국 총리로는 역사상 처음으로 10월 31일부터 11월 3일까지 한국을 방문할 예정이어서, 대사는 리펑 총리를 수행하기 위해 일시 귀국을 하게 되어 있었다. 대사는 나에게 김대중 이사장이 베이징에 오면 공관장을 대신해 잘 모시라고 지시하고 한국으로 들어갔다.

11월 1일 김 이사장이 대규모의 대표단을 이끌고 톈진에 도착했고 나는 공항에 나가 영접했다. 내가 대사관에서 나온 공사라고 인사했더니, 김 이사장이 손을 내밀고 악수를 하는데 아무런 표정도 없었다. 그 당시 나는 이미 한중 수교를 하고 대사관에서 정무공사로 3년 정도 근무하고 있었기 때문에 중국의 각계 인사들과 폭넓은 관계를 유지하고 있었다. 그런 이유로 김 이사장을 수행해 어디를 가든지 중국의 지도자들이나 유력 인사들이 대화 중에 김 이사장에게 꼭 내 이야기를 하곤 했다. 그 때문인지 공항에서 무표정하게 악수하던 김 이사장의 표정이 서서히 바뀌기 시작했다. 아침에 만나면 웃기도 하고 밤에 헤어질 때는 고생했다는 말도 하고 중국인들과 대화를 하다가 의문이 나면 나에게 이것저것 물어보기도 했다.

11월 6일 아침 다음 목적지인 샨시성(陝西省)의 시안으로 떠나기 전 나는 김 이사장과 둘이서 조찬을 했다. 김 이사장이 헤어지면서 나에게 그동안 도와주어 정말로 고맙다고 하는데 그 말 속에 따뜻한 마음이 느껴졌다.

믿음의 삶에 들어서다

결혼한 후 시어머니에게 붙잡혀 억지로 교회를 다니던 아내는 1986년에 예수님을 만나고 신앙생활을 하기 시작했다. 아내는 내가 일본 근무를 마치고 중국으로 온 이후, 작정하고 나의 변화를 위해 많은 사람과 중보기도를 하기 시작했다. 나는 그런 사실을 알면서도 모르는 척했다. 내가 교회나 기도에 조금이라도 관심을 보이면 아내가 적극적으로 교회 출석을 요구하지 않을까 해서였다.

딸아이의 금식

그러던 1994년 가을 나는 베이징대학(北京大學) 2학년에 다니던 딸의 금식에 교회를 나가게 되었다. 그런데 '한 번만' 하고 간 그 집회에서 나는 큰 은혜를 받았다. 참으로 오랜만에 찬양을 듣는데 왠지 모르게 마음이 평안해지고, 서울에서 오셨다는 목사님의 설교 말씀 한 마디 한마디가 내 마음을 찔렀다. 그러면서 '아! 이제는 진짜 하나님을 믿어야 되겠구나!' 하는 생각이 들었다. 하지만 한편으로는 두려움이 밀려왔다.

'앞으로 내가 하고 싶은 일을 하려면 술도 마시고, 거짓말도 해야

하는데 하나님을 믿으면 아무것도 못하는 것 아닌가, 내 꿈을 이루지 못하는 것 아닌가?'

그러나 이미 교회에 가지 않으면 안 되겠다는 생각이 내 마음에 크게 자리 잡기 시작했다.

어머니의 성경책과 믿음의 맹세

그해 12월 중순 어머니가 소천하셨다. 나를 위해 날마다 새벽 제단을 쌓으신 어머니는 내가 29년 만에 믿음의 첫발을 내디뎠을 때 내 곁을 떠나셨다. 어머니는 내가 교회에 다니지 않을 때도 이렇게 자주 말씀하셨다.

"나는 네가 언젠가 다시 예수를 믿으면 '큰 예수쟁이'가 될 거라고 믿어. 그래서 너에 대해서는 아무 걱정도 안 한다."

나는 그 말씀을 떠올리며 어머니의 관을 붙들고 통곡했다. 장례식을 마치고 돌아와서 어머니의 유품(遺品)을 정리하면서 나는 어머니가 평생 쓰시던 성경책과 찬송가를 붙잡고 또 울었다. 그리고 가족들에게 다른 것은 다 필요 없고, 어머니의 성경책과 찬송가를 내가 갖겠다고 말했다. 그리고 나는 베이징으로 돌아가는 비행기 안에서 어머니의 성경책과 찬송가에 손을 얹고 다짐했다.

"어머니, 이제 정말 예수 잘 믿겠습니다. 어머니께서 생전에 말씀하신 '큰 예수쟁이'가 무엇인지 잘 몰라도 꼭 그렇게 되겠습니다."

이후로 나는 어디를 가든지 어머니의 성경책과 찬송가를 꼭 가지고 다녔다. 그것을 내 곁에 두면 늘 어머니의 사랑과 체취를 느낄 수 있었기 때문이다.

물 세례, 성령 세례

1995년 1월 초 나는 외무부의 아태국장(아시아태평양국장)으로 발령이 나서 1월 중순까지 본부로 돌아가게 되었다. 본부로 돌아갈 준비를 하는데 아내가 나에게 세례를 받고 떠나자고 했다. 나는 교회에 다닌 지 몇 개월 되지 않았고, 아직 받을 준비가 안 되었다고 하며 거부했다. 그래도 아내는 세례를 꼭 받아야 한다고 이야기했다. 특히 내가 귀국 준비로 정 바쁘면 담임목사님과 교인 몇 명이 우리 집에까지 와서 세례를 주겠다고 했다며 계속 강권했다. 나는 목사님의 정성에 못 이겨 하는 수 없이 동의했다.

베이징을 떠나기 사흘 전인 1월 9일, 나는 집에서 세례를 받았다. 그날은 마침 나의 47세 생일이기도 했다. 오후 6시쯤 담임목사님 부부와 집사님, 권사님 등 10여 분이 집으로 오셨다. 세례식이 시작되고 나는 거실에 무릎을 꿇고 앉아 있었다. 목사님이 내 머리에 물을 부으면서 손을 대는 순간 눈물이 폭포처럼 쏟아지며 뭔가 뜨거운 것이 내 몸속으로 확 쏟아져 들어왔다. 그러고는 순간 정신을 잃고 말았다. 한참 있다가 눈을 떴다. 내게는 짧은 순간처럼 느껴졌지만 실제로는 몇 분가량 흐른 듯했다. 그야말로 살아계신 하나님의 역사를 처음 온몸으로 체험한 시간이었다. 성령님의 강력한 임재가 온전히 임한 이 세례식을 시작으로 하나님께서는 내게 더 놀라운 일들을 예비해 두고 계셨다.

베이징을 떠나면서

일본에서 베이징으로 온 지 꼭 3년 만에 베이징을 떠나면서 지난 시간을 돌아보니 정말 중요하고 놀라운 일의 연속이었다. 30년 전인 1965년에 대학에 들어가면서 중국에 대한 꿈을 품고, 1973년 외무부에 들어가면서 한중 수교 교섭에 꼭 참여해야 한다는 일념으로 기다려 왔더니, 입부 19년 만에 중국에 와서 그렇게 원하던 수교 교섭에 참여하게 되었고 6개월 만에 한중 수교를 이루었던 것이다. 그리고 수교한 지 한 달 만에 아무것도 없는 환경에서 역사상 최초로 이루어진 노태우 대통령의 방중을 성공적으로 마쳤다.

그 후 40년여 만에 이루어진 수교 후에 완전히 새로운 관계를 개척해 나가면서, 중국의 수많은 관료나 사회적인 리더들과의 친분 관계를 구축할 수 있었다. 이어서 불거진 북한 핵 문제를 둘러싸고 중국의 협조를 확보하면서, 김영삼 대통령의 중국 방문을 성공적으로 끝냈다. 또 김일성 주석의 급작스러운 사망과 김정일의 등장, 그리고 그의 건강 이상설 때문에 무척이나 바쁘게 보냈다. 남들 같으면 하나만 겪어도 대단하다 이야기할 사건을 나는 3년 내내 겪었다. 중요하고 놀라운 경험의 연속이었다.

그중에서도 가장 중요한 것은 이 시기에 내가 29년 동안 떠나 있던 하나님을 다시 믿게 되었고, 나에게 믿음이라는 유산을 남기신 어머니의 소천으로 내가 믿음의 사람이 되기로 결단한 일이었다. 또 몇 년 후 내 인생에 획기적인 변화를 가져온 김대중 이사장과의 만남 또한 하나님의 특별한 계획이었다. 모든 것이 하나님의 놀라운 은혜였다. 그러나 그때는 그런 것을 생각지도 못했다.

삶에서 길어 올린 지혜

01
꿈을 향해 인내하며 걸어가십시오

"30년간 한중 수교라는 꿈을 품었고 19년 만에 그 무대에 설 수 있었습니다." 하나님께서 마음에 소원함을 주셔서 학업이나 직장에서 큰 목표를 품었다면, 오랜 시간이 걸리더라도 인내하며 꾸준히 준비해서 도전해 보십시오. 하나님께서 그 길을 함께 걸어 주시고, 때가 되면 반드시 그 꿈을 이루어 주실 것입니다.

02
겉모습으로 사람을 판단하지 마십시오

"처음 만났을 때 무표정했던 김대중 이사장을 선입견 없이 대하며 진심으로 섬겼습니다." 첫인상이나 소문만으로 사람을 판단하지 말고, 겸손한 태도로 모든 사람을 존중하십시오. 사람들과의 만남을 통해 하나님께서 어떻게 일하실지 기도하며 지켜보십시오.

03
신앙은 삶의 모든 영역에 영향을 미칩니다

"오랜 세월 교회를 등진 채 살아가던 중, 딸의 간절한 금식과 어머니의 소천을 통해 다시 하나님께로 돌아와 세례를 받고 새로운 삶을 시작했습니다." 신앙은 나의 유익을 위한 종교 행위가 아닙니다. 인생의 주인이 바뀌는 사건입니다. 예수님을 주인으로 모시는 것은 사고와 행동, 그리고 내면의 질서가 바른 자리를 잡는 사건입니다.

04
진정한 회심은 삶의 방향을 바꿉니다

"교회를 멀리하려던 마음과, 하나님을 믿으면 꿈을 포기해야 할지도 모른다는 두려움은 회심 이후 완전히 사라지고, '큰 예수쟁이'가 되겠다는 결단으로 바뀌었습니다." 진정으로 하나님을 만나는 경험은 가치관과 인생의 방향을 뿌리째 바꾸어 놓을 것입니다. 예수 그리스도를 믿고 하나님을 만나길 소원하며 기도하십시오.

05
고난과 어려움 속에서도 성장의 기회를 찾으십시오

"한중 수교 이후 숨 돌릴 틈 없이 이어진 바쁜 일정과 북한 핵 문제, 김일성 주석 사망과 같은 예상치 못한 사건들을 겪으면서도, 이 모든 것을 '중요하고 놀라운 경험의 연속'으로 받아들였습니다." 힘든 시기에도 좌절하기보다 하나님이 주신 기회라는 관점으로 바라보며 그 속에서 배우고 성장할 기회를 발견해야 합니다.

나누며 깊어지는 시간

학업 중인 청년에게

1. 지금 내가 갖고 있는 학업이나 진로에 대한 큰 꿈은 무엇인가요? 그 꿈을 이루기 위해 준비하는 과정에서 겪고 있는 갈등이나 고민이 있다면 나눠 보세요.

2. 지금 이 자리에 있기까지 나를 위해 기도하며 사랑으로 섬겨 준 사람을 떠올리며, 받은 은혜를 나누어 보세요. 지금의 나는 어떤 새로운 결단을 주님 앞에 드릴 수 있을까요?

일터에 있는 청년에게

1. 직장이나 모임에서 첫인상이나 소문 때문에 누군가를 오해하거나 섣불리 판단했던 적이 있나요? 그때 하나님께서 깨닫게 하신 점은 무엇이었나요?

2. 신앙이 삶에서 구체적으로 어떤 영향력을 행사하고 있나요? 예수님을 삶의 주인으로 고백함으로 일어나는 변화가 지속되기 위해 내가 결단해야 하는 것이 무엇인지 생각해 보세요.

한 걸음 더 나아가기

하나님을 만나 가치관과 인생의 방향이 근본적으로 바뀌었던 순간이 있나요? 그것이 삶에 어떤 유익을 가져다주었는지 나눠 보세요.

PART 2
구별된 삶을 시작하다

1

거듭남, 삶의 방향을 완전히 돌이키는 것

서울로 돌아온 나는 아내와 함께 온누리교회에 다니기 시작했다. 그런데 그동안 내가 살아온 날을 생각해 보니 기가 막혔다. 나는 죄 안에서 살았던 것이다. 남을 함부로 욕하고 비방하고, 술 먹고 방탕했던 나는 하나님 앞에 큰 죄인이었다. 내가 지은 죄를 생각하면 하나님 앞에 부끄러워서 어떤 말도 할 수가 없었고 눈물만 나왔다.

나는 매일 울고 다녔다. 길을 가다가도 울고, 밥을 먹다가도 울고, 방에 있다가도 꿇어 엎드려서 울었다. 교회에서 예배드리면서도 울고, 성찬식을 하면서도 펑펑 울었다. 나 같은 죄인을 위해 살이 찢기시고 피를 흘리신 예수님을 생각하면 울지 않을 수 없었다. 이미 이런 과정을 겪었던 아내가 늘 손수건을 몇 장씩 가지고 다니며 내게 건네주었다. 나는 하나님 앞에서 깊이 회개하며 지금까지 나에게 베풀어 주신 은혜에 그저 감사했다.

믿음의 길을
걷기로 결단하다

그런데 믿는 사람들을 만날 때마다 듣는 말이 있었다. 그냥 하나님을 믿는 것이 쉽지 않기 때문에 하나님께 돌아올 때는 대부분 시련이나 고통을 당해서 어쩔 수 없이 하나님을 믿게 된다는 말이었다. 그 말을 듣고 생각해 보니 나는 별다른 시련이나 어려움을 겪지 않았다. 오히려 하나님 앞에 죄를 많이 지었음에도 불구하고 고난은 없이 축복만 받은 것 같아 부끄러웠다. 그리고 한편으론 두렵기도 했다. 하나님께서 지금까지는 용서하셨지만, 앞으로도 계속 죄를 짓는다면 용서하지 않으실지도 모른다는 두려움이 밀려왔다.

나에게 고난은 무엇일까

나는 두 가지 문제를 놓고 계속 기도하면서 생각했다. 첫 번째는 '어떻게 하면 축복받은 만큼 고난을 함께할 수 있을까?'였다. 나는 공무원이었고, 공무원에게는 명예가 가장 중요했다. 그런 내가 하나님께 받기를 원하는 축복은 외교관이 될 때부터 가진 비전을 이루고 사람들에게 존경받으면서 명예롭게 삶을 마무리하는 것이었다.

그렇다면 나에게 고난은 무엇일까? 내가 내린 결론은, 원하는 축복을 받은 만큼 세상의 편안함과 안락함을 버리고 하나님의 영광을 위해, 나라와 민족을 위해, 그리고 내가 일하는 조직을 위해 항상 힘들고 어렵고 피곤한 삶을 살아가는 것이었다. 사실 1973년 외교관이 된 이래 나에게 안락한 날은 별로 없었다. 늘 일에 파묻혀 수없이 야근하고 주말이나 공휴일에도 골프를 치기는커녕 아이들 데리고 어디 구경 한 번 제대로 시켜 주지 못하고 살았다. 그래도 늘 나라를 위해 일한다는 생각 하나로 여기까지 온 것이었다. 힘든 일을 즐겁게 한 것뿐이지 편하게 사는 사람들 눈에 보면 내가 사는 것이 바로 시련이고 고난일 수 있었다. 나는 앞으로도 공무원으로 있는 한 계속 그 길을 갈 수밖에 없겠다고 생각했다.

또 다른 것은 돈에 대한 욕심을 버리는 것이었다. 돈을 너무 사랑한 나머지 돈의 노예가 되는 사람이 많다. 나는 그때까지도 어느 정도 그래 왔지만 앞으로 돈에 대한 여유가 생긴다면 그 돈을 가난한 목회자나 선교사들이나 불쌍하고 힘없는 사람들에게 나눠 주기로 결심했다.

죄는 항상 내 안에 있었다

두 번째 문제는 내가 비록 하나님의 은혜로 아무런 시련이나 환란이 없이 하나님을 다시 믿게 되었지만 앞으로도 계속 그럴 것이라는 보장이 없다는 것이었다. 앞으로 내가 계속 하나님 말씀에 순종하지 않는다면 언제든지 나에게 시련과 환난이 닥쳐올 수 있었다. 그것을 막는 길은 죄를 짓지 않는 것이었다. 그러나 내가 인간인 이상 어떻게 죽을 때까지 죄를 짓지 않을 수 있겠는가? 아직 믿음이 약한 나로서는 불가능했다. 앞으로 나의 믿음이 성장해 가는 과정에서 어떤 식으로든 죄를 지을 것이 분명했다.

유일한 방법은 최대한 죄를 멀리하는 것이었다. 죄는 항상 내 안에 있었다. 툭하면 남을 욕하고, 비난하고, 시기하고, 질투하고, 음란한 생각을 품고, 때로는 사람들과 어울려 폭음도 했다. 죄를 피하는 길은 성경을 읽고 묵상하고 기도하며 말씀대로 살아가면서, 서서히 세상 즐거움을 버리고 가능한 한 단조롭고 무미건조하고 고독한 삶을 살아가는 길뿐이었다.

그런데 가장 큰 문제는 술이었다. 인도에 있을 때는 너무 더워 술을 마실 수 없었으나 그 후 서울에 돌아와 오랜만에 친구들을 만나다 보니 자연히 술을 마시게 되었다. 이후 다시 6년간 일본과 중국에서 근무하면서는 술을 마시기는 했지만 한국에서처럼 폭음을 하는 경우는 드물었다. 그런데 다시 서울에 돌아오니, 또 술이 나를 기다리고 있었다.

거기다 술을 마시게 되면 꼭 2차까지 가서 노래를 하는데 나는 그게 너무 싫었다. 그래서 생각해 낸 것이 폭탄주였다. 저녁 식사 전과 식사 도중 아예 폭탄주를 몇 잔 마시면 모두 술이 취해서 2차를 가자는 말이 나오지 않았다. 나는 열심히 폭탄주를 만들어 돌린 후, 술자리를 일찍 마치고 집에 돌아와 술을 깨려고 한 시간 정도 운동을 했다. 하지만 그렇게 며칠이 지나고 술자리에 가게 되면 또 폭탄주를 마실 수밖에 없었다. 돌아와 운동하고 술을 깨는 생활의 반복이었다. 이런 일이 일주일에 적어도 한두 번은 생겼다. 그런데 이 나라가 술로 돌아가는 사회다 보니 피할 수가 없었다.

나는 그때부터 공적인 일을 제외하고는 사람 만나는 것을 자제하기 시작했다. 특히 될 수 있으면 저녁에 술 마시는 자리를 피하고, 술을 마시더라도 과음하지 않도록 노력하면서 하나님께 '술을 마시지 않게 해 달라고' 계속 기도했다. 그리고 주말이나 공휴일에 시간이 날 때도 나에게 즐거움을 주는 오락, 영화, 드라마를 멀리하면서 가능한 한 모든 것을 직장과 교회에 초점을 맞추고 나 자신을 엄격히 통제하기 시작했다. 멀고 힘든 여정의 시작이었다.

나의 이러한 고민은 1997년에 외무부장관 특별보좌관으로 자리를 옮기면서 조금 해소됐다. 그리고 이듬해 2월부터 청와대 근무를 시작하며 대통령을 보좌하다 보니 자연히 술과 멀어지게 되었다. 하나님께서 내가 천천히 술을 끊을 수 있도록 상황도 만들어 주셨다. 처음에는 술을 싫어하는 장관 옆에 두시고 나중에는 대통령 옆에서 근무하게 하셔서 술을 거의 마실 수 없게 해 주셨다.

바람 잘 날 없는
한일 관계

나는 서울로 돌아와 공로명 장관과 박건우 차관(작고, 후에 주미대사)에게 귀국 신고를 한 다음, 전임자로부터 아태국(아시아태평양국) 업무를 인수받았다. 아태국이 관장하는 나라는 일본, 중국, 동남아시아(아세안) 10개국, 서남아시아(인도, 파키스탄 등) 8개국, 태평양지역(호주, 뉴질랜드 등) 4개국과 남태평양 도서 국가들로서 업무량이 방대했다. 그중에서도 가장 업무량이 많은 나라는 역시 최인접국인 일본과 중국이었다.

그런데 중국과의 관계는 비교적 미래지향적인 방향으로 발전하는 데 반해, 일본과의 관계는 과거사 문제에 대한 일본 정치인들의 망언과 북·일 수교를 둘러싼 갈등으로 긴장이 계속되고 있었다.

일본 정치인들의 망언과 버르장머리 발언

1995년은 한일 수교 30주년이 되는 해였다. 우리는 30주년을 계기로 한일 관계가 한 단계 더 발전하기를 희망했지만, 오히려 일본에서는 정치인들의 망언이 계속되면서 양국 관계는 긴장의 연속이었다.

그해 10월 무라야마 내각의 에토 다카미 총무청장관이 기자들과의 비공개 간담회에서 "식민 시대에 일본이 좋은 일도 했다. 학교를 세워 교육이 전혀 없던 한국의 교육 수준을 일거에 높였고, 철도 건설, 항만 정비, 간척 수리를 하고 산에 나무를 심었다"고 망언을 한 것이 언론에 보도되었다. 우리 국내 여론이 비등했고 일본에서도 야당이 해임을 주장해서 결국 에토 장관은 사임했다.

그 후 중국의 장쩌민 국가주석이 한국을 방문하여 김영삼 대통령과 정상회담을 갖고 열린 공동기자회견에서 김 대통령이 "이번에 버릇을 기어이 고치겠다"고 말했는데 일본 언론들은 김 대통령의 '버르장머리' 발언을 대대적으로 보도했다. 이 발언은 김영삼 정부 말기에 큰 영향을 미치는 결과를 가져왔다.

하시모토 내각 출범과 한일 관계의 긴장

해가 바뀌어 1996년 1월 무라야마 내각이 총사직을 하고 자민당의 하시모토 류타로 총재가 총리로 선출되면서 새로운 3당 연립정권이 출범했다. 이에 따라 한일 양국은 3월 1일부터 태국 방콕에서 개최된 제1차 아시아유럽정상회의(ASEM) 기간 중에 정상회담을 열었으며, 한 시간 넘게 진행된 정상회담은 성공적으로 끝났다. 그러나 하시모토 총리의 언행으로 보아 앞으로의 한일 관계가 무라야마 총리 때와는 전혀 다를 것으로 보였다.

5월 말 2002년 월드컵대회를 한국과 일본이 공동 개최하기로 결정된 이후 한일 양국은 긴장된 양국 관계를 좀 더 여유 있는 분위기 속에서 협의하기 위해 6월 22-23일 제주도에서 정상회담을 가졌다. 정상회담에 대한 우리 언론의 반응은 그다지 좋지 못했다. 언론들은 하시모토 총리의 과거사 발언은 과거 총리들의 발언에 비해 미흡한 것이었다고 비판적으로 평가했다.

1997년 1월 말 이번에는 김 대통령이 일본 벳푸로 가서 정상회담을 하기로 했다. 그러나 출발 당일 아침 일본의 가지야마 관방장관이 "과거에 일본에 공창제도가 있었으며, 위안부 문제를 생각할 때는 그러한 사실도 고려해야 한다"고 망언을 했다는 내용이 보도되었다. 그런데 김 대통령이 벳푸에 도착하여 바로 하시모토 총리와 오찬 겸 회담에 들어가자, 하시모토 총리는 김 대통령에게 "무어라 사과의 말씀을 드려야 할지 모르겠다"고 사과했고, 회담에서도 두 차례나 사과를 했다. 이렇듯 하시모토 총리의 세 번에 걸친 사과로 가지야마 장관의 망언 문제는 일단 수습이 되었다.

서로에 대한 신뢰로 한일 관계의 동요를 막다

내가 국장으로 있는 지난 2년 동안 한일 관계는 일본 정치인들의 망언이 계속되는 가운데, 하시모토 내각 출범 이후 과거사 문제와 관련하여 전보다 후퇴하는 모습을 보이면서 오히려 독도 문제를 이슈화함에 따라 긴장이 계속되었다. 나는 한일 관계의 회복을 위해 끊임없이 기도했다. 그리고 그 과정에서 두 명의 가까운 일본 외교관을 통해 한일 관계의 동요를 막고 여러 가지 난관을 극복해 나갈 수 있었다.

첫 번째는 가토 료조(加藤良三) 아주국장이었다. 우리는 양국 간에 복잡하고 어려운 일이 생길 때마다 연락하고 협상을 벌였으며 나는 가토 국장을 위해 매일 기도했다. 1996년 3월 방콕에서의 정상회담 이후 우리는 바로 중요 문제에 관한 교섭에 돌입했다. 시간이 지나면서 우리는 보안을 유지하기 위해서 부산에서 비밀리에 협상을 하기로 하고, 해운대에 있는 한 호텔을 정해 협상을 했다. 당연히 협상은 긴장된 분위기 속에서 계속되었다.

힘든 협상이 끝나고 우리는 인근 음식점에 가서 저녁 식사를 했다. 그러고 나서 일본의 가토 아주국장과 함께 택시를 타고 숙소로 돌아오는데, 갑자기 가토 국장이 나에게 말했다.

"제가 김 국장과 만나 교섭하면서 좀 이상하게 생각되는 것이 있습니다. 김 국장이 어떤 때는 아주 강력하게 한국 입장을 주장하는데, 왜 그것이 제게 기분이 나쁘지 않은지 모르겠습니다."

그래서 내가 웃으면서 말했다.

"그것은 아주 당연한 겁니다."

"당연한 거라니요?"

"그것은 제가 가토 국장을 사랑하고 있기 때문입니다."

"뭐라고요? 김 국장이 저를 사랑한다고요?"

"그렇게 놀라실 것은 없습니다. 제가 말하는 사랑이란 사람들이 말하는 그런 사랑이 아니고 하나님을 믿는 사람들이 말하는 사랑입니다. 저는 매일 하나님께 가토 국장을 축복해 주시도록 기도하고 있거든요."

"김 국장이 저를 위해서 매일 기도를 하신다고요?"

"네. 저는 가토 국장은 물론 일본을 위해서, 그리고 한일 관계를 위해서도 매일 기도하고 있습니다."

가토 국장은 아마 그때까지 살아오면서 한 번도 그런 말을 들어 본 적이 없었을 것이다. 그는 아무 말도 하지 않았지만 깊이 감동받은 모습이었다. 그 후 우리는 전보다 훨씬 더 가까워졌으며 양국 관계가 아무리 어려워도 서로를 믿고 어떻게 해서든지 양국 관계가 손상되지 않도록 끝까지 노력했다.

우리의 이와 같은 관계는 그 후에도 계속되었으며, 내가 아태국장을 끝낸 다음, 장관 특보를 거쳐 대통령 의전비서관, 그리고 외교안보수석비서관이 되었을 때 가토 국장도 외무성의 총합정책국장을 거쳐 외무심의관이 되어 있었다. 우리는 2000년 9월 14일 일본 아타미에서 열린 김대중 대통령과 모리 총리와의 정상회담이 성공적으로 이루어지도록 긴밀히 협력했다.

그 후 나는 주중대사로 나갔고 가토 심의관은 주미대사로 나갔다. 어느 날 워싱턴에 있는 가토 대사와 통화하는데, 전화가 연결되자마자 그가 말했다.

"김 대사님, 요즘에도 저를 위해 기도하고 계십니까?"

2008년 3월 나는 주중대사를 마치고 통일부장관으로 임명되어 돌아왔다. 미국에서 가토 대사가 축하 전화를 걸어왔다. 그때에도 그가 이렇게 물었다.

"김 장관님, 요즘에도 저를 위해 기도하고 계십니까?"

나는 아태국장으로 일하면서 일본과의 관계 때문에 힘든 때가 많았다. 그렇지만 기도를 통해 가토라고 하는 업무 상대와 확고한 신뢰 관계를 구축할 수 있었으며, 그것을 통해 아무리 어려운 상황에서도 얼굴을 붉히지 않으면서 서로를 믿고 대화함으로써 난관을 극복해 나갈 수 있었다.

두 번째는 마키다 구니히코(Makida Kunihiko) 아주국장이었다. 내가 동북아2과장을 할 당시 일본에 가서 외무성의 중국과장과 중국 문제에 관해 회의한 적이 있었는데, 그때 일본의 중국과장이 마키다 과장이었다. 그 후 내가 주중대사관 정무공사로 근무할 때 그도 주

중국 일본대사관의 정무공사로서 우리는 매우 긴밀한 관계를 유지했다.

내가 먼저 아태국장으로 귀국했고 마키다 공사는 얼마 후 아주국 심의관으로 돌아와 가토 국장을 보좌하면서 한일 관계에 깊숙이 관여하기 시작했다. 그리고 그도 나중에 아주국장(후에 싱가포르와 이집트 주재 일본대사)이 되었다. 나는 마키다 국장과도 긴밀한 협의를 유지하면서 양국 관계가 흔들리지 않도록 노력했다. 물론 나는 마키다 국장을 위해서도 매일 열심히 기도했으며, 기도를 통해 깊은 신뢰 관계를 구축할 수 있었다.

우리는 긴장된 양국 관계 가운데서도 서로 상대방에 대한 믿음을 잃지 않고 계속 연락하고 대화했다. 양국 간에 긴장된 상황이 발생하면 우리는 거의 매일 전화로 협의를 계속했다. 필요하면 그들이 한국으로 오기도 하고 내가 일본으로 가기도 했다. 정상회담을 앞두고는 더욱 긴밀한 접촉을 유지했고, 회담에 앞서 그리고 회담 중간에도 계속 협의를 했다. 어떤 때는 보안을 유지하기 위해서 제3국까지 가서 협의하기도 했다. 이러한 물밑 접촉이 있었기 때문에 겉으로 드러난 상황은 아주 어려웠지만 양국 관계의 근간은 흔들리지 않았다.

한중 관계, 미래지향적으로 발전해 나가다

국장으로 있던 2년간 한일 관계가 과거사와 영토 문제에 함몰된 관계였던 것에 비해 한중 관계는 미래지향적인 발전을 계속했다. 우선 1995년 11월에 장쩌민 국가주석이 중국의 국가주석으로서는 최초로 방한했고, 우리 총리와 외무부장관 등의 중국 방문을 통해 고위 지도자들 간의 신뢰가 깊어졌다. 그리고 이를 통해 4자회담과 북한 잠수함 사건 등 한반도 문제에서 중국 측의 협력을 확보할 수 있었다.

특히 한중 무역이 급속하게 확대되어 96년 말에 무역액이 198억 달러를 돌파하면서 우리의 세 번째 교역대상국이 되었다. 또 중국에 대한 투자도 증대되면서 중국을 찾는 한국인의 수도 53만 명으로 증가했다.

장쩌민 국가주석의 역사적인 방한

중국의 장쩌민 국가주석이 김영삼 대통령 초청으로 1995년 11월 13-17일 한국을 국빈방문했다. 장 주석은 한국 방문 후 17일부터 일본 오사카에서 개최되는 APEC 정상회의에 참석할 예정이었다. 장 주석의 한국 방문은 중국의 국가원수로서 역사상 최초의 방문이기도 했지만 북한 핵 문제와 북한의 정전체제 무효화 주장, 그리고 그 당시 일본의 에토 총무청장관의 한국 지배 미화 망언 등으로 인해 내외의 관심이 집중된 가운데 이루어졌다. 도착 당일 나는 중국 외교부의 왕이 아주국장과 만나 정상회담 의제와 주요 현안에 대해 사전 조율 작업을 했다.

김영삼 대통령과 장쩌민 주석은 11월 14일 공식 환영행사에 이어 정상회담을 하면서 여러 가지 민감한 사항들에 관해 심도 있는 의견을 교환했다. 장 주석은 다음 날인 11월 15일에는 경제4단체장이 주최하는 오찬에 참석하고, 오후에는 국회를 방문하여 연설했다.

장쩌민 주석의 방한은 신중국 성립 이후 중국 국가원수로서는 최초로 한국을 방문했다는 점에서 중요한 의미가 있었다. 장 주석의 방한은 경제적으로 한국과의 산업협력을 통한 양국 간 공동번영의 기틀을 마련하는 계기가 될 것이라 평가되었다.

북한의 잠수함 침투 사건 발생과 유엔 출장

9월 15일부터 17일까지 무장간첩 26명을 태운 북한의 잠수함이 세 번이나 강릉시 해안에 접근하여 침투조와 안내조를 상륙시킨 뒤, 18일 새벽에 잠수함이 좌초하자 잠수함을 버리고 전원이 상륙해 도주한 사건이 발생했다. 신고를 접수한 우리 군은 무장간첩들을 추격하여 자살한 11명을 제외한 13명을 사살하고 1명을 생포했으며 1명은 도주한 것으로 밝혀졌다.

정부는 북한의 무장간첩 침투행위를 군사정전협정의 중대한 위반이며 우리 안보에 대한 직접적인 도발로 규정하고 단호히 응징하기로 했다.

한편 정부는 유엔 안보리에 북한의 무장간첩 침투 사건을 상정하여 결의안 또는 의장성명 채택을 추진하기로 했다. 그런데 중국이 이 건에 관한 결의안이나 의장성명 채택에 계속 반대 입장을 고수하고 있기 때문에 중국을 설득하는 것이 큰 문제였다. 장관은 이번에 중국을 설득하는 것이 중요하니 아태국장도 함께 유엔에 가자고 지시해서 나는 9월 24일 장관을 수행하여 뉴욕으로 갔다. 나는 출장과 관련하여 집중적으로 기도했다.

세 번 요청하면 틀림없이 동의할 것입니다

뉴욕에 도착하여 장관을 모시고 대책회의를 하는데 가장 난관은 중국이었다. 현지 대표단의 보고에 따르면 중국이 계속 안보리에서 북한의 무장간첩 침투 사건에 관한 결의안이나 의장성명에 반대하고 있는데 설득할 수 있는 방법이 마땅치 않다는 것이었다. 결국 내일 점심시간에 예정된 중국의 첸치천 외교부장과의 외무장관회담이 중요했다.

나는 아침에 장관에게 찾아가, 오늘 중국의 첸 부장을 만나실 때 먼저 결의안 채택을 요구하다가 동의하지 않으면, 다시 의장성명 채택을 요구하고, 그래도 첸 부장이 동의하지 않으면 한 번 더 의장성명 채택을 요청하시라고 건의했다. 그러면서 장관님이 세 번을 요청하면 첸 부장이 의장성명 채택에는 틀림없이 동의할 것이라고 설명했다.

그날 한중 외무장관회담은 양국 관계가 아니라 유엔 문제를 다루는 회담이었기 때문에 아태국장이 들어갈 필요가 없었지만, 동석하라는 장관의 지시가 있었기에 나도 회담장에 들어가게 되었다. 대표단 중의 일부 인사는 내가 그렇게 장관에게 보고한 것에 이의를 제기하면서 지역 국장이 유엔에 대해 무얼 안다고 그렇게 이야기하느냐고 불만을 토로하기도 했다.

점심시간에 우리는 장관을 수행하여 유엔 본부 내 조그만 회의실에서 중국 측과 회담을 시작했다. 장관이 북한 무장간첩 침투 사건을 설명하면서 "이 건에 관해 유엔 안보리에서 결의안을 채택하는 것이 필요하니 중국이 도와 달라"고 요청했다. 첸 부장은 예상대로 "그것은 곤란하다"고 답했다. 장관이 "그렇다면 의장성명이라도 채택하고자 하니 중국이 도와 달라"고 했으나 "그것도 곤란하다"는 답만 돌아왔다. 장관은 나를 쳐다보았고, 나는 장관에게 한 번 더 말씀하시라고 몸짓을 했다. 장관은 첸 부장에게 "의장성명 채택을 도와 달라"고 재차 요청했고, 마침내 첸 부장은 몸을 뒤로 젖히더니 빙긋이 웃으면서 "그렇게 하자"고 대답했다.

회담을 마치고 나온 장관은 이렇게 말했다.

"김 국장, 잘했어. 이번에 비행기 값은 했으니까 좀 쉬었다가 돌아가게."

나는 장관이 아시아 국가 외무장관들과 회담 시 배석하고 또한 한·미·일 3자 협의 대표단 대책협의와 한·미·일 3자 고위협의회 등에도 참석했다. 그리고 장관의 유엔총회 연설을 참관한 다음 서울로 돌아왔다.

그 후 의장성명 내용에 관해 우리 대표단과 중국 대표단과의 지루한 협상이 계속되다가 2주일 이상 지난 10월 15일에야 타결됐다.

중국 친구들을 위한 중보기도를 쉬지 않다

1995년 1월 3년간의 주중대사관 근무를 마치고 서울로 돌아와 나는 하나님께서 나를 주중대사로 만들어 주실 것이라는 믿음을 가지고 기도하기 시작했다. 그러면서 10년 후에 대사가 되어 중국에 갔을 때 나를 도와줄 중국의 장관이나 차관, 사회 각 분야에서 영향력 있는 자리에 오를 사람들을 위해 기도하기 시작했다(《하나님의 대사 1》 53-55쪽 참조). 그런데 아태국장으로 근무하는 2년 동안 나는 이미 기도가 응답됨을 느낄 수 있었다. 왜냐하면 내가 기도하고 있던 사람들이 서서히 자신의 영역에서 두각을 나타내면서 나에게 큰 도움을 주기 시작했기 때문이었다.

내가 1992년 2월 중국에서 수교 교섭에 참가하여 수교를 한 이후 나는 대사관의 공사로서 중국 외교부의 많은 간부들을 사귀기 시작했다. 그중에서도 아주 가까웠던 친구는 왕광야(王光亞) 국제국장(훗날 홍콩·마카오판공실 주임, 장관급), 양제츠 미주국 부국장(훗날 외교부장을 거쳐 국무위원 역임), 우다웨이(武大偉) 아주국 부국장(훗날 주한대사, 외교부차관, 6자회담 수석대표 역임), 왕이(王毅) 아주국 부국장(현 외교부장 겸 정치국원) 등이었다.

왕이 부국장은 한반도를 관장했기 때문에 특별히 가까운 관계를 유지하다가 1995년 1월 내가 먼저 아태국장으로 귀국했다. 그러자 그도 얼마 후 아주국장이 되어 나의 업무 상대로서 빈번하게 만나 양국 문제를 협의했다. 2년이 지나 1997년 내가 장관 특보가 된 다음에도 우리는 계속 긴밀한 관계를 유지했으며, 얼마 후 왕이 국장도 부장조리(차관보)로 승진했다. 내가 2000년 외교안보수석비서관(차관급)이 되자 얼마 후 그도 외교부 부부장(차관)으로 승진했다. 그리고 내가 2001년 10월 주중대사로 부임했을 때 왕이 부부장은 아시아를 관장하는 부부장으로서 나에게 아주 특별한 협조를 제공했다. 2008년 3월 내가 통일부장관으로 귀국을 하자 그도 얼마 후 타이완사무판공실 주임(장관급)으로 승진했으며, 다시 5년 후인 2013년에 외교부장이 되었다.

모든 것이 하나님의 은혜였다. 하나님의 은혜가 아니면 생각할 수 없는 놀라운 일들이 일어나기 시작했다.

격무 속에서
귀중한 자산이 쌓이다

앞에서도 이야기했지만 아태국이 관할하는 국가는 방대했다. 그러다 보니 한국을 방문하는 일본과 중국은 물론 동남아시아(아세안) 10개국, 서남아시아(인도, 파키스탄 등) 8개국, 태평양지역(호주, 뉴질랜드 등) 4개국과 남태평양 도서국가의 외무장관이나 총리 또는 국가원수가 한국을 방문하여, 장관을 만나거나 총리나 대통령과 면담 또는 회담을 하는 경우에는 아태국장이 반드시 배석하여 보좌해야 했다.

또한 내가 국장으로 근무하는 기간에 김영삼 대통령을 수행하여 일본 이외에 인도, 싱가포르, 태국, 필리핀, 베트남, 말레이시아를 방문했다. 그리고 총리를 수행하여 중국을 방문했고, 외무부장관을 수행해서는 일본과 중국은 물론 브루나이, 태국, 인도네시아, 싱가포르, 베트남 등을 방문했다. 그리고 국장의 자격으로 일본과 중국은 아주

빈번하게, 다른 나라도 시간만 나면 출장을 갔으니, 매일매일이 격무에 시달리는 바쁜 나날이었다. 그러나 그것은 나에게 귀중한 시간이었다. 이때 배운 경험과 지식은 나중에 청와대에서 김대중 대통령을 보좌할 때 말할 수 없이 귀중한 자산이 되었다.

외무부장관의 교체

1996년 11월 초 외무부장관이 교체됨에 따라 공로명 장관이 사임했다. 공 장관은 탁월한 원로 외교관으로서 박식하고 포용력이 큰 리더였다. 장관은 취임하자마자 잘 알지도 못하는 나를 아태국장으로 발탁하여 2년 내내 전폭적인 신임을 보여 주었다. 공 장관으로부터 받은 사랑과 신임이 커 지금도 그 감사함을 잊을 수가 없다.

유종하 대통령 외교안보수석이 후임 장관으로 취임했다. 유 장관은 1978년 가을 내가 뉴욕 근무를 마치고 미주국으로 돌아왔을 때 미주국장이었다. 그리고 내가 서기관으로 진급하는 데 결정적인 역할을 했던 상사였다. 유 장관은 나에게 장관실에 특보 자리를 하나 만들려고 하니 와서 도와 달라고 했고, 나는 그렇게 하겠다고 대답했다.

또다시 자리를 옮기면서

매일매일이 바쁘고 힘들었던 순간이었다. 과거사와 독도를 둘러싸고 일본과의 끊임없는 소모전 때문에 답답할 때도 많았지만 믿음과 기도로 버텨 나갔다. 중국과도 여러 가지 민감한 문제가 많았지만 좋은 친구들과의 협력을 통해 관계를 발전시켜 나갈 수 있어 감사했다. 모든 것이 하나님의 은혜였다.

　1996년 12월 말 외교안보연구원에서 외무부 선교회 송년 모임이 있어 나는 아내와 함께 참석했다. 그 자리에는 선배 대사 부부들과 본부 간부들도 부부 동반으로 참석했다. 모든 프로그램이 끝난 다음, 참석자들이 갑자기 나에게 간증을 해 달라고 했다. 나는 일어서서 지난 2년 동안 일본과 중국의 아주국장을 위해서 기도하는 과정에서 일어난 이야기, 하나님께 술을 마시지 않게 해 달라고 기도한 것에 대한 응답 등 기도의 능력에 대해 여러 가지 간증을 했다. 그것이 내 최초의 간증이었다.

삶에서 길어 올린 지혜

01
회개는 주님을 향한 방향 전환입니다

죄를 깨닫고 하나님께 진심으로 회개하는 것은 놀라운 축복입니다. 회개는 돌이 킴이고, 삶의 방향은 오직 진정한 회개를 통해서만 바뀌기 때문입니다. 하나님은 진실한 회개를 기뻐하시며, 과거에 얽매이지 않고 새로운 삶을 시작할 수 있도록 도우십니다.

02
세상 즐거움을 멀리하고 영적인 삶에 집중하십시오

우리의 연약함은 죄의 유혹 앞에 쉽게 무너지게 됩니다. 죄를 멀리하는 가장 좋은 방법은 예수 그리스도를 묵상하는 것입니다. 말씀에 집중하고 기도하며 세상의 즐거움을 의도적으로 멀리하는 것입니다. 때로는 고독하고 단조로운 삶처럼 느껴질지라도, 그 안에서 영적 깊이를 더하고 하나님과의 친밀함을 누리게 될 것입니다.

03
비전을 품고 기도할 때 미래가 열립니다

하나님께서는 각자의 삶을 향한 놀라운 계획을 가지고 계십니다. 내 삶을 통해 하나님께서 이루길 원하시는 것이 무엇인지 깨닫게 해 달라고 간구하십시오. 그리고 그 비전을 이루는 데 필요한 사람들과 환경을 위해 지금부터 꾸준히 중보기도를 하십시오. 하나님께서 그 기도를 들으시고 놀라운 방식으로 응답하실 것입니다.

04
하나님의 은혜를 감사하며 간증으로 나누십시오

삶에서 일어나는 모든 일은 하나님의 은혜임을 잊지 마십시오. 특히 어려움 속에서 하나님께서 베풀어 주신 놀라운 응답과 인도하심을 기억하고 감사하십시오. 그리고 그 경험을 다른 사람들과 나누는 간증의 시간을 통해 하나님의 살아 계심을 증언하십시오. 그렇게 할 때, 고난과 절망 가운데 있는 이들에게 신앙적인 용기와 희망을 주는 사람이 될 것입니다.

나누며 깊어지는 시간

학업 중인 청년에게

1. 주님을 믿게 된 구체적인 계기와 사건에 대해 함께 나눠 보세요. 그 과정에서 내가 깨닫게 된 것은 무엇이었나요?

2. 하나님께서 주신 축복에 단순히 감사하는 것을 넘어, 예수 그리스도의 고난에 동참하고자 기도하고 고민해 본 적이 있나요? 지금 내가 하나님 나라를 위해 기꺼이 감당해야 할 '작은 고난'이 무엇일지 생각해 보세요.

일터에 있는 청년에게

1. 하나님과의 영적 친밀함을 위해 세상의 즐거움을 의도적으로 멀리했던 경험이 있나요? 그때 어떤 기쁨을 경험했나요?

2. 삶에서 반복되는 유혹이나 문제가 있다면, 그것을 멀리하기 위해 진지하게 기도하고 행동한 경험이 있나요? 그때 하나님께서 주신 힘은 무엇이었고, 지금 새롭게 결단해야 할 부분은 무엇인지 돌아보세요.

한 걸음 더 나아가기

여러분은 기도를 통해 주변 사람에게 사랑과 신뢰를 전했던 경험이 있나요? 그 기도가 관계에 어떤 변화를 불러왔는지, 하나님께서 어떤 은혜를 주셨는지 돌아보세요. 그리고 이번 주에 기도를 통해 하나님의 사랑을 전해야 할 사람을 한 명 떠올리고, 그 이름을 적어 기도로 섬기는 작은 실천을 해보세요.

2

놀라운 도약을
기다리다

　　　　　　　　　　1997년 1월 말 일본 벳푸에서의 한일 정상회담을 마치고 아태국장 업무를 후임에게 인계한 다음, 나는 2월 1일부터 장관 특보(특별보좌관)로 자리를 옮겼다. 장관실에는 따로 보좌관이 있어 외무부의 일상적인 업무에 관해서 보좌관이 보고하기 때문에, 나는 장관이 지시하는 특별한 업무를 하거나, 아니면 어떤 중요한 현안에 대해 장관에게 수시로 나의 의견을 개진했다.

　또 외무부 대사들이나 간부 또는 직원들과 만나 그들의 의견을 청취해 장관에게 보고하고, 또는 장관의 지시에 따라 외무부에 관련된 인사들을 만나 장관의 뜻이나 외무부의 입장을 전달하는 일 등을 하기 시작했다.

세간을 떠들썩하게 한
황장엽 망명 사건

열흘 정도 지난 2월 12일 오전 10시 북한 노동당의 국제담당 비서이며 권력서열 19위인 황장엽이 수행원 1명(김덕홍)과 함께 베이징 한국대사관 영사부에 들어와 망명을 신청하는 사건이 발생했다. 정부에서는 긴급히 안보조정회의를 열고 대책을 논의한 다음, 오후에 황장엽 망명 사실을 발표했다.

그리고 주중대사관에 이 건과 관련해서 중국 측과 교섭을 시작하도록 지시했다. 그런데 주중대사관에서는 중국 측이 면담을 거부했다고 보고해 왔다. 얼마 후 대사관에서는 현재 중국 측 반응이 매우 냉담하기 때문에 접촉 자체가 상당히 어려운 상황이라는 보고를 다시 해 왔다. 우리로서는 빨리 중국 측과 접촉을 해야 하는데 접촉 자체가 안 된다니 사태가 심각했다.

혼자 중국으로 가다

정부에서는 나를 중국에 파견하기로 결정하고, 다음 날 아침 베이징으로 가라는 지시를 내렸다. 나는 밤 12시가 넘어 사무실로 가서 출장 준비를 한 다음, 새벽에 집으로 돌아가 옷을 챙겨 공항으로 나가면서 아내를 통해 나를 위해 기도하는 사람들에게 중보기도를 부탁했다.

베이징에 도착하여 대사관으로 가서, 나는 중국 외교부에 내가 왔다는 사실을 알리는 동시에 가까운 친구인 왕이 아주국장과의 면담을 신청해 달라고 부탁했다. 그러자 바로 중국 외교부로부터 들어오라는 연락이 왔다. 나는 대사관의 공사와 함께 외교부로 들어가 왕이 국장과의 면담을 시작했다.

왕 국장은 그동안 대사관의 접촉을 거절했던 것을 의식한 때문인지, 오늘 면담은 황장엽 문제에 관한 외교적인 정식 협의가 아니며 자신의 친한 친구인 김 특보가 먼 곳에서 왔다는데 만나지 않을 수 없기 때문에 만나는 것이라고 한 다음, 황장엽 건에 대한 김 특보의 생각을 듣고 싶다고 말했다. 나는 준비해 간 정부 입장을 상세히 설명했고 왕 국장도 자신들의 입장을 설명하면서 교섭이 시작됐다. 나는 낮에는 중국 측과 교섭하거나 중국 친구들을 만나고, 저녁에는 호텔에 꿇어앉아 끊임없이 기도했다.

황장엽 망명 사건은 북한이나 한국 모두에게 중요한 사건이었지만, 남북한 사이에 낀 중국으로서도 남북한 어느 쪽으로부터 불평을 듣지 않으면서 이 문제를 원만하게 처리하는 것이 중요했다. 때문에 이 문제가 잘 해결되기 위해서는 협상 능력도 중요하지만 무엇보다 하나님의 간섭과 도우심이 필요했다. 그래서 나는 하나님께 간절히 기도했던 것이었다.

황장엽이 35일 만에 베이징을 떠나다

그렇게 교섭 중이던 2월 19일 당시 중국의 최고 권력자였던 덩샤오핑(鄧小平)이 사망했다. 본부에서 22일부터 25일까지 비밀리에 잠시 귀국하라는 지시가 내려왔다. 극비리에 입국한 나는 외무부장관,

안기부장, 외교안보수석 등을 만난 다음, 2월 25일 조용히 다시 중국으로 돌아와 중국 측과의 협상을 재개했다. 많은 진통을 겪으면서도 협상은 예상대로 진행되었고, 황장엽은 3월 18일에 필리핀으로 떠났다. 사건이 발생한 지 꼭 35일 만이었다.

어떻게 저렇게 빨리 해결됐을까?

2009년 2월 통일부장관에서 은퇴하고 난 후, 나는 수원에 있는 어느 침례교회에 가서 기도에 대한 주제로 간증한 적이 있었다. 집회가 끝난 다음, 담임목사님과 다과를 나누는 자리에서 당시 이 사건을 함께 논의했던 정부의 주요 인사 중 한 사람을 만났는데, 그가 사람들 앞에서 이렇게 말했다.

"저는 그때 김 장관께서 4주에서 6주면 사건을 종결시킬 수 있다고 해서 '정말 그렇게 할 수 있을까?' 속으로 생각했어요. 그런데 정말 황장엽 사건이 신속하게 해결되는 것을 보고, '어떻게 저렇게 빨리 해결됐을까?' 하는 의문을 계속 갖고 있었습니다. 그런데 오늘 간증을 들으면서 의문이 풀렸습니다. 저는 김 장관께서 그렇게 기도를 많이 하시는 줄 몰랐습니다."

황장엽 망명 사건은 한국과 중국, 중국과 북한 관계에 있어서 하나의 획을 긋는 중요한 사건이었다. 그리고 이 사건을 통해 나는 중보기도의 힘이 얼마나 중요한지를 다시 한번 깨달았다.

유공자 포상을 사양하다

4월 20일 황장엽 씨가 필리핀에서 서울로 돌아오고, 모든 문제가 정리된 이후 정부에서는 유공자들에 대한 포상 작업에 들어갔다. 유관 부서에서는 나도 유공 대상자 중의 하나로 선정하여 통보했지만, 나는 장관을 옆에서 모시는 사람으로서 그런 상을 받는다는 것이 쑥스러웠다. 그래서 역사적인 사건에 직접 참여했다는 것으로 충분하며 더 이상은 필요 없다고 사양하고, 주중대사관과 본부에 수고한 간부들과 직원들이 많으니 그들을 포상해 달라고 건의했다.

황장엽 망명 사건에 관련된 여러 가지 상황이 종료되면서 나는 또다시 주요 현안에 관한 장관 보좌 업무를 시작했다. 그 당시 가장 중요한 현안은 4자회담에 북한을 참여시키는 문제, 일본과의 어업 분쟁을 둘러싼 문제, 대만 핵 폐기물의 해외 이전에 관한 일 등이었다. 장관은 이런 문제들을 위해 4월 중순 일본을 방문하여 한일 외무장관회담을 가졌으며, 5월 중순에는 중국을 방문하여 한중 외무장관회담을 했다. 나는 장관의 활동을 위해서 필요한 보고서를 작성하기도 하고 여러 가지 아이디어를 내기도 하면서 보좌했다.

**1급 승진에서
저를 빼 주십시오**

6월 초 어느 날 아침 4급(서기관)과 3급(부이사관)에 대한 승진심사위원회가 열렸다. 그날 저녁에 장관이 나를 찾았다. 그리고 장관이 결정할 수 있는 2급(이사관)과 1급(관리관) 승진과 관련하여 나의 의견을 물었다.

그중 1급의 경우는 승진할 수 있는 자리가 여덟 자리인데 대상자는 수십 명이었다. 거기에는 내 이름도 포함되어 있었고 승진 서열은 6번째였다. 승진할 수 있는 자리가 여덟 자리이고 서열이 6번째이니 장관 특보가 승진을 했다고 해서 누가 이의를 제기하기는 어려울 것으로 보였다. 그러나 장관실에서 근무하는 내가 승진한다는 것이 마음에 불편하여 장관에게 말했다.

"장관님, 저는 이번 1급 승진에서 빼 주십시오. 그리고 능력은 있으면서도 본부 보직을 잘 받지 못한 사람이나 험지에서 어렵게 근무하는 사람에게 우선권을 주십시오"라고 건의를 했지만 장관은 내 말을 받아들이지 않았다.

나는 다음 날인 일요일 아침에 중국으로 출장을 가기로 되어 있었다. 나는 집으로 돌아와 심윤조 인사과장(훗날 새누리당 국회의원)에게 전화를 했다. 그리고 조금 전 장관에게 금번 승진 인사에서 나를 빼 달라고 건의한 사실을 설명하고, "나는 내일 중국에 출장을 가니 인사과장이 장관에게 내 뜻을 설명 드리고 반드시 승진에서 빠질 수 있도록 해 달라"고 당부했다.

나는 전화를 끊은 다음, 하나님께 이번에 꼭 승진이 안 되도록 해 달라고 기도했다. 내가 그랬던 이유는 외무부에 들어와서 항상 다른 사람보다 빠르게 승진했는데, 이번에 또 장관실에서 근무하면서 승진을 하면 자격이 있다고 하더라도 많은 사람의 마음이 상할 것 같아서였다. 그리고 사람들에게 그런 마음을 불러일으키는 것은 하나님을 믿는 사람으로서 덕이 안 된다고 생각했기 때문이다.

다음 날 아침 일찍 나는 교회에 가서 예배를 드린 다음, 공항으로 갔다. 그리고 다시 인사과장에게 전화를 해서 아주 단단히 이야기를 했다. 그러면서 "만일 내가 이번에 승진을 하게 된다면 두고두고 당신을 원망할 것"이라고 말했다. 그러자 인사과장이 말했다.

"걱정하지 마십시오. 장관님께 말씀드려 꼭 승진에서 빼도록 하겠습니다." 베이징에 도착하여 활동을 마치고 호텔에 돌아가니 서울에서 인사과장이 전화를 했다.

"특보님, 오늘 장관님께 특보님의 뜻을 잘 말씀드렸습니다. 장관님께서 본인의 뜻이 정 그렇다면 그렇게 하자고 하셔서 다른 사람을 승진시키기로 하셨습니다."

나는 전화를 끊고 하나님께 감사 기도를 드리고 누구인지는 모르지만 하나님께서 그를 축복해 주시고 또 승진이 안 되어 마음이 상한 사람들의 마음을 위로해 주실 것을 기도했다.

외환위기와 일본의 어업협정 파기

9월이 되자 한일 간에 어업협정에 관한 교섭이 시작되었다. 이때 나는 장관의 지시에 따라 4자회담의 추동을 위해서 조용히 베이징에 가서 중국 측과 물밑 대화를 진행하곤 했다.

그런데 가을에 들어서자 국내 경제에 위기 현상이 나타나면서 11월 말에는 구제금융 문제에 관한 IMF와의 협상이 시작되었다. 그러면서 주가가 400 이하로 떨어지고 금융시장이 '공황 상태'가 되면서 외환위기의 공포가 밀어닥치기 시작했다.

그러자 별안간 어업협정에 관한 일본 측의 태도가 경직되었다. 12월 초 일본의 고오무라(高村) 정무차관(후에 외무대신)이 서울에 와서 우리 측과 마라톤협상 끝에 합의를 이루었다. 일본 측은 어려움이 많지만, 귀국해서 하시모토 총리에게 건의하기로 하고 협의를 끝냈다.

사흘 뒤 일본 측은 상부 지시라고 하면서, "하시모토 총리와 오부치 외무대신이 현재 교토에서 개최되고 있는 기후변화 협약회의에 참석 중이라, 한일 어업협정 교섭에 관한 회신이 약간 늦어지고 있으며, 다소 시간이 더 필요할 것으로 보이지만 가능한 한 금주 중 빠른 시일 내에 회답을 하도록 노력하겠다"는 연락을 해 왔다.

그러는 사이 12월 11일 달러 환율이 1,700원을 돌파했고, 김영삼 대통령은 현재의 경제위기에 대한 사과 성명을 발표했다. 12월 18일에는 대통령 선거가 실시되어 김대중 후보의 당선이 확정되었다.

며칠 후 일본 측은 우리에게 "12월 초 한국 측과 잠정 합의한 안을 정치권 인사들에게 설득시키기가 곤란하므로, 12월 말을 전후하여 현행 어업협정의 파기가 불가피하다"는 입장을 통보했다.

환율은 다시 1달러 당 2,000원대로 폭등했고, 국가의 파산 위기감이 확산되기 시작했다.

1998년 1월 23일 오전 도쿄에서는 일본 외무성의 사무차관이 주일대사를 초치하여 어업협정 종료에 관한 일본 정부의 공식 입장을 통고했다. 잠시 후 서울에서는 외무부장관이 기자회견을 갖고 일본 측의 조치에 대해 강력한 유감을 표명하는 동시에 양국 간 조업 자율규제합의를 무기한 중단하기로 결정했음을 밝혔다.

나는 하시모토 내각이 출범할 때부터 이상한 예감을 가지고 있었다. 그래도 일본이 역사적으로나 지리적으로 가까운 나라 사이에 어업협정 파기라고 하는 극히 비우호적인 조치를 취할 것이라고는 예상하지를 못했다. 물론 하시모토 내각의 지지율이 출범 이후 최저로 떨어져 심각한 정치적 위기를 맞았다고 하지만, 그것 때문에 그런 것만은 아닌 것으로 보였다.

지난 5년간 과거사에 관한 망언이 나올 때마다 김영삼 정부의 강경한 태도로 늘 수세에 몰렸고, 더욱이 김 대통령의 '버르장머리' 발언으로 자존심 상해 있던 일본이, 정부 말기에 닥쳐온 국가적 위기로 인해 아무런 대응도 할 수 없는 김영삼 정부에 대해 가장 비우호적인 태도를 취함으로써 우리를 궁지로 몰아넣었던 것이었다.

일본 사람들은 스스로가 자신들의 속마음(本音)과 겉마음(建前)이 다르다고 하는데, 한일 어업협정 파기는 일본인이 어떤 사람들인지를 우리에게 각인시켜 주는 중요한 사건이었다.

돌연 청와대로
부름받다

1997년 12월 19일 김대중 후보가

대통령으로 당선된 이후 어느 날 대통령 인수위에서는 외무부에 대통령 의전비서관 후보자를 추천해 줄 것을 요청해 왔다. 장관은 나에게 대통령 의전비서관으로 갈 생각이 있느냐고 물었다. 나는 청와대에 가고 싶은 생각이 없으며 해외 대사로 나가겠다고 대답했다.

얼마 후 외무부에서는 세 명의 후보자 명단을 인수위에 제출했고, 그중 한 명이 의전비서관으로 결정되어 공식 발표가 났다. 그런데 한참 시간이 흘러 대통령 취임식 닷새 전인 2월 20일 돌연 내가 의전비서관으로 내정되었다. 나는 대통령 당선자에게 인사도 드리지 못한 채 취임식 하루 전인 2월 24일에 의전비서관으로 정식 임명되었다.

나는 이번에도 왜 또 내가 원하지 않는 자리로 가야 하는지를 몰랐다. 다만 전과 달리 이제는 매일 하나님께 기도하는 자로서 모든 것이 하나님의 인도하심이라고 생각했다. 그러나 청와대 근무가 앞으로의 내 인생을 철저히 바꾸는 영광의 자리가 될 줄은 생각지도 못했다. 만일 내가 그때 본부에 없었더라면 청와대로 갈 수 없었을지도 몰랐다. 그런데 장관 특보를 하고 있었기 때문에 청와대로 갈 수 있었고, 특히 훗날 김대중 대통령을 모시면서 좀 더 광범위한 문제에 대해 깊이 있는 보좌를 할 수 있었던 것이었다. 하나님께서는 내가 해외로 나가지 못하도록 하시고 유종하 장관 옆에서 장관 특보를 하면서 또 다른 도약을 위한 준비를 시키셨다. 지금 생각하면 그것도 놀라운 하나님의 은혜였다.

유종하 장관은 능력도 탁월했지만 무엇보다 일을 추진하는 끈기와 돌파력이 놀라웠다. 나는 유 장관으로부터 많은 것을 보고 배웠고,

그러한 경험이 나중에 대통령을 모시고 일하는 데 큰 도움이 되었다. 그런데 더 감사한 것은 국장 근무를 마친 나를 해외로 나가지 못하게 하고 장관실에 특보라고 하는 자리를 신설하여 국내에 있게 함으로써, 결과적으로 나중에 김대중 대통령을 모시게 하는 역할을 한 것이었다. 외무부에 들어와 처음으로 서기관 승진을 할 때 직속 상사인 미주국장으로서 큰 도움을 주었던 장관이 이렇듯 또 내 인생에 큰 영향을 미치는 중요한 역할을 했으니 감사하다는 말 이외에 다른 말이 필요 없었다.

삶에서 길어 올린 지혜

01
기도는 가장 강력한 협상 도구입니다

"황장엽 망명 사건처럼 복잡하고 민감한 국제적 사안을 홀로 해결해야 할 때, 협상 능력보다 중요한 것은 하나님의 간섭과 도우심이었습니다. 그래서 밤마다 호텔 방에 꿇어앉아 끊임없이 기도했습니다." 기도는 불가능해 보이는 상황을 해결하고 관계를 풀어내는 가장 강력한 영적 무기입니다. 이 영적 무기를 적극 활용하십시오.

02
기도의 동역자들을 주위에 두십시오

"외교적으로 긴급한 현안 때문에 중국으로 떠나기 전 아내를 통해 기도하는 사람들에게 중보기도를 부탁했습니다." 어려운 상황이나 중요한 결정을 앞두고 있을 때 혼자 감당하려 하지 마십시오. 진심으로 기도해 줄 믿음의 동역자들에게 도움을 요청하고, 함께 기도하십시오. 더 큰 힘과 용기, 평안을 얻게 될 것입니다.

03
자신은 낮추고 타인을 높이십시오

"중요 외교 사건 해결에 대한 유공자 포상을 사양하고, 오히려 본부와 주중대사관의 직원들을 포상해달라고 건의했습니다." 자신의 공로를 내세우지 않고 겸손히 다른 사람들의 노고를 인정하고 높이십시오. 이러한 태도는 주변 사람들에게 선한 영향력을 끼치고, 진정한 리더로 존경받는 발판이 될 것입니다.

04
양보를 훈련하십시오

"능력과 자격이 충분함에도 다른 이에게 승진 기회를 양보했습니다." 충분히 누릴 수 있는 영광이나 기회를 기꺼이 내려놓으십시오. 하나님의 뜻을 따르고 동료들의 마음을 헤아리는 겸손한 선택과 권리 포기는 언젠가 큰 축복이 되어 돌아올 것입니다.

05
원치 않는 자리가 하나님의 계획일 수 있습니다

"청와대 의전비서관 자리를 원치 않았음에도 결국 그곳으로 부름을 받아 이후의 인생 항로가 완전히 바뀌었습니다." 계획하지 않았거나 선호하지 않는 자리로 가게 될지라도, 기도했다면 그것이 하나님의 선한 인도하심이라는 것을 믿어야 합니다. 그곳에서 예상치 못한 성장을 경험하고, 하나님의 맞춤 계획을 발견할 수 있습니다.

나누며 깊어지는 시간

학업 중인 청년에게

1. 예상치 못한 어려움에 부딪혔을 때, 하나님께 기도로 돌파구를 구하며 경험한 은혜가 있다면 나눠 보세요.
2. 혼자서가 아니라 기도의 동역자들과 함께 하나님께 간절히 중보기도를 해야 할 문제나 상황이 있다면 나눠 보세요.

일터에 있는 청년에게

1. 돌아보니 모든 일이 하나님의 큰 그림 안에 있었음을 고백하게 된 순간이 있나요? 그때 하나님께서 주신 가장 큰 깨달음은 무엇이었나요? 혹은 지금은 이해되지 않지만 언젠가 하나님의 큰 그림 속에 있었음을 고백하길 바라는 순간이 있다면, 그 상황과 여러분의 기도를 나눠 보세요.
2. 직장에서 내 공로를 드러내거나 권력을 잡으려 하기보다 동료나 팀의 공로를 높이며 하나님의 사람다운 면모를 보이고자 애썼던 순간이 있나요? 선한 영향력을 미치는 크리스천이 되기 위해 무엇을 내려놓아야 하는지 생각해 보세요.

한 걸음 더 나아가기

기도를 통해 하나님께서 깨어지거나 서먹해진 관계를 회복시키시는 은혜를 경험한 적이 있나요? 그때 얻은 깨달음이나 변화는 무엇이었으며, 지금 기도로 회복해야 할 관계가 있는지 돌아보세요.

3

세상 권력의 중심에서
하나님을
의지하다

막상 청와대 의전비서관 내정 통보를 받고 보니 대통령을 모시고 일하는 것이 은근히 걱정도 되고, 예상되는 업무의 중압감 때문에 잠이 잘 오지 않았다. 나는 계속 기도를 하면서, 하나님께 내게 지혜를 주시고 담대함을 주시도록 간구했다.

그러던 중 옛날 군대에서 사단장 전속부관을 하던 일, 외무부 장관실에서 세 번이나 근무하며 장관 수행비서, 장관 보좌관, 장관 특별보좌관으로 유명한 장관들을 모시던 일, 더욱이 의전과장으로서 2년간 국가의 주요한 행사를 담당하던 순간들이 머리에 떠올랐다. 순식간에 마음에 불안이 사라지고 자신감이 생겼다. 그러면서 대통령과도 이미 세 번이나 만나 많은 이야기를 나누었던 일들이 생각났다.

앞에서도 이야기했지만 나는 1994년 11월 주중대사관 공사로 있을 때 중국을 방문한 김대중 아태재단 이사장을 만나 여러 가지 일정에 수행을 하고 조찬을 한 적이 있었다. 그것이 김 이사장과의 첫 번째 만남이었다.

1995년 1월 초 외무부의 아태국장으로 임명되어 한국으로 돌아와 근무를 하고 있을 때, 김대중 이사장은 정계에 복귀하여 제1 야당인 '새정치국민회의' 총재가 되었다. 10월 초 나는 장관 지시에 따라 동교동에 있는 아태평화재단에 가서 중국 방문 예정인 김대중 총재와 수행 국회의원들에게 중국의 현황과 한중 관계 등에 관한 브리핑을 하고 돌아왔다. 그것이 두 번째 만남이었다.

1996년 8월 하순 나는 다시 장관의 지시를 받고 여의도에 있는 새정치국민회의 당사로 가서 호주 방문 예정인 김대중 총재와 수행 국회의원들에게 브리핑을 하고 돌아왔다. 그때가 세 번째 만남이었다.

대통령 의전비서관으로서
출근하다

취임식 당일인 2월 25일 나는 새벽에 일어나 대통령을 모시는 첫 날인 오늘, 취임식을 비롯한 모든 일정이 성공적으로 진행되고 특히 대통령과 이 나라를 축복해 주시도록 간절히 기도한 다음, 7시에 일산에 있는 김대중 대통령 사저로 갔다. 나를 만난 대통령은 악수를 하면서 "앞으로 수고해 달라"고 말했다.

나는 대통령 내외분을 수행하여 첫 번째 행사지인 국립묘지에 가서 참배를 하고 잠시 청와대에 들렀다가 취임식 참석차 국회의사당으로 향했다. 청와대 출발 전에 대통령께 취임식 행사에 대해 잠시라도 보고를 드리려고 했지만 빡빡한 일정 때문에 그럴 틈이 없었다.

취임식에서 대통령 의자 뒤에 숨다

10시 정각에 국회의사당에 도착해 대통령 내외분이 단상에 임석하자 제15대 대통령 취임식이 시작되었다. 개식 선언과 국민의례 후 국무총리의 식사(式辭)가 있었다. 나는 대통령 내외분 의자 뒤편에 약간 떨어져 앉아 있었다. 그때 문득 '일생을 야당 정치인으로만 살아온 대통령이 이처럼 공식적인 대규모 행사에 주빈으로 참석한 경험이 없을 텐데, 그렇다면 이런 행사에서 자신이 어떻게 행동해야 하는지 전혀 감(感)이 없을 것'이라는 생각이 들었다. 지금 이 자리에 4만 3천여 명의 참석자들이 있고, 전국에 텔레비전과 라디오로 생중계되고 있는 상황에서 대통령이 실수를 하면 곤란할 것 같았다.

그래서 나는 조용히 대통령 내외 의자 뒤로 가서 몸을 낮추고 앉았다. 물론 의자 뒤에 앉아 있는 귀빈들은 그런 내 모습을 볼 수 있었지만, 마침 의자가 커서 단하에 있는 사람들에게는 내가 보이지 않았고 카메라에도 잡히지 않았다. 나는 의자 뒤에서 조용히 행사 진행 순서와 함께 대통령께서 어떻게 행동해야 하는지 설명했다.

그렇게 계속 몸을 웅크리고 앉아 있으려니 다리가 저리고 아팠지만, 취임식이 끝날 때까지 그런 자세로 하나씩 일일이 대통령께 설명을 드렸다. 그렇게 50여 분이 지나 취임식이 끝나고 일어서려는데 다리가 저려 바로 일어서기가 힘들었다. 하지만 상황이 상황인 만큼 지체할 수가 없어 바로 일어나 대통령 내외분을 모시고 다음 행사들을 진행한 다음 청와대로 돌아왔다.

    취임식 장에서의 내 행동에 관해 여러 사람이 물어보았지만 나는 자세한 이야기를 하지 않았다. 그날 식장 단하에 앉아 있던 사람들은 단상에서 무슨 일이 있었는지를 전혀 알 수 없었고, 단상에 앉아 있던 많은 귀빈은 왜 내가 의자 뒤에 웅크리고 있을까 궁금했을 것이다.

    그날 내가 한 놀라운 행동은 아무리 생각해도 내가 한 것이 아니었다. 나는 집으로 돌아와 하나님께 깊은 감사의 기도를 드렸다(《증언》 46-49쪽 참조).

대통령 면담 신청과 결재는 의전비서실을 통하라

당시 청와대 본관에는 대통령을 지근거리에서 보좌하는 부속실과 의전비서실이 있었다. 의전비서실은 공적인 의전 업무를 관장하고 있는 데 반해 부속실은 대통령의 개인적인 일이나 가족들에 관한 업무를 관장하고 있었다. 대통령에 대한 보고나 면담 신청은 의전비서관실을 통하기도 하지만 어떤 때는 관계 수석비서관실을 통하기도 하고, 때로는 부속실을 통하는 경우도 있었다.

    정권이 출범한 지 얼마 안 된 어느 날, 비서실장이 수석비서관 회의에서 대통령의 지시를 전달했다.

"대통령께서 지시하신 내용입니다. 오늘부터 정부 및 국가 기관 장들의 대통령에 대한 보고나 외부 인사들의 대통령 면담 요청은 반드시 의전비서실을 통해서 해야 합니다. 따라서 대통령께서 사적으로 부속실에 특별히 지시하지 않는 한, 관계 수석실에서 대통령에 대한 보고나 면담 요청을 부속실로 하면 안 됩니다. 또한 수석비서관들 자신이 대통령께 보고를 할 때도 반드시 의전비서실을 통해 시간을 받아야 합니다.

또 대통령의 서명이 필요한 모든 문서는 수석비서관들이 대통령께 대면 보고를 하면서 결재를 받지 않는 한, 전부 의전비서실에 보내 의전비서관으로 하여금 결재를 받도록 하십시오."

이후 내가 의전비서관으로 근무하는 기간에는 대통령을 공개적으로 만나는 모든 면담 신청과 문서 결재는 반드시 의전비서실을 통해 이루어졌다. 그러다 보니 대통령께 의전에 관련된 업무 때문에 보고를 하러 들어가는 시간도 많았지만, 각 부처는 물론이고 청와대 내 각 수석비서관실에서 올리는 문서를 보고하고 재가를 받는 시간도 많았다.

대통령이 외부 인사들과의 공식적인 면담 문제를 의전비서실을 통해서만 처리하도록 한 것은, 내가 감당하기에 너무나 막중한 책임이었다. 나는 항상 공정한 입장에서 임무를 수행하기 위해 의전비서관으로 있는 2년 6개월 동안 어떤 권력자나 사회적인 지도급 인사들과 외부에서 만나지 않았으며, 행사가 없을 때는 대부분 혼자 사무실에서 식사를 하곤 했다(《증언》 75-77쪽 참조).

너무 바빠서 기도합니다

청와대는 세상의 권력이 집중된 곳이기 때문에 항상 위험이 따랐다. 때문에 늘 긴장을 하지 않으면 안 되었다. 나는 대통령은 물론 대통령을 오래 모신 측근들도 전혀 알지 못하는 사이였기에 청와대에는 나를 도와줄 사람도 내가 의지할 사람도 없었다. 내가 의지할 분은 오직 하나님 한 분뿐이었다. 그래서 시간만 나면 어디서건 잠깐이라도 기도하려고 애를 썼다.

청와대 근무를 시작한 지 얼마 후부터 새벽 기도회에도 나가기 시작했다. 그런데 기도하는 시간이 너무 짧았다. 6시 50분에는 교회를 출발해야 하는데, 6시부터 찬양하고 설교를 듣고 나면 정작 기도하는 시간은 15분이나 20분밖에 되지 않았다. 나는 사무실로 가는 동안 자동차 안에서도 기도했다. 특히 그날 중요한 업무와 만나는 사람 등 구체적인 제목을 가지고 기도했다.

신상에 문제가 생기면 어쩌려고 그러십니까?

5월 어느 날 미국의 어느 주립대학에서 한국의 명문 사립대학을 통해 동 대학 내에 김대중 평화센터를 건립하고자 하니 청와대가 이에 동의해 달라는 연락이 왔다. 청와대에서는 내부 협의를 가진 다음, 먼저 미국 대학이 소재하는 지역에 있는 우리 총영사를 통해 미국 대학의 제의 배경과 실현성 여부에 관한 상황을 알아보기로 했다.

총영사관에 알아본 결과, 미국 대학의 제의는 아주 초보적인 것으로 이 일이 구체적으로 진행되기 위해서는 상당한 시간이 필요하다는 의견이었다. 나는 현지 공관 의견에 기초하여 현 단계에서 이 일을 추진하는 것은 어려우므로 먼저 현재 당면한 외환위기를 극복한 다음 적절한 시기에 검토하는 것이 좋겠다는 의견을 제출했다.

얼마 후 과거 김 대통령을 지근거리에서 모셨던 어느 인사가 청와대로 나를 찾아왔다. 그 인사는 미국 주립대학과 우리 한국 대학 측의 입장을 설명하면서, 양측이 이미 합의를 했기 때문에 이제는 김대중 평화센터 건립 문제를 구체적으로 진행시켜야 하므로 청와대 측에서 구두로라도 동의한다는 내용을 빨리 미국 대학 측에 통보해야 한다고 강조했다. 그러면서 지금 청와대 내에서 김 비서관이 이 문제에 대해 반대를 한다고 하여 자신이 찾아온 것이라고 설명했다. 그래서 내가 말했다.

"미국 대학에 김대중 평화센터를 건립하는 자체는 좋다고 생각합니다. 그러나 지금은 외환위기로 나라가 아주 어려운 상황입니다. 이런 상황에서는 대통령이나 모든 사람이 위기를 극복하기 위한 일을 해야지 평화센터 건립을 이야기할 때가 아니라고 봅니다. 그런 것은 나중에 대통령께서 국가적인 위기를 다 극복한 다음에 천천히 상황을 보아 가면서 추진해도 늦지 않다고 생각합니다."

그 인사가 나를 보더니 말했다.

"김 비서관은 대통령님을 얼마나 모셨습니까?"

"이제 두 달 조금 넘었습니다."

"나는 대통령님을 옆에서 오랫동안 모신 사람입니다. 그래서 나는 대통령님의 뜻을 다른 누구보다도 잘 압니다. 만일 이 문제를 잘못 다루어 앞으로 김 비서관 신상에 문제가 생기면 어쩌려고 그러십니까?"

내가 대답했다.

"제 신상에 문제가 생기다니요? 저는 이곳에 출세하러 온 사람이 아닙니다. 저는 이 자리에 있다가 승진을 빨리 하거나 정치를 하고 싶은 생각이 추호도 없습니다. 저는 원래 청와대에 오고 싶지 않다고 했습니다. 그러나 이렇게 온 이상 열심히 일은 하겠지만, 오늘이라도 청와대에서 나가라고 하면 기꺼이 외무부로 돌아갈 생각을 하고 있습니다."

그 인사는 내가 너무 당돌하게 말하자 나를 가만히 쳐다보다가 돌아갔다. 나는 비서실장에게 가서 조금 전 있었던 이야기를 설명하고, 현재와 같은 국난의 상황에서 김대중 평화센터를 건립하는 것은 적절치 못하며, 앞으로 국난을 극복하고 난 다음에 필요하다면 얼마든지 그와 같은 사업을 추진할 수 있을 것이라는 의견을 제시했다.

며칠 후 나는 대통령에게 다른 보고를 마치고 난 뒤, 그 문제에 관한 조사 결과와 내 의견을 솔직하게 보고했다. 대통령께서 나에게 말했다.

"나는 김 비서관의 말이 옳다고 생각해요. 그 사람들 성의는 고맙지만 지금은 그런 이야기를 꺼낼 때가 아니에요."

나는 대통령이 고마웠다. 그리고 나를 보호해 주시는 하나님께 감사했다(《증언》 189-191쪽 참조).

다시는 김 비서관을 험담하지 않을 겁니다

어느 날 대통령에게 보고를 하러 부속실로 갔더니 대통령과 아주 가까운 인사가 보고를 하고 있었다. 마침 부속실장과 비서가 잠깐 자리를 비워서 나는 보고가 끝나기를 기다리면서 창밖을 내다보고 있었다. 이윽고 문이 열리고 그 인사가 나오더니 나에게로 다가오는 것이었다. 그래서 내가 그 인사에게 "보고가 다 끝나셨습니까?"라고 물었더니, 그는 끝났다고 하면서 이렇게 말했다.

"비서관님, 지금 내가 대통령께 무엇을 보고했는지 아십니까?"

"모르겠는데요."

"내가 대통령께 비서관님 험담을 했습니다."

"아, 그러세요?"

"사실 내가 얼마 전에도 대통령께 비서관님 험담을 했습니다. 그러다가 오늘은 준비를 많이 하고 들어가서 한참 험담을 했습니다. 그리고 오늘 내 일생 처음으로 대통령으로부터 엄청난 꾸지람을 들었습니다. 비서관님, 내가 오늘 약속을 하나 하겠습니다. 앞으로 내가 다시는 비서관님에 대한 비방을 하지 않겠습니다."

그 말을 마치고 그 인사는 돌아갔다. 참 기가 막혔다. 대통령의 측근 인사가 대통령께 조용히 내 험담을 했으면 했지, 굳이 나에게 자신이 대통령에게 내 험담을 했고 그 일로 인해 대통령으로부터 야단을 맞았으며, 앞으로 다시는 험담을 하지 않겠다고 약속을 하는 상황이 잘 이해되지 않았다. 그날 저녁 집에 돌아가 기도를 하다가 나는 그것이 하나님께서 하신 것임을 깨달았다.

그 인사가 대통령으로부터 심한 질책을 받고 방을 나왔을 때 그는 내가 혼자 서 있는 것을 보고 무심결에 그런 말을 해 버린 것이 틀림없었다. 어쩌면 그 인사는 나중에 그 이야기를 나에게 한 자신의 행동을 후회했을지도 모른다. 그러나 이미 엎질러진 물이었고 그 말을 다시 담을 수도 없는 일이었을 것이다. 그때 그 인사가 그런 행동을 한 것은 하나님께서 시키신 일이 틀림없었다.

한참이 지난 후 무슨 일 때문에 그 인사가 나에게 화를 냈다. 그래서 내가 말했다.

"아니, 전에 저에게 다시는 험한 말을 하지 않겠다고 약속한 것을 잊으셨나요?"

그러자 그 인사가 말했다.

"아, 그렇지요. 알겠습니다. 그 이야기는 그만두시지요."

나는 그날도 집에 돌아와 나를 보호하시는 하나님께 깊은 감사 기도를 올렸다.

미국 국빈방문

우리나라에서 누가 대통령이 되든지 대통령으로 취임한 후 가장 먼저 방문하는 나라는 우리에게 가장 중요한 나라인 미국이다. 김 대통령의 미국 국빈방문이 6월 6일부터 14일까지로 결정된 다음, 청와대 의전비서실은 외교통상부 의전실과 긴밀한 협의 하에 세부적인 의전 준비를 시작했다.

6월 6일 서울을 출발한 대통령 내외는 뉴욕을 거쳐 6월 8일 오후 늦게 워싱턴에 도착했다. 그리고 6월 9일 아침 백악관에서 공식 환영식을 한 다음 정상회담을 했고, 저녁에는 만찬이 열렸다. 만찬이 끝나 영빈관으로 돌아오니 이미 11시가 넘었다. 그러나 대통령은 그때부터 12시가 넘도록 다음 날 예정된 의회 연설을 연습했다.

대통령은 자투리 시간도 낭비하지 않았다

다음 날 오전 10시 미 국회의사당에서 상·하 양원 합동회의 연설이 시작되었다. 연설을 하기 위해 김 대통령이 입장할 때 미국 의원들은 약 5분 이상의 기립 박수를 했으며, 연설 중 18번 이상의 박수를 보냈다.

대통령은 미국 방문을 준비하면서 대부분의 연설문을 영어로 준비할 것을 지시했다. 그러면서 자신의 영어가 부족한 점이 많지만, 미국 지도자들과 미국 국민을 설득하기 위해서는 영어 연설이 조금이라도 더 나을 것이라는 설명도 했다. 대통령은 특히 의회 연설을 위해 혼신의 힘을 다해 준비했다. 연설문은 수없이 수정을 거듭하다가 전

날 밤에야 간신히 완성되었다.

한편 대통령은 의회 연설문을 영어 발음이 좋은 사람에게 낭독하게 하고 그것을 테이프로 만들어 시간이 나는 대로 들었다. 한번은 다른 지역으로 가기 위해 자동차를 타려다가 대통령이 그 테이프를 달라고 하는 것이었다. 대통령이 여비서가 갖다 준 이어폰을 귀에 꽂고 난 다음에야 모터케이드가 출발했다. 대통령은 그 정도로 조그만 자투리 시간도 낭비하지 않았다(《증언》 107쪽 참조).

대통령은 워싱턴 방문이 끝난 다음, 샌프란시스코와 로스앤젤레스를 거쳐 귀국했다. 미국 방문 기간 중 15번의 연설과 70여 개의 행사를 통해 앞으로의 한미 관계를 지금까지의 단순한 안보나 통상 차원이 아닌, 한 차원 높은 철학과 원칙을 같이하는, 즉 아시아에서 민주주의와 시장경제를 병행 추진해 나가는 국가로서의 동반자 관계로 격상시키고, 미국과 물샐틈없는 확고한 안보태세를 유지함으로써 북한의 대외개방을 유도하며, 한국 경제의 회생을 위한 미국의 적극적인 협력을 확보한다는 당초 목표가 충분히 달성되었다.

아니면 아니라고, 안 되는 것은 안 된다고 말하라

7월 초 어느 날이었다. 대통령께 보고를 드리고 나오려는데, 대통령이 나에게 어느 외국 인사를 초청해 식사하고 싶으니 준비하라고 지시했다. 내가 그 인사를 보니 외교부 차관이 만나도 될 만한 사람이라 대통령이 만나 식사를 하기에는 적절하지 않았지만 일단 "알겠습니다."라고 대답을 하고 밖으로 나왔다. 그리고 대통령이 그 인사와 별도로 만났을 경우 생길 수 있는 여러 가지 문제점을 정리해서 대통령 집무실에 다시 들어가 "만나시지 않는 것이 좋겠다"고 건의를 했다. 대통령은 비서관이 그렇게까지 이야기하니 알겠다고 하면서도 기분은 좋지 않아 보였다.

며칠 후 보고를 드리고 나오려는데 대통령이 다시 그 문제를 꺼내면서 아무래도 한 번은 만나야 할 것 같으니 준비를 하라고 지시했다. 그래서 내가 이렇게 말했다.

"대통령님, 그 인사를 그렇게 따로 만나신 것을 나중에라도 사람들이 알게 되면 틀림없이 말이 많을 겁니다. 그러니까 아무래도 만나시지 않는 것이 좋겠습니다. 마음에 정 부담이 되시면, 제가 외교통상부장관에게 연락해서 대통령님을 대신해서 식사를 대접하고 대통령님 뜻을 전하도록 하겠습니다."

대통령은 또 기분이 별로 좋지 않은 얼굴로 알겠다고 했다.

며칠 후 임동원 외교안보수석비서관이 나에게 전화를 했다.

"조금 전 대통령께 들어가 보고를 하는데, 대통령께서 '어느 외국 인사와 식사를 하고 싶은데 김하중 비서관이 계속 반대를 해서 못하고 있다'고 하면서, '김 비서관이 말하는 것이 맞느냐'고 하셨습니다. 그래서 '김 비서관이 주장하는 것이 맞습니다만, 제가 이야기를 한번 해 보겠습니다.' 하고 나왔습니다. 대통령께서 그렇게까지 말씀하시니 시간을 잡아 드리지요."

나는 그 말을 듣고 대통령께 너무 죄송했다. 젊은 비서관이 말을 안 들어 대통령이 다른 수석비서관한테 말씀을 하셨다니 몸 둘 바를 몰랐다. 나는 대통령께 들어가 다른 보고를 마친 다음 말했다.

"대통령님, 조금 전에 임동원 수석으로부터 전화를 받았습니다. 대통령님께서 그 외국 인사와의 식사 문제를 말씀하셨다는 이야기를 들었습니다. 대통령님, 죄송합니다. 제가 대통령님의 뜻을 잘 헤아리지도 못하고 이런 짓을 저질러 너무 죄송합니다. 지시하신 문제를 곧 조치토록 하겠습니다." 그때 대통령이 말했다.

"김 비서관은 아주 훌륭한 사람이에요. 지금 누가 나한테 와서 내가 지시한 것을 몇 번이나 반대하겠어요? 나는 김 비서관이 나한테 그렇게 해 줘서 너무 고마워요. 그래서 내가 얼마 전에 우리 집사람 보고 '우리 이번에 정말 비서관 잘 뽑았다'고 했어요. 내가 부탁을 하겠는데, 앞으로도 무슨 일이 있으면 꼭 그렇게 해 줘요. 아니면 아니라고, 안 되는 것은 안 되는 것이라고. 그래야 내가 알 거 아니에요. 내가 하고 싶은 대로 하더라도 무엇이 잘못됐는지를 알고 하는 게 중요하니까, 말하기 어렵더라도 꼭 이야기해 주기 바라요."

나는 대통령이 너무 고마웠다. 그리고 대통령의 마음을 감동시켜 주신 하나님께 감사했다. 그리고 그 후부터 나는 대통령이 지시한 대로 "아니면 아니라고, 안 되는 것은 안 된다"고 말씀드렸다(《증언》 112-114쪽 참조).

일본 국빈방문

대통령의 두 번째 국빈방문 대상국

은 일본이었다. 내가 아시아태평양국장을 담당했을 때, 가장 힘들고 골치 아픈 문제가 바로 대일본 관계였다. 일본의 과거사 문제, 위안부 문제, 독도 문제 등으로 인해 한일 관계는 하루도 바람 잘 날이 없었다. 특히 김영삼 대통령의 "버르장머리를 고쳐 주겠다"는 발언으로 뒤틀어진 양국 관계는 결국 1998년 2월 김영삼 정부가 끝나기 직전에 일본이 어업협정을 파기함으로써 최악의 상황이 되었다. 대통령은 어떻게 해서든지 이번 방일을 통해 한일 관계를 회복시켜야 했다.

10월 7일 일본에 도착한 다음, 대통령은 먼저 천황과 함께 영빈관 정원에서 거행된 공식 환영식에 참석한 다음, 저녁에 황궁에서 천황 내외가 주최하는 공식만찬에 참석했다.

일본 총리의 한국에 대한 사죄

8일 오전 영빈관에서 오부치 총리와의 정상회담이 개최되었다. 정상회담이 끝나고 대통령과 오부치 총리는 '21세기 한일 파트너십에 관한 공동선언'에 서명했다. 이 공동선언은 많은 원칙과 구체적인 행동계획을 담고 있었다.

그중 가장 중요한 것은 과거사에 관한 일본 총리의 대한국 사죄였다. 오부치 총리는 "금세기의 한일 양국 관계를 돌아보고 일본이 과거 한때 식민지 지배로 인해 한국 국민에게 다대한 손해와 고통을 안겨 주었다는 역사적 사실을 겸허히 받아들이면서, 이에 대해 통절한 반성과 마음으로부터의 사죄"를 했다. 이는 일본 정부가 '식민 통치에 대한 통절한 반성과 사죄'를 처음으로 외교 문서에, 또 한국을 직접 지칭해서 명기했다는 데 의미가 있었다. 사회당 출신의 무라야마 도미이치도 1995년 반성과 사죄를 표했는데 그때의 담화는 대상이 '아시아의 여러 나라'였다.

그날 오후 대통령은 참의원 본회의장에서 연설을 했다. 일본의 중의원과 참의원 730여 명 중에서 600명이 넘는 의원이 참석했는데, 일본 측은 의회 연설 사상 가장 많은 의원이 참석했다고 설명했다. 대통령이 입장하고 퇴장할 때 일본 의원들은 기립해 박수했으며, 약 25분간에 걸친 연설 중에도 12차례에 걸쳐 큰 박수를 보내 주었다.

대통령의 일본 방문을 통해 그동안 계속 긴장 상태를 유지하던 한일 관계가 발전적인 방향으로 나가는 전기가 마련되었다. 나는 귀국하여 하나님께 감사 기도를 올리면서, 하나님께 일본과 일본인들을 사랑하시고 한일 관계를 축복해 주시도록 간절히 기도했다.

중국 국빈방문

일본 국빈방문을 마치고 돌아오자마자 우리는 바로 중국 국빈방문 준비에 들어갔다. 그리고 11월 11일 오후 김 대통령 내외가 베이징에 도착했다.

12일 아침 대통령은 인민대회당 광장에서 열린 공식 환영식에 참석한 뒤 바로 자리를 옮겨 장쩌민 주석과의 정상회담에 들어갔다. 그리고 양국 관계를 21세기를 향한 협력동반자관계로 설정하고 앞으로 양국 관계를 전면적이며 긴밀한 관계로 발전시켜 나가기로 합의했다.

저녁에 인민대회당(서대청)에서 장쩌민 주석 내외가 주최하는 공식만찬이 열렸다. 만찬은 유쾌하게 진행되었고, 옆에서 군악대가 계속 중국과 한국의 민요를 번갈아 연주하며 흥을 돋우었다. 그리고 중국의 여자 가수가 나와 노래를 하는데 헤드테이블을 보니 장 주석이 가수가 노래를 부를 때 손을 흔들면서 노래를 따라 불렀다. 정상회담도 좋았고 만찬 또한 유쾌했다.

김 대통령은 다음 날 주룽지(朱鎔基) 총리와 만찬을 가졌고, 리펑 전인대 상무위원장, 그리고 후진타오(胡錦濤) 국가부주석과도 별도로 면담을 했다.

김 비서관도 앞으로 주중대사를 해야 합니다

11월 13일 오전 대통령은 숙소에서 중국의 첸치천 부총리를 접견했다. 그 자리에는 중국 측에서 한중 수교 교섭 당시 수석대표였던 쉬둔신 전인대 외사위 부주임, 차석대표였던 장루이제 전 대사, 장팅옌 전 주한대사, 우다웨이 주한대사, 왕이 부장조리 등이 배석했고, 우리 측에서는 홍순영 외통부장관, 권병현 대사, 임동원 외교안보수석, 박지원 공보수석 등이 배석했다.

대통령은 당시 외교부장으로서 수교를 지휘한 첸치천 부총리를 위시한 중국 측 인사들에게 감사를 표하고 수교 이후 지난 6년 동안 비약적으로 발전한 양국 관계를 평가했다. 예정되었던 시간이 다 되어 일어설 시간이 되자, 대통령이 내게 앞으로 나오라고 하더니 첸 부총리에게 이렇게 말했다.

"첸 부총리는 김 비서관을 잘 아시지요? 장팅옌 대사가 수교 교섭을 통해 주한 중국대사가 되었으니, 김 비서관도 앞으로 주중대사를 해야 하겠습니다. 내가 김 비서관을 만난 것은 김 비서관이 공사로서 북경에 근무하고 있을 때였습니다. 당시 김 비서관은 나에게 중국에 대해 여러 가지 도움이 되는 이야기를 많이 해 주었고 실제로 중국 이해에 큰 도움이 되었습니다. 그래서 대통령이 되면서 의전비서관으로 발탁했습니다. 여러분도 잘 아시다시피 의전비서관은 비서실장과 더불어 대통령과 함께 지내는 시간이 가장 많은 사람입니다."

면담이 끝난 다음 중국 측 참석자들이 나에게 축하 인사를 건넸다. 그들은 대통령이 중국의 부총리 앞에서 김 비서관이 앞으로 주중대사를 한다고 했으니 이제 대사로 오는 것은 시간문제로 생각하고 기다리겠다고 말했다.

중국과의 관계에 있어 가장 중요한 것은 최고지도자들과의 친분관계 구축이었다. 이제 양국은 모든 분야에서 전면적인 동반자 관계를 추진해 나갈 수 있는 여건이 조성된 것이었다.

또한 개인적으로는 대통령이 첸치천 부총리를 비롯한 외교부의 고위 간부들에게 내가 앞으로 주중대사가 될 것이라고 말함으로써 더 큰 인정을 받게 되었다(《증언》 150-151쪽 참조).

러시아 국빈방문

한국이 중국 및 러시아와 수교하기 전에는 한국 외교에 있어 가장 중요한 나라는 동맹국인 미국과 일본이었다. 그리고 1990년 10월에 러시아와, 1992년 8월에 중국과 수교한 이후부터는 미국과 일본에 이어 중국과 러시아가 추가되었다. 그래서 우리는 편의상 그들 나라를 "4강"이라 부르고, 그들 국가와의 외교를 "4강 외교"라 불렀다.

'국민의정부'가 출범한 첫 해에 김 대통령은 미국, 일본 그리고 중국을 방문함으로써 3강과의 관계를 새로이 구축했다. 남은 것은 러시아였다.

1999년 5월 27일 대통령 내외는 러시아 국빈방문차 모스크바공항에 도착했다. 대통령 일행은 간단한 공항 환영행사를 마치고 바로 모스크바 크렘린 궁 안에 있는 영빈관에 도착했다.

옐친 대통령과의 정상회담 및 국빈만찬

28일 아침 대통령은 먼저 무명용사 묘에 가서 헌화를 하고 돌아와 크렘린 궁 내 행사장으로 이동했다. 공식 환영식이 시작되었고 기다리던 옐친 대통령이 나타났다. 곧이어 정상회담(단독 및 확대)이 진행되었다. 정상회담이 끝나고 양 정상이 임석한 가운데 협정 서명식을 한 다음 기자회견을 했다.

그날 저녁 공식 환영식이 열렸던 캐서린 홀에서 옐친 대통령이 주최하는 국빈만찬이 거행되었다. 당초 옐친 대통령이 건강 때문에 만찬 참석이 어려울지도 모른다고 생각했지만, 옐친 대통령은 고맙게도 끝까지 자리를 지켰다. 만찬이 끝난 다음, 옐친 대통령이 일어서려는데 건장한 경호원들이 와서 대통령을 부축해서 일으켰다. 옐친 대통령은 약간 비틀비틀하면서 걸었다. 그래서 그런지 경호가 계속 옐친 대통령 옆에 바짝 붙어서 걸었다. 이윽고 작별 인사를 할 때가 왔다. 김 대통령과 작별 인사를 하고 나서, 옐친 대통령은 김 대통령을 꽉 껴안더니 "한국에서 다시 만납시다."라고 말했다. 그러나 그 만남이 사실 마지막 만남이었다.

이번 방문을 통해 지난 1998년 스파이 사건으로 악화된 양국 관계가 정상으로 돌아왔다. 이제 주변 4강의 확고한 지지를 배경으로 하여 본격적으로 대북 정책을 추진할 수 있게 되었다.

서유럽 국가 순방

김 대통령은 2000년 3월 초 유럽 4개국 순방을 위해 첫 번째 방문국인 이탈리아로 갔다. 이탈리아는 19세기 말 양국이 국교를 수립한 이래 116년 만에 이탈리아를 국빈 방문한 김 대통령을 크게 환영했다. 대통령은 로마에 머무는 동안 한국 대통령으로서는 처음으로 교황청을 방문하여 요한바오로 2세를 만났다.

그리고 대통령은 다음 목적지인 프랑스를 거쳐 독일로 갔다.

독일에서의 베를린 선언

독일은 김 대통령에게 고마운 나라였다. 1973년 동경에서 납치를 당했을 때, 1980년 내란 음모사건으로 사형 선고를 받았을 때 독일은 국제적 구명 운동의 거점이었다. 또한 1997년에 외환위기가 일어났을 때도 독일만이 유일하게 한국에서 투자금을 회수해 가지 않았다. 거기에다 독일은 통일을 이룬 경험이 있으므로 우리가 배울 것이 너무나 많은 나라였다.

대통령은 먼저 라우 대통령과 정상회담을 갖고 국빈만찬에 참석했다. 그리고 다음 날 오후에 베를린자유대학에 가서 연설을 통해 이른바 베를린 선언을 발표했다. 베를린 선언의 주요 내용은 한국이 북한의 경제적인 어려움을 극복할 수 있도록 도와줄 준비가 되어 있는데, 이를 위해서는 정부 당국 간 협력이 필요하고, 북한은 이산가족 문제 해결에 적극 응해야 하며, 우리가 이미 제의한 특사 교환 제의를 수락할 것을 촉구하는 것이었다.

대통령은 원고를 수없이 수정했다. 서울을 떠나 유럽 순방에 나선 이후, 대통령은 나에게 수시로 연설문을 주면서 수정한 다음에 달라고 지시했다. 그 때문에 나는 여행 중 늘 잠이 부족했다. 나중에는 연설문을 보기만 해도 지겨울 정도였다. 그래도 대통령은 끊임없이 고쳤다. 그 작업은 베를린자유대학에 도착하기 직전까지 계속되었다. 말 그대로 심혈을 기울인 작업이었다. 이로써 유럽 4개국 순방은 성공적으로 끝났다. 이제 남은 것은 베를린 선언에 대한 북한의 반응이었다.

마침내 남북정상회담이 실현되다

4월 10일 오전 남북한이 동시에 6월 12일부터 14일까지 평양에서 남북한정상회담을 개최하기로 했다고 공식 발표했다. 국민의 90퍼센트가 남북정상회담을 지지했고, 시민단체와 경제단체들도 환영 성명을 발표했다.

의전 관련 준비와 선발대 파견

우리는 바로 남북정상회담 준비에 돌입했다. 회담을 위해서는 통일부장관을 위원장으로 하는 '남북정상회담추진위원회'가 구성되었다. 그런데 회담과 별도로 행사를 준비하는 의전 분야는 남북한 간에 정상회담이 열린 적이 한 번도 없었기 때문에 상당히 민감한 부분이었다. 특히 북한은 예측이 곤란한 측면이 많기에 우리가 전혀 예상하지 않았던 돌발적인 상황이 생겼을 때 어떻게 수습할지가 매우 중요했다. 그래서 청와대 의전비서관이 책임을 지고 외교통상부 의전장 등과 협의해서 실무적인 준비를 하기로 결정되었다.

의전은 선발대가 실제로 현장에 가서 미리 상황을 확인하고 점검하는 것이 필요했다. 선발대장은 과거 동서독의 경우에도 양국의 의전장들이 맡았음을 고려하여 외교통상부 의전장이 선발대장을 맡기로 했다. 5월 31일 오전에 남북정상회담 사전 준비를 위한 선발대 30명이 평양으로 출발했다.

하루 늦게 평양으로 가다

서울 출발 이틀 전인 6월 10일 북측이 별안간 정상회담을 하루 연기할 것을 요청해 왔다. 사실 이런 일은 일반적으로는 일어날 수 없는 일이었지만, 북한 측의 의사를 존중해서 그들의 요청을 받아들이기로 함에 따라 서울 출발이 13일로 연기되었다.

　6월 13일 아침 9시 15분 대통령 전용기는 서울공항을 이륙했다. 드디어 평양으로 가는 것이었다. 전용기는 1시간 10분을 날아 10시 25분에 평양 순안비행장에 도착했다. 비행기에 트랩을 대자 북한 국방위원장실의 외사국장이 비행기에 올라와 대통령께 인사를 드리고 난 다음 내려갔다. 창문으로 내려다보니 김정일 위원장은 자신이 고안했다는 점퍼 차림으로 서 있었다.

　대통령이 밖으로 나가 트랩 위에 서더니 오른쪽으로 고개를 돌려 북한 땅을 잠시 응시했다. 그리고 천천히 내려가 트랩 밑에서 기다리고 있던 김 위원장과 두 손을 마주 잡고 인사를 했다. 플래시가 터지고 카메라가 돌아갔다. 김 위원장은 뒤이어 내려온 여사님과도 악수를 했다.

　대통령은 김정일 위원장과 함께 북한 인민군 명예의장대 사열을 시작했다. 사열이 끝나고 김 위원장이 대통령에게 북한 측 환영 인사들을 소개했다. 다음은 김 위원장이 우리 측 공식수행원들과 악수를 하면서 인사를 교환했다. 그리고 의장대 분열이 시작되었다.

　분열이 끝나고 대통령과 김 위원장이 카펫 위를 걸어 차량 있는 곳으로 이동을 하는데, 환영 인파가 일제히 꽃술을 흔들면서 함성을 질렀다. 대통령이 먼저 차를 타고 나니 김 위원장은 차를 뒤로 돌아 왼쪽으로 가 대통령이 탄 차에 동승을 하는 것이었다.

　순안비행장에 도착한 지 20분이 지난 10시 50분에 모터케이드가 출발했다. 자동차는 시속 약 20킬로미터의 속도로 달렸다. 연못동, 천

리마 거리, 조선혁명박물관, 만수대 언덕, 개선문, 김일성 종합대학, 금수산 기념궁전을 지나가는 10여 킬로미터의 연도에 평양 시민 수십만 명(북측은 60만 명이라고 설명)이 나와 흔드는 꽃술의 물결이 계속 이어졌다. 시민들은 대부분 여자들로서 치마저고리를 입고 나왔고, 일부 여성들은 흰 블라우스에 검정 치마를 입고 나왔는데, 모두가 빨강색 꽃술을 흔들면서 열광하고 있었다.

백화원 초대소에서 사진을 번갈아 찍다

대통령 모터케이드는 11시 45분에 백화원 초대소에 도착했다. 백화원은 1982년에 건설된 것으로 국가원수급 귀빈(과거 중국의 장쩌민 당 총서기, 카터 전 미국 대통령 등)을 모시는 북한의 최고 영빈관이었다.

현관에서 두 여성이 대통령 내외에게 꽃다발을 증정했다. 그리고 현관 앞에 있는 해금강을 그린 대형 벽화 앞에서 대통령과 김정일 위원장이 사진을 촬영했다. 사진 촬영이 끝나자 김 위원장이 여사님을 보면서 "이리 오셔서 같이 사진을 찍으시지요." 했다. 여사님이 앞으로 나가면서 대통령 오른쪽으로 가려고 했다. 그랬더니 북한의 외사국장이 여사님에게 "이리로 오시지요." 하며 김 위원장의 왼쪽으로 모셔 가서 세우는 것이었다. 결국 김 위원장을 가운데 두고 두 내외분이 서신 모양이 되었다. 그것은 곤란했다.

사진 촬영이 끝나 다들 자리를 움직이려는데 내가 앞으로 나가 말했다. "대통령님과 위원장님은 잠시 그대로 서 계시고 여사님은 이리로 오시지요. 사진을 다시 찍으셔야 합니다." 하면서 여사님을 대통령 오른쪽으로 모시고 가서 세워 드렸다. 이번은 대통령이 가운데 서고 왼쪽에 김 위원장, 오른쪽에 여사님이 선 사진이 되었다.

그러자 김 위원장이 큰 소리로 말했다.

"상호주의구만. 좋아요. 철저히 상호주의로 합시다."

이 말에 모두가 웃음을 터뜨렸다.

대통령 내외와 사진 촬영을 마치고 나서 김 위원장이 "장관들도 같이 찍읍시다."라고 하여 우리 측 공식수행원들도 함께 사진을 촬영했다.

사실 대통령 내외가 김 위원장과 다시 찍은 사진은 매우 중요한 의미를 가지고 있었다. 왜냐하면 정상회담을 마치고 서울로 돌아와 사진첩을 만들 때 우리는 대통령이 가운데 서고 왼쪽에 김정일 위원장, 오른쪽에 여사님이 선 사진을 수록했다. 그런데 김 위원장을 가운데 두고 대통령 내외가 왼쪽과 오른쪽에 선 사진만 있었다면 사람들이 그 사진을 보고 어떻게 생각할까?

방으로 돌아온 대통령이 나에게 말했다.

"김 비서관, 아까 사진 찍을 때 잘했어요. 그렇지 않았으면 마음이 상당히 불편할 뻔했어요."

옥류관에서 정상회담 일정을 통보받다

북한 외교부에서 나온 의전 책임자와 일정을 협의하는데 이미 우리가 아는 일정만 이야기하고 김 위원장과의 정상회담에 관해서는 아무런 말을 하지 않았다. 내가 김 위원장과의 일정은 어떻게 되느냐고 물었더니 자기는 그런 것은 모른다고 말하는 것이었다.

평양에 도착한 다음 날인 6월 14일 아침이었다. 아침 식사를 하고 북한의 의전 책임자에게 다시 오늘 정확히 몇 시에 김정일 위원장이 오는지 물었지만 그는 또 모른다고만 대답했다. 속에서 화가 치밀어 올랐다.

오전에 대통령은 공식수행원들과 함께 만수대 의사당으로 가서 김영남 상임위원장과 회담을 한 다음, 다시 만경대 인민 학생소년궁전으로 가서 어린이들의 공연을 관람했다.

그리고 대통령 내외와 공식수행원들은 냉면으로 유명한 옥류관으로 갔다. 시간은 벌써 오후 1시가 넘어 있었다. 준비된 방에서 대통령 내외를 모시고 공식수행원들이 막 식사를 시작하려는데 누가 나를 찾았다. 나가 보니 북한 외교부의 의전 책임자가 기다리고 있었다. 그는 나에게 "장군님이 2시에 오시니 빨리 식사를 하고 1시 50분까지 돌아가야 합니다."라고 말했다. 그래서 내가 그에게 말했다.

"우리는 그렇게 못 합니다. 대통령께서 이제 막 식사를 시작하셨고 식사하고 돌아가서서 잠시 쉬셔야 하니 위원장이 오신다면 3시에 오시라고 하세요."

나는 그 말을 하고 식당 안으로 들어와 버렸다. 대통령 내외는 식사를 마치고 백화원 초대소로 돌아갔다. 백화원에 도착하니 벌써 2시 10분이었다.

김정일 위원장과의 정상회담

결국 우리 측 주장대로 오후 3시부터 대통령과 김정일 위원장의 정상회담이 시작되었다. 회담이 진행되는 중에 공보에서 오늘 아침 서울에서 나온 조간신문들을 가져왔다. 나는 북한의 외사국장과 협의하여 대통령과 김 위원장이 테이블 위에 놓아 둔 신문들을 보는 장면을 사진 기자들이 촬영토록 하기로 했다. 5시 15분경 회담이 정회가 되었고, 회담장에서 나온 대통령이 테이블 위에 올려놓은 서울에서 온 신문들을 김정일 위원장에게 보여 주었다. 이때 기자들이 몰려들어 그 장면들을 찍었다.

저녁 6시 10분에 정상회담이 재개되었다. 그리고 40분 만에 대통령과 김 위원장이 밖으로 나왔다. 회담이 끝난 것이었다.

답례만찬에서 생긴 일

대통령과 김 위원장이 만찬장에 입장하자 200명(북측 150명, 우리측 50명)의 참석자들이 일어서서 박수를 쳤다. 만찬의 주최자인 대통령이 먼저 만찬사를 읽었고 김 위원장을 대신하여 김영남 상임위원장이 답사를 했다. 만찬이 시작되자마자 김 위원장은 앞의 1번 테이블에 앉아 있는 여사님을 보고 "이산가족이 되면 안 된다"고 하면서, 여사님을 헤드테이블로 모시고 오라고 하여 자신과 대통령 중간에 앉으시도록 했다.

그러자 우리가 서울에서 준비해 간 궁중요리가 나오기 시작했다. 만찬이 한창 진행되는 중에 임동원 국정원장과 북한의 김용순 비서가 공동선언(안)에 대해 대통령과 김 위원장의 최종 승인을 받았다. 양측이 남북공동선언에 합의한 것이었다. 대통령이 김 위원장의 손을 잡고 연단으로 나와서 말했다.

"여러분 모두 축하해 주십시오. 우리 두 사람이 남북공동선언에 완전히 합의했습니다."

대통령이 김 위원장의 손을 잡아 들어 올렸다. 모두가 일어나 박수를 치는데 박수가 그치지를 않았다. 결정적인 순간이었다.

그런데 그 순간 장내에 카메라 기자가 없었다. 공보수석이 대통령에게 가서 "죄송하지만 중요한 장면이니 다시 한 번 해 주십시오" 하고 말씀을 드렸다. 대통령은 할 수 없이 김 위원장에게 이야기를 했고, 김 위원장은 흔쾌히 "좋은 날인데 배우 한 번 더 하십시다."라고 대답했다. 대통령과 김 위원장은 다시 연단으로 가서 잡은 손을 높이 들었다.

"조금 전에 사진을 못 찍었다고 해서 다시 합니다. 우리가 드디어 공동선언문에 완전 합의했습니다. 여러분 축하해 주십시오."

참석자 모두가 다시 일어서서 박수를 치는데 그 소리가 정말 우레와 같았다. 이미 시계는 밤 10시 30분을 가리키고 있었다. 나는 대통령께 시간이 너무 늦었으니 백화원 초대소로 돌아가서 공동선언에 서명을 하셔야 한다고 말씀드렸다. 대통령은 다시 김 위원장과 동승해서 백화원 초대소로 갔다.

6·15 남북공동선언 서명의 순간

백화원 초대소에 도착해서 나는 대통령 지시에 따라 외사국장과 만나 함께 공동선언문 서명장을 돌아보고 서명 절차를 협의했다. 서명 테이블에는 대통령과 김정일 위원장이 앉되, 각 측에서 한 명의 배석자만 앉기로 하고, 우리 측에서는 임동원 국정원장, 북측에서는 김용순 대남담당 비서가 앉기로 했다. 나머지 우리 측의 공식수행원들은 전부 대통령 의자 뒤에 서 있기로 했다. 그리고 서명을 보조하는 사람은 북측에서 외사국장이, 우리 측에서는 내가 하기로 했다.

밤 11시 30분 드디어 김 대통령과 김정일 위원장이 공동선언문에 서명을 했다. 그리고 서명한 공동선언문을 교환한 다음, 대통령과 위원장은 서로 손을 잡고 두 팔을 번쩍 치켜들었다. 이어서 사진 촬영을 한 다음, 서명을 축하하는 샴페인이 들어왔다.

장성택과 한 테이블에 앉다

다음 날은 서울로 돌아가는 날이었다. 대통령 일행은 김정일 위원장이 주최하는 오찬에 참석했다. 그날 내가 앉은 테이블에는 우리 쪽에서 특별수행원 자격으로 온 주요 기업인들이 앉아 있었다. 무역협회 회장, 현대아산 이사, 삼성 부회장, LG 회장, SK 회장, 남북경협위원장 등이었다. 그리고 북한의 장성택 조직부 부부장과 강석주 외교부 부부장이 자리를 함께했다. 내 왼쪽에 강석주 부부장이 앉았고 건너편에 장성택 부부장이 앉았는데, 장 부부장 왼쪽에 현대 정몽헌 이사(작고)가 앉아 있었다.

우리 측 인사들은 강석주 부부장은 언론에 많이 보도되었기 때문에 금방 알아보았지만 장성택 부부장에 대해서는 정몽헌 이사를 제외하고는 대부분이 알아보지를 못했다. 오찬이 무르익어 가자 건너

편에 있던 장성택 부부장이 포도주 병을 들고 내 자리에 와서 건배를 했다.

장 부부장은 건배를 하고 자기 자리로 돌아갔다. 옆에서 이 광경을 보고 있던 우리 기업인들이 나에게 물었다.

"저 사람이 누구입니까?"

내가 말했다. "아니 장성택 부부장을 모르세요? 김정일 위원장 매제이지요. 북한의 최고 실력자 중의 한 사람입니다."

우리 기업인들이 깜짝 놀랐다. 한 사람씩 일어서더니 장 부부장에게로 가서 인사를 하고 건배를 하는 것이었다. 그러다가 몇몇 기업인들이 자신들도 헤드테이블에 가서 김정일 위원장과 건배를 하고 싶다고 했다. 그러자 장 부부장은 김 위원장에게 미리 상의도 하지 않고 기업인들을 보고 "갑시다." 하고 가는 것이었다. 헤드테이블에 앉아 있던 김 위원장이 장 부부장을 쳐다보니까 장 부부장이 말했다.

"남조선 기업인들이 장군님하고 건배를 하고 싶답니다."

김 위원장이 "그러지." 하고 일어서서 헤드테이블로 온 우리 기업인들에게 포도주를 따라 준 다음에 건배를 했다. 이때 누군가가 "우리의 소원은 통일"을 부르자고 제의했다. 모두 일어나 손을 잡고 합창했다. 대통령과 김 위원장도 손을 잡아 앞뒤로 흔들었다. 나중에 언론에 보도된 사진에 대통령과 김 위원장을 비롯한 헤드테이블에 앉은 인사들은 물론 일부 기업인들의 모습이 보인 것은 그 때문이었다.

PART2 구별된 삶을 시작하다　　217

도착할 때의 악수가 작별할 때는 포옹으로

3시 20분 대통령과 김 위원장이 동승한 자동차가 백화원 초대소를 출발했다. 도로변에는 또 수많은(북측은 20여만 명이라고 설명) 평양 시민들이 나와서 꽃술을 흔들면서 전송을 했다. 도착할 때와 달리 이번에는 모두가 "만세"만을 부르면서 환호를 하는데 그중에는 눈물을 흘리는 시민들도 많이 보였다. 무엇인지 모를 뜨거운 감정이 가슴 속에서 솟구쳐 올랐다.

모터케이드는 4시 5분에 순안비행장에 도착했다. 수많은 인파가 도열해 있었다. 대통령은 김 위원장과 함께 의장대를 사열하고 화동 두 명으로부터 꽃다발을 받은 다음, 기다리고 있던 북한 측 인사들과 작별 인사를 했다. 그리고 이제 마지막 한 사람만 남았다. 김정일 위원장이었다.

나는 서울에서 대통령께 남북정상회담 시 의전에 관해서 북한의 주요 인사와 포옹을 할 경우에는 좌우로 세 번을 하는 것이 관례라는 보고를 했다. 첫날 도착할 때는 처음이라 그랬는지 악수만 나누었던 김 대통령은 작별을 하면서 김정일 위원장과 세 차례 포옹을 했다. 아마 헤어지는 것이 너무 아쉬워서 그랬을 것이다. 그리고 트랩을 올라왔다. 비행기 문이 닫히고 대통령 전용기가 순안비행장을 이륙했다. 밑을 내려다보니 김정일 위원장을 비롯한 조금 전 작별의 악수를 한 인사들이 계속 손을 흔들면서 서 있었다.

나는 남북정상회담이 발표된 그날부터 매일 회담의 성공을 위해 기도했다. 그리고 평양에 가서 백화원 초대소에 머무는 사흘 동안 나는 내 방에서 시간만 나면 기도를 했다. 하나님께서 이 북한 땅을 사랑하시고, 이 북한 땅에서 하루 빨리 하나님의 영광을 드러내시도록 눈물로 기도했다. 그리고 내가 흘리는 눈물이 언젠가 이 땅에서 놀라운 역사를 일으키도록 간절히 기도했다. 서울로 돌아와 퇴근한 후, 나는 다시 이번 회담을 성공토록 해 주신 하나님의 은혜에 감사 기도를 올렸다.

외교안보수석비서관으로 자리를 옮기다

남북정상회담을 마치고 돌아온 이후, 8월 초 개각에 이어 8월 26일에는 일부 수석비서관이 교체되면서 내가 외교안보수석비서관으로 임명되었다. 대통령은 임명을 통보하면서 의전비서관직도 중요한 자리이지만 이제는 외교안보수석으로 자리를 옮겨 계속 나라를 위해 일해 달라고 말했다. 물론 나로서는 더할 수 없는 기쁨이요 영광이었다.

의전비서관으로 꼭 2년 반을 지냈다. '국민의정부' 5년의 반을 의전비서실에서 보냈던 것이다. 그동안 많은 일이 있었다. 우선 대통령 내외를 모시고 국빈방문을 한 나라만 미국, 일본, 중국, 러시아, 이탈리아, 교황청, 프랑스, 독일, 캐나다, 호주, 뉴질랜드, 필리핀, 몽골 등 13개국이었다. 그리고 그 기간 한국을 방문한 25명의 대통령과 총리들을 위한 영접 준비를 했다. 특히 역사적인 남북정상회담에 직접 참여하여 의전에 관련된 모든 문제를 책임지고 일할 수 있었다는 것은 큰 보람이었다.

나는 또 의전비서관으로서 대통령의 공식 일정을 전적으로 책임지고 처리했으며, 대통령에게로 올라오는 수많은 문서의 결재를 받기도 했다. 그로 인한 무거운 책임감 때문에 나는 공적인 자리가 아닌 한 가지 않았고, 어느 누구와도 사사롭게 만나지 않으려고 극력 노력했다. 대통령과 지근거리에서 일하는 사람으로서 내 말과 행동으로 인해 조금이라도 대통령께 누가 되지 않을까 걱정했기 때문이다.

그리고 또 감사했던 것은 의전에 관한 일을 하는 중에도 대통령이 내게 끊임없이 외교에 관한 일을 시켰다는 것이었다. 지난 2년 반 동안의 이런 경험은 나에게 말할 수 없이 귀중한 자산이 되었고, 앞으로 항상 문제를 어떤 시각에서 어떻게 보아야 하는지에 대한 지혜도 얻게 되었다.

지난 2년 반 동안 매일 살얼음판을 걷는 것 같은 곳에서 잘 버텼다. 그러나 앞을 보면 지금까지보다 더 중요하고 더 힘든 많은 일이 기다리고 있었다. 보다 더 큰 각오와 노력과 헌신이 필요했다.

대통령은 의전비서관 후임을 걱정하면서 훌륭한 사람을 뽑아 놓고 가라고 말했다. 나는 외통부장관과 협의해서 자타가 인정하는 훌륭한 외교관이며 가까운 동료인 최정일 조약국장을 후임으로 비서실장과 대통령에게 보고했다. 나는 8월 28일 외교안보수석비서관 임명장을 받고 난 다음 의전비서관 업무를 최 비서관에게 인계했다.

이희호 여사의 사랑과 포용

의전비서관으로 근무하는 동안 나는 가끔 이희호 여사의 행사에 관여할 때가 있었다. 그런데 어떤 때는 이 여사 주위 사람들이 추진하는 행사가 당초 목적과 달리 준비되는 경우가 있었고, 그럴 때는 의전비서관의 입장에서 솔직하게 이견을 제시하곤 했다.

한번은 대통령 측근들과 가까운 장관이 나를 보자고 하더니 "김 비서관이 정직하고 올바르게 일하려고 하는 것은 이해가 되지만 여사님 활동에 관한 일에까지 자꾸 관여를 하려고 해서 주변 사람들이 좋지 않게 생각하니 조심하는 것이 좋겠다"고 충고하는 것이었다. 나는 아무 말도 하지 않고 그 말을 마음에 담고 있었다.

외교안보수석비서관으로 자리를 옮기면서 나는 관저로 이희호 여사를 찾아뵙고 이렇게 말씀드렸다.

"여사님, 제가 의전비서관으로 있는 동안 여사님께서 하시는 일에 몇 번 이견을 제시했던 것은 여사님의 일을 방해하려는 것이 아니라 여사님을 위한 것이었습니다. 저는 비록 대통령님 내외분을 모신 지 얼마 안 되었습니다만, 두 분이 정말로 역사에 훌륭하신 분들로 기록되기를 바라는 마음에서 그랬던 것이니 용서하여 주시기 바랍니다."

그랬더니 이희호 여사가 이렇게 말했다.

"무슨 말씀이십니까? 대통령께서는 항상 김 수석이 일을 잘한다고 칭찬을 하십니다. 사실은 전에 중국을 다녀오시고 난 다음부터 김 수석을 계속 칭찬하셨습니다. 우리는 김 수석이 늘 기도하면서 그렇게 행동하는 것을 잘 알고 있기 때문에, 절대로 그런 생각을 하지 않고 있으니 걱정하지 말기 바랍니다. 이번에 외교안보수석이 된 것을 진심으로 축하합니다."

나는 관저에서 돌아오면서 이희호 여사에게 정말로 감사했다. 그래서 항상 대통령 내외분을 위해 기도했다. 2015년 1월 김대중 대통령에 관한 책 《증언》을 출간하면서 나는 프롤로그 끝에 이렇게 썼다.

"김대중 대통령에게는 이희호 여사라고 하는 아내요, 동반자요, 동역자요, 동지가 계셨다. 이 여사님은 내가 일생을 살아오면서 만난 가장 겸손한 부인이시다. 그분은 진정한 하나님의 사람이요, 사랑의 사람이시다. 지금까지 나에게 너무나 많은 사랑을 베풀어 주셨다. 나는 그것을 생각할 때마다 그저 감사할 따름이다. 여사님께서 오래 건강하게 살아가시기를 기도한다."

북한 주요 인사들의 한국 방문

2000년 추석이 9월 12일인 관계로 9월 11-13일은 연휴였다. 9월 11일 나는 사무실에 출근해서 그동안 밀린 일을 정리하고 있었다. 오후에 임동원 국정원장이 나에게 전화를 하여 지금 당장 신라호텔로 왔으면 좋겠다고 하는 것이었다. 내가 왜 그러냐고 물었더니 임 원장은 김정일 위원장이 남측에 추석 선물로 보내는 송이버섯을 북한의 인민무력부 정치총국 부국장인 박재경 대장이 가져왔는데, 꼭 김하중 외교안보수석비서관에게 전달해야 한다고 하니 빨리 와 달라고 했다. 나는 신라호텔로 갔다.

김정일 위원장이 보내는 송이버섯을 전달받다

신라호텔에 가 보니 북한의 박재경 대장이 수행원들과 기다리고 있었다. 그런데 옆에 김용순 대남담당 비서도 같이 있는 것이었다. 오늘부터 임동원 국정원장과 남북 장관급회담을 하기로 되어 있었기 때문에, 박재경 대장이 칠보산 송이버섯을 가지고 내려오는 비행기 편에 함께 온 것이었다.

박재경 대장은 먼저 김정일 위원장이 송이버섯을 보내는 전달서를 낭독한 다음에 내게 그중 한 상자를 전달하고 사진을 촬영했다. 그 옆에는 송이버섯을 담은 상자들이 쌓여 있었는데, 김대중 대통령을 비롯한 6·15 방북단과 8월에 방북했던 언론사 사장단 전원과 함께 전직 대통령과 3부요인, 그리고 각 정당 지도자들에게 보내는 것으로 10킬로그램 들이 상자 300개였다.

평양방송과 노동신문은 국방위원회 박재경 대장이 서울에서 김하중 외교안보수석에게 김정일 위원장이 보낸 송이버섯을 전달했다고 보도했다.

북한 김용순 대남담당 비서의 방한

그날 저녁 임동원 국정원장이 주최하는 김용순 대남담당 비서를 위한 만찬이 있었다. 그 자리에는 박재규 통일부장관, 박지원 문화관광부장관, 외교안보수석인 필자, 그리고 북측에서는 임동옥 부부장이 참석했다.

임동원 국정원장과 김용순 비서는 3박 4일 동안 서울과 제주도에서 6차례의 회담을 갖고 정상회담 후속조치를 협의한 다음, 7개 항의 합의사항을 남북 공동보도문으로 발표했다.

9월 14일 오전 김용순 비서는 대통령을 예방한 다음, 북한으로 돌아갔다. 김용순 비서가 북한으로 돌아가고 4일 후인 9월 18일 김용순 비서 방한 시 합의에 따라, 임진각 '자유의 다리' 앞에서 경의선 철도 및 도로 연결 기공식이 거행되었다. 그날의 기공식은 반세기 동안 끊어졌던 철도와 육로를 다시 연결하는 민족의 동맥을 잇는 역사적인 행사였다.

북한의 인민무력부장 방한

9월 24일 북한의 김일철 인민무력부장이 12명의 수행원과 함께 판문점을 넘어 한국으로 왔다. 북한군의 최고수뇌부가 군사 분계선을 넘은 것은 한국전쟁 이후 처음 있는 일이었다. 북측 대표단은 우리 군용기를 이용하여 제주도로 이동한 다음, 제1차 남북 국방장관회담을 열고 5개 항의 공동보도문에 합의했는데, 이는 양측의 국방장관들이 6·15 공동선언 이행을 위한 군사적 뒷받침에 합의했다는 점에서 매우 중요한 의미를 갖는 것이었다.

북한의 인민무력부장은 나중에 대통령을 예방한 다음 북한으로 돌아갔다.

제3차 서울 ASEM
정상회의를 치르다

제3차 ASEM 정상회의가 10월 20-21일 서울에서 개최될 예정이었다. 유럽과 아시아의 26개국 정상들이 참석하는 건국 이래 최대 규모의 국제회의였기 때문에, 나는 대통령과 오랫동안 준비를 했다. 내가 필요한 자료를 작성해서 대통령에게 드리면 대통령은 그 자료를 검토한 후 내게 다시 지시를 내렸다. 회의 개막 전 마지막 주말에는 아침부터 대통령과 둘이 앉아 회의 일정과 주요 행사와 개별 정상회담을 하나씩 점검하면서 거기에 필요한 자료들을 검토하고 마지막 지시를 받아 정리를 했다.

10월 20일 아침에 서울 ASEM 정상회의 개막식이 시작되었다. 정상회의에는 한국을 포함해서 22개국 정상이 참석했고, 벨기에와 베트남은 부총리, 필리핀과 그리스는 외무장관이 참석했다. 개막식이 끝나자 정치와 안보에 관한 1차 정상회의, 경제 및 재무에 관한 2차 정상회의, 10월 21일에는 문화를 다루는 제3차 정상회의가 열린 다음, 의장성명을 채택하고 폐회되었다.

정상회의에서는 80여 회에 달하는 양자회담이 열렸고, 그중 3분의 1에 달하는 26회를 김 대통령이 주관했다. 그리고 대통령은 그와 별도로 14번의 개별 정상회담을 했다.

김 대통령은 개막 일주일 전에 노벨평화상 수상자로 선정됨으로써 회의에 참석한 정상들로부터 축하와 아울러 깊은 존경을 받았다. 대통령의 위신이 높아지면 그 나라의 위상도 자연히 높아질 수밖에 없다. 그런 의미에서 서울 ASEM 정상회의는 대한민국의 위상을 한 단계 높인 의미 있는 회의였다.

김대중 대통령의
노벨평화상 수상

10월 13일 오후 6시, 노르웨이 노벨평화위원회에서 김대중 대통령을 2000년도 노벨평화상 수상자로 발표했다. 노벨평화상 100년 역사상 83번째의 수상자이며, 국가원수로는 열 번째 수상자였다.

12월 8일 오전 대통령 내외는 54명의 특별수행원들과 함께 특별기편으로 서울을 출발하여 현지 시간 12월 9일 오후 오슬로공항에 도착했다.

노벨평화상 수상식

수상식이 있는 날, 날씨는 하루 종일 어두웠으며 때때로 비가 내렸다. 오후 1시 대통령이 노벨위원회 부위원장의 안내를 받으며 시청 중앙 홀 시상식장에 들어서자 팡파르가 울렸다. 그러자 옌스 스톨텐베르그 총리를 비롯한 노르웨이 인사들과 각국 대사, 한국에서 온 초청 인사 등 1,100여 명이 모두 일어나 박수를 쳤다. 대통령이 입장하고 바로 하랄드 5세(Harald V) 국왕이 식장에 들어왔다. 기악 연주가 끝나고 노벨위원회 베르게 위원장이 등단하여 선언을 한 다음 경과보고를 하면서 노벨평화상 선정 이유를 밝혔다.

베르게 위원장의 경과보고가 끝나고 대통령에게 메달과 노벨 증서가 수여되었다. 그리고 대통령의 수상 연설이 시작됐다. 대통령이 연설을 마치자 청중이 모두 일어나 박수를 쳤다. 청중은 대통령 연설에 다섯 차례나 박수를 쳤다. 특히 대통령이 자신의 고난의 삶을 이야기할 때는 박수 소리가 더욱 크고 더욱 길었다. 수상식은 말 그대로 경건하고 격조 높게 진행되었다.

조금 후 대통령 내외는 왕궁으로 가서 하랄드 5세 국왕 내외가 주최하는 오찬에 참석했는데 이전 수상자들에게는 한 번도 없었던 일이라고 했다.

오슬로 시민들의 횃불 행진

오슬로는 오후 3시가 넘으면 해가 졌다. 그리고 너무 추웠다. 그런데 그 추위를 뚫고 오슬로 시민들과 일부 교민들이 횃불을 들고 행진을 했다. 시민들이 받쳐 든 횃불이 오슬로 시가지를 수놓았다. 횃불 행진은 대통령의 숙소인 호텔 앞에서 멈췄다. 환호성과 꽹과리 소리가 들려왔다. 김 대통령 내외가 발코니에 나가 시민들에게 손을 흔들었다. 그러자 수많은 횃불이 흔들리면서 환호가 터져 나왔다. 한국의 대통령이 와서 노벨평화상을 받았다고 이 추운 겨울에 횃불을 들고 축하해 주는 노르웨이 사람들의 순박하고 아름다운 마음이 감사했다.

노벨평화상 수상 축하 음악회

다음 날인 11일 저녁에 김 대통령의 노벨평화상 수상을 기념하는 마지막 행사인 축하 음악회가 노르웨이 최대 공연장인 오슬로 스펙트럼에서 열렸다. 5,500석의 공연장에는 사람들이 꽉 들어차 있었고, 대통령 내외가 입장을 하니 전부 기립 박수를 치기 시작했다. 드디어 음악회가 시작됐다. 중간 중간에 클린턴 대통령, 푸틴 대통령 등의 수상 축하 영상 메시지가 방영됐다. 축하 음악회는 감동 그 자체였다. 노르웨이는 물론이고 세계의 수많은 사람이 한국 대통령의 노벨평화상 수상을 진심으로 축하했다.

부시 대통령과의 첫 번째 정상회담

2001년 1월 20일 부시 대통령이 취임한 이후 한미 양국은 3월 7일 아시아 국가로서는 최초로 워싱턴에서 정상회담을 갖기로 합의했다. 3월 7일로 예정되어 있는 한미 정상회담이 다가옴에 따라, 한미 양측은 정상회담 공동발표문에 대한 교섭을 시작했다. 미국의 협상은 전부 백악관의 지시를 받고 움직이고 있었다. 그렇다면 그것은 외교당국 차원에서 실무적으로 해결할 수 있는 문제가 아니었다. 대통령은 나에게 이 문제를 직접 라이스 안보보좌관과 만나 교섭해서 우리 입장을 관철하라고 지시했다. 마침 워싱턴에 도착하면 바로 백악관으로 가서 라이스 안보보좌관을 만나도록 되어 있었기 때문에, 나는 그 기회를 이용해 이 문제를 타결하기로 마음먹었다.

라이스 안보보좌관과의 사전 협의

워싱턴에 도착한 다음, 나는 외교비서관과 함께 백악관으로 갔다. 시간은 저녁 6시 30분이라 벌써 어두웠다. 그 자리에는 미국 측에서 해들리 안보부보좌관(후에 안보보좌관이 됨)과 패터슨 보좌관이, 우리 측에서는 심윤조 비서관이 배석했다. 먼저 나는 최근 한러 공동성명에서 ABM(탄도탄요격미사일제한조약) 조항이 포함됨으로써 야기된 혼란을 유감스럽게 생각하며, 이번 해프닝은 실무진의 단순한 간과였다고 설명했다. 이에 대해 라이스 보좌관은 그와 같은 상황은 있을 수 있는 일로 이해하며, 이번 한국 측의 조속한 수습 노력을 평가하고 특히 공동언론발표문의 합의 내용을 긍정적으로 평가한다고 말했다.

라이스 보좌관은 다음 날 열릴 정상회담에서 부시 대통령이 한국의 대북포용정책에 대한 확고한 지지를 표명하고, 한국의 주도적인 역할을 지지할 것이며, 이산가족 재회 등 인도주의적인 성과를 평가할 예정이라고 말했다. 한편 라이스 보좌관은 김 대통령이 북한에 대해 어떤 인식을 갖고 있느냐고 물었다. 이에 대해 나는 대통령을 모시는 사람으로서 솔직히 말하면, 김 대통령은 대한민국의 일반적인 사람들이 가지고 있는 것과 동일한 인식을 가지고 있지만, 다만 대통령으로서 남북 관계를 발전시켜야 할 책무가 있기 때문에 자신의 생각을 솔직하게 이야기하지 못할 뿐이라고 말했다. 그러자 라이스 보좌관은 얼굴이 환해지면서 무슨 말인지 확실히 알겠다고 말했다.

나는 김대중 대통령이 지난 40년간 수많은 역경을 거치는 도중 미국이 두 번이나 생명을 구해 주었으며, 이에 대해 미국에 항상 감사히 생각하고 있다고 말하고, 이제 2년만 있으면 거의 80세가 되는 김대중 대통령께서 나머지 임기 2년 동안 자신의 뜻을 펼 수 있도록 미국이 최대한 지원해 주는 것이 필요하다고 말했다. 그러면서 현재 김대중 대통령이 필요로 하는 것을 도와줄 수 있는 사람은 부시 대통령밖에 없으며, 또한 부시 대통령에게 가장 큰 영향력을 미칠 수 있는 사람은 라이스 보좌관이므로 라이스 보좌관이 최선을 다해 도와 달라고 요청했다.

그리고 김 대통령은 하나님이 사랑하시는 분이므로 하나님을 믿는 부시 대통령과 라이스 안보보좌관이 김 대통령이 어려울 때 도와주면 하나님께서도 기뻐하실 것이며, 특히 라이스 보좌관에게도 앞으로 일생을 두고 자랑스러운 일이 될 것이라고 말했다. 라이스 안보보좌관은 자신도 하나님을 믿는 사람으로서 김 대통령에 대해 깊은 존경심과 경외심을 갖고 있기 때문에 앞으로 자신이 할 수 있는 최선을 다해 도움이 되도록 노력하겠다고 대답했다.

나는 호텔로 돌아와, 대통령께 미국 측과 합의한 공동언론발표문 최종안과 라이스 안보보좌관과의 면담 결과를 보고했다.

정상회담 결과

다음 날 아침 파월 국무장관이 국무부 간부들과 함께 블레어 하우스로 와서 대통령과 조찬을 같이 하면서, 한미 관계와 미·북 관계 그리고 북한 문제에 관해 광범위한 이야기를 나눈 다음 돌아갔다.

오전 11시 김 대통령은 백악관으로 가서 부시 대통령과 정상회담을 했다. 부시 대통령은 먼저 이렇게 찾아 주신 것에 감사드린다고 말했다. 김 대통령은 부시 대통령께서 취임한 후 빠른 시일 내 만나 뵐 수 있어 감사한다고 하면서, 최근 한러 정상회담 공동성명에 ABM 관련 조항이 뜻하지 않게 포함되어 여러 가지 불편한 점이 야기되어 유감스럽게 생각한다고 말했다. 이에 대해 부시 대통령은 김 대통령 말씀에 감사드리며, 자신이 취임한 후 아시아국 지도자와는 처음으로 한미 정상회담을 갖는다는 것은 미국이 한국과의 관계를 중요시함을 잘 보여 주는 것이라고 말했다. 그리고 ABM 문제에 대해 그렇게 말씀해 주셔서 감사하며, 자유를 위해 투쟁해 오시고 노벨평화상을 수상한 대통령을 만나 영광으로 생각한다고 말했다.

이어 양 정상은 북한과 김정일 위원장에 관해 많은 이야기를 교환했다. 그런데 부시 대통령은 대통령의 비전과 남북 간의 화해 진전 노력을 높이 평가하며 대통령에 대한 지지를 표명한다고 하면서도 계속 김정일 위원장에 대한 의구심을 표명했다.

정상회담이 끝난 후 오벌 오피스 문을 열자 기자들이 방으로 들어와 두 정상에게 질문을 쏟아 냈다. 부시 대통령은 기자들 질문에 자신은 북한 지도자에 대해 어느 정도의 의구심을 가지고 있다고 말했고, 또 "북한이 모든 합의를 준수하고 있는지 확신이 없다"고도 말했다.

한미 정상회담은 공동발표문의 내용으로만 본다면 성공적이고 만족스러운 것이었다. 그것은 정상회담 후 발표된 공동발표문의 주요 내용을 보면 쉽게 알 수 있었다. 공동발표문의 내용은 클린턴 전 대통령 시절과 별다른 차이가 없었다. 다만 부시 대통령은 정상회담에서 김정일 위원장에 대한 의구심을 나타냈고 그것은 공화당 출신의 대통령으로서, 또한 남북 관계의 민감성을 잘 모르는 사람으로서 가질 수 있는 생각이었다. 그런 면에서 김 대통령과 인식 차이가 나는 것은 당연한 일이었다.

　그러나 정상들의 인식에 차이가 있다는 것이 한미 정상회담의 성공을 저해하는 요인은 될 수 없었다. 왜냐하면 부시 대통령은 비록 김정일 위원장에 대한 의구심은 가지고 있었지만 공동발표문에도 나타났듯이 김 대통령과 한국 정부의 입장을 적극 지지해 주었기 때문이다. 문제는 김정일 위원장에 대한 부시 대통령의 인식이 공교롭게도 기자회견장에서 표출되었고, 그것을 미국 언론들이 마치 양국 간에 무슨 일이 있었던 것처럼 보도함으로써 사람들이 회담 결과에 대해 왜곡된 인식을 가지게 되었다는 것이었다.

임동원 통일부장관의 해임

　　　　　　　　　　8월 15일 평양에서 열린 '2001년 민족통일대축전' 행사에 남측 민간대표 300여 명이 참가했다. 그런데 방문 기간 중 정부가 예상했던 대로 개인들에 의한 여러 가지 돌출 행동들이 나타났고, 일부 언론은 이것을 대대적으로 보도하기 시작했다.

9월 3일 이에 대한 책임을 묻기 위해 야당이 제출한 임동원 통일부장관에 대한 해임안이 국회에서 통과됐다. 민주당과 함께 '국민의 정부'를 받치고 있던 자민련이 야당에 동조한 것이었다. 이로써 민주당과 자민련의 공동정부는 끝이 났고, 'DJP' 공조는 붕괴했다.

주중대사로 내정되다

9월 7일 홍순영 주중대사가 통일부장관으로 임명되었다. 그리고 후임 주중대사로 내가 내정되었다. 그날 대통령은 나에게 그동안 청와대에 와서 고생이 많았다고 하면서 이제 홍순영 장관의 후임으로 주중대사로 나가라고 말했다. 그러면서 중국은 우리에게 정치적으로도 중요하지만 경제적으로도 매우 중요한 나라이니, 대사로 근무하면서 우리의 국익을 신장시키고 우리 경제에 활력소를 불어넣도록 최선을 다하라고 강조했다.

대통령은 그러면서 일단 주중대사로 내정해서 정식으로 아그레망도 신청하고 부임 준비를 하되, 9월 중순으로 예정된 대통령의 유엔 특총 참석과 중남미 순방을 마치고 돌아온 다음, 주중대사로 부임하라고 지시했다.

세계를 경악케 한
9·11 테러 사건

9월 11일 저녁 미국에서 9·11 사태 (이슬람 테러 조직이 항공기를 납치해 미국 뉴욕의 110층짜리 세계무역센터 쌍둥이 빌딩과 워싱턴의 국방부 청사를 공격한 동시 다발 자살테러 사건)가 발생했다. 나는 얼른 청와대 상황실 등에 연락해서 상황을 체크한 다음에 밤 11시경 관저에 계신 대통령에게 전화해 현재 상황을 보고했다. 조금 후 대통령이 나에게 전화를 해서 전군과 경찰에 비상경계령을 내리는 동시에 내일 아침에 안전보장회의를 소집하라고 지시했다. 나는 국방부장관과 총리에게 군의 비상경계령 발동에 관한 대통령 지시사항을 전달했다.

나는 상황이 점점 심각해지는 것을 보고 바로 사무실로 갔다. 밤 12시가 조금 넘어 청와대에 도착했는데, 대통령께서 전화를 하여 내일 아침 8시에 안전보장회의를 소집하고, 회의에 대통령께서도 참석하겠다고 말했다. 우리는 밤을 새워 가며 대책을 협의하고, 안전보장회의 자료를 만들었다.

아침 8시부터 대통령 주재 국가안전보장회의가 열렸고, 국가안전보장회의가 끝난 다음 대통령은 비상 국무회의를 주재하고, 대국민 담화를 발표했다.

주중대사가 되어
청와대를 떠나다

9·11 사태 발생 이후 상황은 급박하게 돌아갔고 매일매일이 바빴다. 그중에서도 우선 대통령의 유엔 특총과 중남미 순방 문제를 빨리 정리해야 했다. 미 국무부는 9·11 사태 이후 그해의 유엔 총회에 외국 국가원수들의 유엔 방문을 자제해 줄 것을 요청했다. 나는 대통령에게 미국 정부의 상황을 보고하면서 아무래도 금년에 유엔에 가시는 것은 어려울 것 같다고 보고했다. 대통령은 지금은 비상 상황이니 그렇게 하자고 하면서 다만 중남미 순방 대상국의 주한대사들을 불러 상황을 잘 설명하라고 지시했다. 외통부에서는 즉각 방문 대상국인 중남미의 주한대사들을 불러 사정을 설명했다.

그 당시 9·11에 관련된 많은 회의가 있었고, 거기에 남북 장관급 회담까지 열리는 바람에 대사 부임 준비는 전혀 못하고 있었다. 9월 25일 국무회의에서 주중대사 임명 제청 건이 통과되었다. 그리고 중국 외교부에서 내가 언제 부임할 것인지 문의하는 연락이 왔다. 나는 할 수 없이 대통령에게 이제는 주중대사로 나가야 할 것 같다고 보고하고 허락을 받았다.

10월 4일 아침 나는 정식으로 주중대사 발령을 받고, 그날 오후에 후임에게 업무를 인계했다. 10월 5일 아침 대통령으로부터 주중대사 임명장을 받은 사흘 후인 10월 8일 아침 베이징으로 떠났다. 3년 8개월 동안 청와대에서 일에 파묻혀 지내다 보니 아무에게도 연락이나 인사를 제대로 하지 못해 미안한 마음이 가득했다. 그리고 지나온 시간이 주마등처럼 스쳐 갔다.

하나님이 준비하신
믿음의 훈련장

1998년 2월 25일 대통령 취임식 날 청와대 근무를 시작하면서 나는 대통령을 위한 중보기도를 시작했다. 매일 새벽기도회에 가서 대통령을 위해 기도하고, 사무실에 출근하여 행사를 앞두고, 행사 중에, 대통령 방에 들어가 주요한 보고를 할 때마다 기도했으며, 퇴근해 집에 돌아와서 또 기도했다. 나는 대통령을 위한 강력한 중보기도자였다.

이처럼 대통령을 위해 끊임없이 기도하니 하나님께서 기도를 들으시고, 많은 놀라운 경험을 하게 하셨다. 대통령을 위해 열심히 기도하다 보니 대통령이 무엇을 원하는지를 거의 알 수 있었고, 언제 어디서 어떠한 질문을 하더라도 대답할 수 있었으며, 무엇을 필요로 할 때 즉시 대처할 수 있었다.

세상의 권력이 집중된 곳에서, 그리고 보이지 않는 영적 전투가 끊임없이 벌어지는 곳에서 하나님은 나를 눈동자처럼 지키시고 보호하셨다. 하나님의 보호하심이 있었기 때문에 대통령에게 계속 "아닌 것은 아니고 안 되는 것은 안 된다"고 말하면서도 사랑과 신임을 받고 지낼 수 있었다.

프랑스의 파리든지 미국의 뉴욕이든지 대통령이 나를 찾을 것 같으면 새벽에 곤히 자는 나를 깨우시는 성령님으로 인해 항상 미리 준비하고 기다렸기 때문에, 누가 대통령에게 아무리 나에 관한 험담을 해도 대통령이 그 말을 들을 리가 없었다. 그러니까 대통령에게 몰래 나를 비방하던 사람이 나에게 찾아와 다시는 험담을 하지 않겠다고 약속하는 놀라운 일이 벌어진 것이었다.

그런데 청와대 근무를 통해 나는 대통령이 한 나라의 최고 권력자임에도 불구하고 할 수 없는 것이 너무 많다는 것을 알게 되었다. 국민 여론이 있고, 야당이 있고, 언론이 있고, 시민단체가 있으니 생각대로 할 수 없었다. 그런 모습을 보면서 나는 생각했다. 만일 이 나라 최고 권력자인 대통령도 할 수 없는 것이 저렇게 많다면 내가 세상에서 의지할 것은 아무것도 없었다. 하나님이 도와주시지 않으면 이 세상에서 내가 할 수 있는 것은 없었다. 나는 마음속으로 하나님만 믿겠다고 굳게 다짐했다. 그리고 세상과 하나님께 각각 걸치고 있던 두 발을 모두 하나님 쪽으로 옮기기로 했다. 무슨 일을 하든지 사람을 바라보고 사람에게 의지하기보다 하나님께 모든 것을 맡기기로 했다. 이렇게 청와대 근무를 계기로 나의 믿음이 서서히 깊어지게 되었다.

특히, 나는 김 대통령이 도쿄에서 납치되어 일본 바다에서 수장될 뻔하다 구출이 되고, 군사 독재정권에 의해 사형언도를 받았다가 미국으로 추방되는 등 다섯 번이나 죽을 고비를 넘겼고, 6년간 감옥살이를 했으며, 40년을 연금과 망명과 감시 속에서 살면서 세상 사람들로부터 온갖 비방과 모욕을 당하는 고난 속에서도 오직 예수만을 붙잡고 하나님의 공의(公義)에 의지하는 확고한 믿음을 보고 큰 충격을 받았다.

　그러면서 외무고시에 합격하여 관료가 되고 편안하고 순탄하게 살아오면서 그저 세상을 바라보고 사람을 의지하려 했던 내 모습이 너무나 부끄러웠다. 그래서 나는 대통령처럼은 불가능하지만 그래도 그분을 닮은 믿음의 삶을 살아가기로 작정했다. 그리고 이제부터라도 하나님 나라와 그 의를 위해서, 나라와 민족을 위해서, 하나님의 종과 백성을 위해서 힘들고 재미없고 고달픈 삶을 살아가기로 굳게 다짐했다. 청와대는 하나님께서 나의 믿음을 굳건히 하기 위해 준비하신 훈련장이었다.

삶에서 길어 올린 지혜

01
바쁠수록 더욱 주님을 의지하십시오

"청와대 근무와 같이 긴장의 연속인 상황 속에서도 새벽 기도를 게을리하지 않고, 심지어 출근길 차 안에서도 구체적인 기도 제목을 가지고 기도했습니다." 아무리 바쁘고 힘들어도 하나님과의 시간을 우선순위에 두어야 합니다. 주님과의 친밀한 교제는 지혜와 힘을 공급하여 어떤 상황에서도 흔들리지 않게 할 것입니다.

02
옳은 일을 위해 불이익을 감수하십시오

"외환 위기 상황에서 김대중 평화센터 건립 추진에 반대했고 자신의 신상에 문제가 생길 수 있다는 경고에도 불구하고 소신을 굽히지 않았습니다." 때로는 자신의 이익이나 출세를 포기하고, 하나님 안에서 옳다고 믿는 길을 묵묵히 걸어가는 용기가 필요합니다. 하나님께서 정직한 태도를 기뻐하시고 보호해 주실 것입니다.

03
아니면 '아니'라고, 안 되는 건 '안 된다'고 말하십시오

"대통령의 지시였음에도 불구하고 적절하지 않다고 판단될 때 여러 번에 걸쳐 아니면 '아니'라고, 안 되는 것은 '안 된다'고 솔직하게 말씀드렸습니다." 상대가 누구든, 옳지 않다고 생각하는 부분에 대해서는 용기 있게 자신의 의견을 피력할 수 있도록 기도하십시오. 진심과 지혜를 담은 조언은 관계를 더욱 굳건히 할 수 있습니다.

04
예측 불가능한 상황에 담대하고 유연하게 대처하십시오

"남북정상회담 당시 김정일 위원장이 사진 촬영 위치를 바꾸려 하거나, 정상회담 일정을 통보하지 않았을 때도 현장에서 기지를 발휘하여 지혜롭게 대처했습니다." 급변하는 상황 속에서 당황하지 않고 침착하게 대응하는 담대함과 유연함을 훈련해야 합니다. 사자 같은 담대함과 흐르는 물과 같은 유연함은 여러분의 능력을 더욱 빛나게 할 것입니다.

05
세상이 아닌 하나님께만 기대하십시오

"최고 권력의 중심에 있는 대통령조차 할 수 없는 일이 많음을 깨닫고, 오직 하나님만을 의지하겠다고 결단했습니다." 세상 가치와 신앙 사이에서 갈등하며 흔들리지 말아야 합니다. 삶의 뿌리를 오직 하나님께 내릴 때, 비로소 진정한 평안과 명확한 방향을 찾을 수 있습니다.

나누며 깊어지는 시간

학업 중인 청년에게

1. 하나님께서 특정한 상황에서 나를 사용하시기 위해 미리 준비시켜 두셨음을 깨달은 순간이 있다면 나눠 보세요.

2. 하나님께서 주신 지혜로 인해 평소의 나였다면 절대 하지 못했을 행동이나 말을 한 적이 있나요? 그것이 그 상황에서 어떤 역할을 했으며, 어떤 감사의 제목이 되었나요?

일터에 있는 청년에게

1. 관계나 일터, 공동체에서 오해나 부당한 상황에 놓였을 때, 하나님의 보호하심을 경험한 순간이 있나요? 그때 하나님께서 어떻게 나를 지키셨는지, 그 경험이 지금 나의 관계 속 태도에 어떤 도전을 주는지 나눠 보세요.

2. 크리스천으로서 공정함을 지키기 위해 애쓰며 선택하거나 행동했던 경험이 있나요? 그때 어떤 어려움과 은혜가 있었는지 돌아보세요. 지금 내가 공정함을 지키기 위해 새롭게 결단해야 할 작은 실천이 있다면 무엇인지 기도하며 생각해 보세요.

한 걸음 더 나아가기

세상과 하나님께 각각 걸치고 있던 두 발을 모두 하나님 쪽으로 옮겨 모든 것을 하나님께 맡기기로 결단했는지 돌아보세요. 현재 상황에서 세상의 권력과 가치가 아니라 하나님만을 의지하며 흔들리지 않기 위해, 구체적으로 어떤 기도를 드려야 할지 생각하고 나눠 보세요.

4

대사로 사는 어려움,
대사로 사는 기쁨

앞에서 이야기한 것처럼 나는 10월 5일 아침 대통령으로부터 주중대사 임명장을 받았다. 그리고 10월 7일 주일 아침에 나는 아내와 함께 서빙고에 있는 온누리교회에 가서 예배를 드렸다. 그날은 성찬식을 하는 날이라, 나는 늘 그렇듯이 하나님의 은혜에 감사하면서 많이 울었다.

하나님의 대사로
부름받다

예배가 끝난 뒤 나와 아내는 하용조 담임목사님(작고) 방으로 갔다. 이미 하 목사님 부부와 이시영 장로(전 주유엔대사) 부부, 김영길 장로(전 한동대 총장) 부부, 그리고 조정민 집사(현 베이직교회 목사) 등이 기다리고 있었다. 그리고 하 목사님 주재로 사역자 파송식을 시작했다. 우리는 먼저 찬송가 263장(이 세상 험하고)을 불렀다.

하용조 목사님을 통해 부르시다

하 목사님이 사도행전 20장 24절을 가지고 아래 요지로 말씀했다.

"이번에 김 대사께서 중국에 대사로 가는 데는 두 가지 의미가 있습니다. 첫째는 나라의 대사로 가는 것이고, 둘째는 하나님 나라의 대사로 가는 것입니다. 크리스천들은 우리가 그리스도의 대사요 하나님의 대사라고 말은 하지만, 자신들이 정말 하나님의 대사라는 것을 확신하지 못하고 있습니다. 아마 대사가 무엇인지를 잘 몰라서 그럴지도 모르겠습니다. 그러나 김 대사께서는 이번에 정말로 나라의 대사가 되셨으니까 자신이 하나님의 대사라는 것에 대해 확신을 가져야 합니다. 그래서 나라를 위한 외교 활동을 하면서도, 하나님의 대사로서의 사명감을 가지고 영적인 관점에서 세상을 변화시키기 위한 안목과 비전과 결단이 필요합니다.

수박이 겉은 파랗지만 속을 보면 빨갛듯이, 눈에 보이지 않게 지혜롭게 행동해야 합니다. 그러면서도 요셉이나 다니엘과 같이 죽을 각오를 하고 경우에 따라서는 순교까지 할 각오를 가져야 할 것입니다. 그렇게 해야만 하나님께서 기적을 보여 주실 것입니다."

하 목사님이 말씀을 전하는데 내 몸에 강렬한 전율이 왔다. 그러면서 하 목사님의 말씀이 지금 하나님께서 나에게 주시는 '부르심'(Calling)이라는 것을 확신했다. 이틀 전 대통령으로부터 나라의 대사 임명장을 받았는데, 오늘 하나님께서 담임목사님 말씀을 통해 내가 하나님의 대사임을 알려 주신 것이었다.

소명을 선포하다

다음 날인 10월 8일 나는 아내와 중국으로 부임했다. 그리고 이틀 후에 신임장을 제정했다. 10월 14일은 내가 대사로 부임해서 첫 번째 맞는 주일이었다. 나는 아내와 함께 전에 출석했던 베이징21세기교회로 갔다. 문 앞에서 교인들을 영접하던 박태윤 담임목사님이 우리를 반갑게 맞아 주었다. 예배가 끝나고 박 목사님이 이렇게 소개했다.

"여러분, 오늘 김하중 대사님이 오셨습니다. 전에 떠나시면서 우리에게 10년 안에 주중대사가 되어 돌아오겠다고 하셨는데, 예정보다 빠르게 6년 10개월 만에 오셨습니다. 대사님, 나오셔서 인사 말씀을 좀 해 주시지요."

나는 앞으로 나가서 교인들에게 나의 중국에 대한 꿈의 실현과 하나님의 사랑과 축복에 대한 간단한 간증을 한 다음, 이렇게 말했다.

"여러분, 저는 앞으로 주중대사로 근무하는 동안 나라의 대사이기도 하지만 하나님의 대사로 살아갈 것입니다. 여러분의 기도를 부탁드립니다."

육신의 기도를
내려놓다

그 이후 나는 계속 기도를 하고 묵상을 하면서 생각했다. '앞으로 어떻게 하면 나라의 대사로 살면서 하나님의 대사로 살아갈 수 있을까?' 그것을 위해서는 먼저 기도를 바꾸어야 했다. 나는 이미 내가 어렸을 때부터 가졌던 세 가지의 꿈을 다 이루었다. 그런 내가 또 무슨 다른 꿈을 더 갖겠는가? 이미 하나님으로부터 받은 은혜가 차고 넘쳤다.

나는 더 이상 필요한 것도 없고 바라는 것도 없었다. 이제는 나와 내 가족을 먹여 주고 외교관으로서 합당한 대우를 받도록 해 준 나라와 민족을 위해서 살아가야 했다. 그리고 또한 나의 그 많은 죄를 다 용서해 주시고 지금까지 인도하시고 지키시고 높여 주신 하나님의 영광을 드러내는 일을 해야 했다. 그러기 위해서는 나와 내 자녀들의 돈과 명예와 권력을 위한 육신의 기도를 내려놓아야 했다.

그 대신에 나는 내 안에 계신 성령님께서 원하시고 인도하시는 기도, 즉 영의 기도를 하기로 결심했다. 나는 기도의 방향을 두 가지로 정했다. 하나는 나라의 대사로서 나라와 민족을 위한 기도였다. 이를 위해 위로는 대통령을 비롯한 지도자들로부터 시작하여 아래로는 대사관 직원들에 이르기까지 중보기도를 하는 것이었다. 그리고 나라의 일, 주중대사로서의 일을 수행하는 데 있어 언제 무엇을 하든지 항상 기도를 하면서 나아가는 것이었다.

다른 하나는 하나님을 위한 기도였다. 그것은 무엇을 하든지 하나님의 나라와 그 의를 위한, 하나님의 통치가 내가 일하는 이 중국 땅에서 이루어지기를 위한, 하나님의 종과 백성을 위한, 그리고 예수님이 말씀하신 죄인들과 힘없고 가난하고 불쌍한 자들을 위한 기도를 하면서 그들을 돕는 것이었다.

장로로 세우시다

2004년 나는 장로로 피택이 되었다. 그때 나의 외무부 동료 두 명도 장로로 피택되었는데, 우리는 하나님을 믿기 전에 함께 술을 많이 마시고 돌아다니던 탕아들이었다. 그런데 어느 날 새벽 기도를 가서 서로를 발견하고 깜짝 놀랐다. 서로 놀라운 일이라고 생각했다. 하 목사님은 그러한 우리를 세 명의 돌아온 탕자라는 의미로 "삼(3)돌탕"이라고 농담을 하곤 했다.

나는 하 목사님 이야기대로 '탕자'였다. 내가 하나님을 알기 전에 지은 죄를 생각하면 탕자라는 말도 감사할 정도였다. 바울이 자신을 죄인 중의 괴수라고 표현했는데, 나도 정말 죄인 중의 괴수였다. 그리고 하나님께 가까이 나아가면 나아갈수록 점점 더 그 말이 너무나 정확한 말임을 깨달았다.

좀 더 크고, 좀 더 분명하게, 좀 더 자주

2004년 12월 25일 장로 장립식이 있었다. 성탄절 낮 2시 예배라 양재 온누리교회에 성도들이 가득 찬 가운데 장립예배가 끝나고 장립식이 시작되었다. 나는 동기 장로들을 대표하여 인사말을 하면서 이렇게 말했다.

"저는 금년 초에 장로로 피택되었다는 말을 들었을 때, 또 얼마 전에 장로로 장립될 것이라는 말을 들었을 때, 그리고 어제 타고 오는 비행기 안에서, 그리고 지금 이 순간에도 그저 부끄럽고 또 부끄러울 뿐입니다. 저같이 죄 많고 하나님께 아무것도 한 것이 없는 보잘것없는 사람이 장로라는 직분을 받는다는 것이 너무나 부끄러웠기 때문입니다. 그러면서도 하나님께서 왜 저 같은 인간을 이렇게 사랑하시는지를 생각하면 한없이 감사하고 또 감사할 따름입니다.

지난 2001년 10월 주중대사로 부임할 때, 하용조 목사님께서는 저에게 이제 나라의 대사이기도 하지만, 하나님 나라의 대사로서 사역을 해 달라고 말씀하셨습니다. 저는 중국에 가서 하 목사님의 말씀을 붙잡고 살았습니다. 그래서 지난 3년 3개월 동안 저희 대사관에 330번이 넘게 들어온 1,000여 명의 탈북자를 한국으로 보냈고, 오늘 이 순간에도 143명의 탈북자를 보호하고 있습니다. 또한 국군포로를 찾아 한국으로 보내고, 사형수를 살리며, 마약사범이나 감옥에 수감 중인 한국인들을 위로해 주기 위해 노력했습니다. 특히 지방에 출장을 갈 때마다, 그곳에 있는 사역자들이나 선교사들을 만나, 그들과 함께 기도하면서 그들을 위로하고 그들을 도와주기 위해 노력하고 있습니다.

오늘 장로 장립을 받으면서 저는 이제 오직 한 가지 소망만을 갖고 있습니다. 제가 이 세상을 떠나는 그 순간까지, 목숨이 끊어지는 그 순간까지 하나님을 위해, 하나님의 영광을 위해, 그리고 하나님의 의를 위해서만 살겠다는 것입니다. 이를 위해 저는 앞으로 좀 더 크고, 좀 더 분명하게, 그리고 좀 더 자주 많은 사람에게 예수 그리스도를 전하겠다고 결심합니다."

2010년 1월 《하나님의 대사 1》이 출판된 이후 많은 사람이 나에게 책 이름을 잘 지었다고 말했다. 그러면서도 내가 어떻게 스스로 자신을 '하나님의 대사'라고 말할 수 있는지 궁금해하는 것 같았다. 그러나 앞에 서술한 것처럼 내가 스스로 붙인 이름이 아니었다. 이미 책이 나오기 약 9년 전인 2001년 10월 주중대사로 부임하기 직전에 하용조 목사님께서 나에게 나라의 대사이기도 하지만 하나님의 대사로 살라고 권면하신 말씀을 나는 하나님께서 주신 나의 소명으로 받아들였다. 그래서 베이징21세기교회에서 그렇게 교인들에게 선포했고, 2004년 12월 장로 장립 시에도 온누리교회 교인들 앞에서 공개적으로 선포했던 것이다. 모든 것이 하나님의 인도하심이었다.

삶에서 길어 올린 지혜

01
하나님 나라의 대사로서 지혜롭게 행동하십시오

학교나 직장에서 신앙을 드러내기 어려울 때가 있을 것입니다. 그럴 때 눈에 보이지 않게 지혜롭게 처신할 줄 알아야 합니다. 꽃은 향기로 자신의 존재를 나타냅니다. 하나님 마음을 담은 말과 행동으로 그리스도의 향기를 드러내며 세상 속에서 빛과 소금의 역할을 감당하십시오. 그것이 하나님의 대사로서 사는 삶입니다.

02
이기적이고 육신적인 기도를 멈추십시오

"나 자신과 가족의 돈, 명예, 권력을 위한 기도를 내려놓기로 결단했습니다." 취업, 성공, 안정을 위해 간절히 기도할 수 있습니다. 그러나 그 기도가 자신만을 위한 것은 아닌지 돌아보아야 합니다. 하나님의 뜻을 구하며 기도할 때, 하나님이 주목하시는 삶이 될 것입니다.

03
하나님 나라와 의를 위해 영의 기도를 하십시오

"하나님의 통치가 중국 땅에 이루어지기를, 특히 죄인들과 소외된 이들을 위해서 집중해서 기도했습니다." 삶의 목적을 하나님의 영광에 두어야 합니다. 세상의 불의를 보고 아파하며, 복음이 필요한 이들과 사역자들을 위해 기도하고 행동하는 크리스천이 되십시오. 그것이 하나님이 여러분을 그 자리에 두신 이유입니다.

04
자신의 부족함을 인정하고 겸손히 남을 섬기십시오

"스스로를 죄인 중의 괴수와 같은 탕자라고 인정하며 낮아졌습니다." 사회생활을 시작하면 많은 사람과 관계를 맺게 됩니다. 실력과 능력을 인정받는 것도 중요합니다. 그러나 자신의 부족함을 인정하고 겸손한 마음으로 다른 사람들을 섬길 때 진정한 영적 리더십을 발휘할 수 있습니다.

05
모든 것이 하나님의 인도하심입니다

"스스로를 '하나님의 대사'라 칭하지 않았음에도 그 이름이 주어졌습니다. 그것은 모든 일이 하나님의 인도하심이었음을 고백하도록 하기 위한 것이었습니다." 인생은 우연이 아닙니다. 하나님께서 모든 발걸음을 인도하고 계심을 믿고, 그분께 감사하며 살아가십시오.

나누며 깊어지는 시간

학업 중인 청년에게

1. 다른 사람이 오해하거나 알아주지 않더라도 하나님의 선하신 뜻을 바라보며 인내하고 섬겨야 했던 경험이 있나요? 그때 하나님께서 주신 은혜나 깨달음은 무엇이었나요? 그리고 지금 내 자리에서 감당해야 할 인내와 섬김은 무엇인지 기도하며 돌아보세요.

2. 설교나 말씀 묵상, 또는 교역자나 신앙의 선배와의 대화를 통해 나를 향한 하나님의 뜻과 마음을 알게 되었던 경험이 있나요? 하나님의 부르심에 순종으로 응답하기 위해 나는 어떻게 준비하며 나아가고 있나요?

일터에 있는 청년에게

1. 주어진 자리에서 전문가가 되기 위해 어떤 노력을 기울이고 있나요? 그 과정에서 하나님을 믿는 사람으로서의 정체성을 드러내기 위해 기도하며 결단하고 있는 부분은 무엇인지 나누어 보세요.

2. 하나님을 사랑하고 이웃을 사랑하는 것이 하나님께서 우리에게 명령하시는 바입니다. 그 명령에 따라 주어진 자리에서 최선을 다해 사랑하고 있나요? 하나님께, 그리고 이웃에게 사랑을 표현하기 위해 할 수 있는 작은 행동을 생각해 보세요.

한 걸음 더 나아가기

"그런즉 너희가 먹든지 마시든지 무엇을 하든지 다 하나님의 영광을 위하여 하라"는 말씀(고린도전서 10:31)에 비추어 내 삶을 돌아볼 때, 그에 합당한 삶을 살아내고 있나요? 내 기도는 하나님의 영광을 향한 영적인 기도인지, 아니면 나의 영광을 위한 육적인 기도인지 점검해 보세요.

한 나라의
대사로
산다는 것

　　　　　대사가 어느 나라에 부임하여 대사로서의 공식 활동을 시작하기 위해서는 제일 먼저 그 나라 국가원수에게 신임장을 제정해야 한다. 신임장은 대사를 파견하는 나라의 국가원수가 대사가 부임하는 나라의 국가원수에게, 이 신임장을 가지고 가는 대사는 나의 전폭적인 신임을 받는 사람이니 최대한의 협조를 제공해 달라는 문서였다. 그리고 대사가 주재국에 부임해서 외교부에 신임장 사본을 제출하면 외교부 의전에서는 신임장 사본과 대사 부임 사실을 대통령 비서실에 보고하면서 신임장 제정 일자를 받는데, 일반적으로는 4-6주 정도를 기다려야 하지만 중요한 나라의 대사 경우에는 1-2주 만에 제정할 때도 있다.

외교 관례를 깬
파격적인 환영

그런데 10월 8일 오후 베이징에 도착한 나는 이틀 뒤인 10월 10일 오전 인민대회당에 가서 장쩌민 국가주석에게 신임장을 제정하게 되었다. 나는 전에 2년간 의전과장을 했고, 또 2년 반 동안 대통령 의전비서관을 하면서 주한 외국대사들의 신임장 제정 관련 업무를 처리했기 때문에 신임장 제정에 관해서는 누구보다도 잘 알고 있지만, 대사가 부임하여 이틀 만에 주재국 국가원수에게 신임장을 제정한다는 것은 한국은 물론이고 세계 어느 나라에서도 유례를 찾기 어려운 놀라운 일이었다.

2014년에 캐롤라인 케네디 신임 주일 미국대사가 일왕에게 부임 5일 만에 신임장을 제정했는데, 이것이 미·일 관계 역사상 최단시간 내에 신임장을 낸 것이라고 하여 일본과 미국 언론에서 톱뉴스로 다룬 데서도 알 수 있듯이 부임 이틀 만에 신임장을 제정했다는 것은 놀라운 일이었다.

신임장 제정을 철저히 준비하다

그런데 나는 청와대에서 3년 8개월 동안 대통령 의전비서관과 외교안보수석비서관으로서 주한 외국대사들의 신임장 제정과 신임장 제정 후 대통령과의 환담에 배석하면서 외국 대사의 행동이 주재국 국가원수에게 어떤 영향을 미치는지를 잘 알고 있었다. 대사가 어떻게 말하고 어떻게 행동하느냐에 따라 앞으로 그가 주재국에서 활동하는 데 도움이 되기도 하고 손해가 되기도 했다. 나는 그 경험에 입각하여 장쩌민 주석과의 환담을 준비했다.

나는 또한 환담 시 중국어를 사용하기로 결정했다. 과거 주중대사관에서 3년 동안 근무하면서 축적한 중국어 실력을 기반으로 아태국장과 장관 특보로 있는 동안 중국 관료들과 중국어로 교섭을 했고, 또한 청와대에서 근무하는 3년 8개월 동안 자투리 시간만 나면 중국어를 공부했기 때문에 준비에는 특별한 문제가 없었다. 그러나 내가 중국어만 하면 장 수석이 내가 다른 언어는 하지 못한다고 생각할지도 몰랐다. 그래서 환담 시간의 70-80퍼센트 정도를 중국어로 사용하고 나머지 시간은 영어를 사용하기로 마음먹었다.

나는 전날 밤 신임장 제정식과 장 주석과의 환담을 축복해 주시도록 하나님께 간절히 기도했다.

장쩌민 주석과 환담을 나누다

10월 10일 오전 인민대회당에 가서 장 수석에게 신임장을 제정했다. 그리고 자리를 옮겨 장 주석과의 환담이 시작되었고, 장 주석은 먼저 나에게 신임장 제정을 축하했다. 그래서 나는 중국어로 말하기 시작했다. 그랬더니 장 주석이 깜짝 놀라면서 배석자들에게 "지금 대사가 중국어로 이야기한다"고 말했다. 나는 먼저 김대중 대통령의 안부를 전하고, 장 주석이 한반도의 평화와 안정을 위해 이룩한 공헌에 감사를 표하면서, 지난 9월 장 수석의 북한 방문 성과를 축하하는 동시에 장 주석의 영도 하에 중국이 이룩한 경제 발전과 올림픽 유치,

WTO 가입 등을 축하했다. 그리고 장 수석이 주창한 '3개 대표 이론'에 대한 평가 등을 이야기했다.

내 말이 끝나자 장 주석은 내 말에 감사를 표하면서 여러 가지 문제에 대해 한참을 이야기한 다음에 이렇게 말했다.

"나는 항상 대사의 위치를 중요하게 생각합니다. 특별히 김 대사는 주중대사로서 중국어를 이해하기 때문에 일차적인 자료를 가지고 중국의 상황을 잘 이해할 수 있습니다. 나는 늘 대사란 자기 나라의 이익을 대표해야 한다고 생각하며, 여기에는 의심의 여지가 없습니다. 한국에 주재하는 우리 중국대사는 중국의 이익을 대표하며, 김 대사는 한국의 이익과 한국 정부의 입장과 태도를 대표합니다. 다만 양쪽의 대사들은 모두 상대방 국가의 상황을 정확히 반영해야 하며, 그럼으로써 자기 나라가 정확한 정책을 결정하도록 해야 합니다. 세계 역사는 잘못된 정보와 잘못된 판단 그리고 잘못된 결과로 이루어지기도 하는데, 이런 일은 절대 있어서는 안 됩니다. 김 대사의 중국어 실력이 이렇게 좋은 것으로 볼 때, 나는 김 대사가 중국 근무를 통해 양국 관계를 반드시 진일보 발전시킬 것이라고 생각합니다. 나는 한국대사관이 일하는 과정에서 틀림없이 중국 유관 기관들의 지지와 협력을 얻을 것으로 믿습니다. 나는 김 대사의 중국 근무 기간 중 생활이 항상 유쾌하고 모든 일이 순조롭기를 충심으로 축원합니다."

나는 장 수석의 말씀에 감사를 표하고, 내가 오래전부터 중국에 대해 깊은 관심을 가져왔다고 했다. 그러면서 "제 아이들 중 맨 위가 딸인데 베이징대학 역사학과를 졸업했습니다"라고 말했다. 그랬더니 장 주석은 옆에 있는 배석자들에게 "대사 딸이 베이징대학 역사학과를 졸업했대."라고 하는 것이다. 뒤이어 "제 큰 아들은 지금 베이징대학 법학과에서 공부하고 있습니다."라고 말했더니 장 주석은 다시 한 번 놀라면서 주위 사람들에게 "대사 큰 아들이 베이징대 법학과에서 공부한대."라고 했다. 나는 "제 막내아들은 베이징 55중학교(중국인 학교)를 졸업했습니다."라고 한 번 더 말했고, 장 주석과 옆에 있는 배석자들은 다 놀랐다.

나는 다음과 같이 말을 이었다.

"저는 외교부에 들어가 중국과장을 했고 주중대사관에서 공사를 했으며, 또 아주국장을 했습니다. 저와 제 가족은 중국을 사랑합니다. 저는 앞으로 중국에서 대사로 근무하는 동안 한중 관계를 진일보 발전시키기 위해서 혼신의 힘을 다하겠습니다. 주석 각하께서 많이 도와주시고 지지해 주시기를 부탁드립니다."

장 주석의 얼굴에 웃음이 가득했다. 나는 계속해서 말했다.

"지금까지 제가 중국어로 말씀을 드렸는데 각하께서 허락하신다면 영어로 몇 말씀 드리고 싶은데 허락해 주시겠습니까?"

장 주석이 그렇게 하라고 해서 나는 영어로 장 주석의 영어와 피아노 실력에 대해 재미있는 이야기를 했다. 그러자 장 주석도 영어로 '자신이 영어를 잘하지는 못하지만 항상 하려고 노력을 하며, 피아노를 치는 것은 자신의 취미'라고 하면서 여러 가지 이야기를 하다가 나에게 계속 고맙다고 하는 것이었다.

이윽고 환담이 끝났다. 장 주석은 헤어질 때 아주 환한 얼굴로 나에게 악수를 하면서 "다시 보자"고 말했다.

밖으로 나오자 환담 시 중국 측 배석자들과 장 주석에 대한 보고 때문에 옆방에서 기다리고 있던 중국 외교부 고위 인사들이 나에게 축하를 하면서 말했다.

"오늘 김 대사가 장 주석과 나눈 이야기는 곧 전 중국의 주요 기관에 전파될 것입니다. 장 주석과 중국어로 대화를 나눈 것으로 인해 김 대사는 앞으로 중국 어디에 가든지 큰 환영을 받게 될 것입니다."

신임장 제정식을 부임 이틀 만에 한 것도, 중국의 국가주석과 그런 환담을 한 것도 하나님의 은혜였다. 나는 그날 밤 하나님께 감사기도를 올렸다.

중국 주요 인사들의 환영을 받다

신임장을 제정한 다음 날부터 나는 중국의 주요 인사들에 대한 예방을 시작했다. 그 첫 번째가 내가 잘 아는 탕자쉬안 외교부장이었다.

탕자쉬안 외교부장 면담

탕 부장은 내게 "김 대사가 주중대사로 부임하는 것은 시간문제일 뿐이었다"고 하면서, "김 대사는 외교부는 물론 중국 내에 많은 친구가 있으며, 중국의 제도, 인사 등 국내 사정도 명확히 이해하고 있는 중국통으로서 중국인의 사고방식을 잘 알고 있는 만큼 중국 측과의 협의의 효율성을 제고하여 양국 관계를 한 단계 높게 발전시킬 수 있을 것으로 확신한다"고 말했다. 그러면서 중국 측으로서는 환영의 뜻을 표하기 위해 아그레망 부여, 신임장 제정, 외교부장 예방, 부부장 주최 공식 환영만찬 일정 주선 등에 있어 '신속'히 처리했다고 강조했다.

왕이 외교부 부부장 주최 환영만찬

그날 저녁 외교부의 왕이 부부장이 나를 환영하는 공식만찬을 주최했다. 왕 부부장은 만찬사를 통해, 중국 외교부를 대표하여 김 대사의 부임을 충심으로 환영한다고 하면서, 김 대사는 북경에 부임한 지 며칠 되지 않지만 신임장 제정과 외교부장 예방과 외교부 환영 만찬 개최가 가장 빠르게 진행되었다는 기록을 갖게 되었으며, 이것은 중국 정부가 김 대사를 오랜 친구로서 환영할 뿐 아니라 한중 관계를 중시함을 표시하는 것이라고 강조했다.

큰 형님인 김 대통령께 안부를 전해 달라

12월 4일 오전에 나는 인민대회당으로 가서 주룽지 총리가 그해 7월부터 11월 사이에 중국에 부임한 외국 대사들과 이임하는 대사들을 접견하는 행사에 참가했다. 행사는 이임하는 대사 2명과 신임 대사 19명이 1명씩 차례로 총리 앞으로 나가 간단한 환담을 하면서 사진을 촬영한 다음, 총리가 참석 대사 전원에게 인사말을 하는 형식으로 진행되었다.

차례가 되어 나는 총리에게 중국어로 김 대통령의 정중한 안부를 전달하고, 앞으로 주중대사로 재임하는 기간 동안 양국 관계의 진일보 발전, 특히 정보화 및 환경보호 분야에서의 협력과 우리 기업들의 중국 서부대개발 계획 참여 등을 위해 노력하겠다고 하면서 총리의 적극적 지지를 요청했다.

총리는 나에게 주중대사 부임을 진심으로 환영하며, 앞으로 업무를 수행하는 데 있어 지원을 아끼지 않을 것이라고 말했다. 그러더니 총리가 갑자기 머리를 숙여 내 귀에다 대고 귓속말로 "큰 형님(大哥)인 김 대통령님께 각별한 안부를 전해 달라"고 당부하는 것이었다.

주위에 있던 21명의 외국 대사들과 행사에 참석한 외교부와 공산당의 고위 인사들은 총리가 한국대사의 귀에 대고 귓속말을 했으니 놀라기도 하고 궁금했을 것이었다. 행사가 끝나니 외교부의 고위 인사가 나에게 와서 "총리께서 조금 전에 대사에게 무슨 말씀을 하셨냐?" 물어 총리가 한 말을 설명해 주었더니 그 인사는 깜짝 놀라는 것이었다. 자기 총리가 한국의 대통령을 '큰 형님'이라고 부른다니 얼마나 놀라운 일인가?

사실 그 당시 옆에는 많은 외국 대사들과 통역들도 같이 있었기 때문에 총리는 그들이 듣는 자리에서 김 대통령을 큰 형님이라고 하기는 어려웠을 것이었다. 그런데 마침 한국대사가 중국어를 하는 것을 보고 총리는 다른 외국 대사들이나 통역들이 알아듣지 못하도록 귓속말을 함으로써 김 대통령에게 자신의 존경의 마음을 전달했던 것이다.

양국 간 고위 인사들의 왕래

어느 두 나라의 관계가 발전하기 위해서는 먼저 무역과 경제 교류가 발전되어야 하며, 그러기 위해서는 사람들의 왕래 즉 인적인 교류가 중요하다. 그런데 인적 교류 중에서도 중요한 것은 최고 지도자들을 포함한 고위 인사들의 교류이다. 왜냐하면 인적 교류를 통해 각 분야의 고위 인사들이 상대방 국가와의 협력 필요성을 인식하면 놀라운 파급 효과가 생기기 때문이다.

그런 면에서 우리 대통령의 방중과 중국 국가주석과 총리의 한국 방문은 매우 중요했다.

노무현 대통령의 중국 방문

노무현 대통령은 2003년 7월 7일부터 10일까지 중국을 방문했다. 노 대통령은 도착 당일 후진타오 주석과 정상회담을 하고 저녁에는 후진타오 주석이 주최하는 국빈만찬에 참석했다. 노 대통령은 다음 날 우방궈(吳邦國) 전인대 상무위원장, 쩡칭훙(曾慶紅) 국가부주석을 면담하고, 원자바오(溫家寶) 총리 주최 만찬에 참석했으며, 상하이를 거쳐 한국으로 돌아갔다.

노 대통령의 중국 방문의 가장 큰 성과는 역시 중국의 최고 지도자들과 확고한 친분 관계를 구축한 것이었다. 노 대통령 방중 후 중국 측에서는 노 대통령을 접촉한 중국 지도자들이 모두 노 대통령을 겸손하고 솔직하며 매우 실용적인 지도자라고 평가했다고 하면서, 이번 방중을 통해 앞으로 노 대통령과 함께 일을 해 나갈 수 있다는 확신을 하게 되었다고 평가했다.

후진타오 주석의 한국 방문

후진타오 주석은 2005년 11월 18일 부산에서 개최되는 APEC 정상회의에 앞서 11월 16-17일간 한국을 국빈방문 했다. 중국 국가주석의 한국 방문은 1995년 당시 장쩌민 주석의 방한 이후 10년 만이었다.

11월 16일 오전 한국에 도착한 후 주석은 오후에 노무현 대통령과 정상회담을 하고 다양한 문제에 관해 심도 있는 의견을 나누었다. 두 정상은 2003년 7월 노무현 대통령 방중 시 합의한 "전면적 협력동반자관계"에 기초하여 제반 분야에서의 실질협력 관계를 더욱 확대시켜 나가기로 합의하고, 수교 20주년이 되는 2012년까지 양국 간의 목표 교역액을 2천억 달러로 설정하여 이를 위해 함께 노력하기로 했다. 또한 한국은 후 주석의 방한을 계기로 중국의 시장경제 지위를 인정한다고 공식적으로 통보했다.

다음 날 후 주석은 이해찬 총리를 면담한 다음, 국회의사당으로 가서 한중 관계에 관한 연설을 했다. 그리고 전용기편으로 부산으로 이동해서 APEC 정상회의에 참석한 다음 중국으로 돌아갔다. 후 주석의 방한 기간은 짧았지만 성공적이었고, 그 후 한중 관계에 긍정적인 영향을 미쳤다.

노무현 대통령의 실무 방중

2006년 10월 9일 북한의 핵실험으로 인해 한반도가 긴장된 상황에서 10월 13일 노무현 대통령이 중국을 공식방문했다. 노 대통령의 중국 방문은 양국 간에 오래전부터 추진해 온 사안이었는데, 방문 시기가 북한의 핵실험이 강행된 직후에 이루어지는 것이라 더욱 중요한 의미가 있었다.

노 대통령은 베이징에 도착한 직후 인민대회당에서 후진타오 주석과 정상회담을 하고 양국 관계 및 국제 정세에 관해 의견을 교환했으며, 후 주석과의 오찬에서도 양국 관계 중 여러 가지 민감한 문제에 관해 솔직하고도 깊이 있는 대화를 교환했다. 노 대통령은 이어 우방궈 전인대 상무위원장을 면담한 다음 원자바오 총리와도 면담했다.

노 대통령의 방중은 베이징 체류 시간이 7-8시간에 불과한 실무 방문이었지만 중국 지도자들과의 심도 있는 의견교환을 통해 많은 문제에 관해 공동 인식을 이룸으로써 상호 신뢰 구축에 중요한 기반을 구축했다.

원자바오 중국 총리의 방한

2007년 4월 10일 원자바오 총리가 한국을 공식방문했다. 원 총리는 7년 만에 한국을 방문하는 중국의 총리였다. 원 총리는 서울에 도착한 후 노무현 대통령과 회담을 가졌으며, 회담이 끝난 다음, 영빈관으로 자리를 옮겨 노 대통령이 주최하는 공식 만찬에 참석했다. 그리고 만찬이 끝난 다음, 원 총리는 한덕수 총리와 "한중 교류의 해" 개막식 행사에 참석했다.

다음 날 오전 원 총리는 국회로 가서 임채정 국회의장과 면담한 다음, 다시 자리를 옮겨 경제4단체장이 주최하는 오찬에 참석했으며, 오찬이 끝난 다음 바로 공항으로 가서 일본으로 향발했다.

원 총리가 한국에 체류한 시간은 28시간에 불과했지만, 원 총리의 한국 방문은 아주 성공적이었다. 원 총리는 15개의 일정을 소화하는 과정에서 우리 정부를 비롯한 많은 인사에게 깊은 인상을 남겼다.

북한 핵 문제 해결을 위한 6자회담

2003년 2월 출범한 참여정부는 5년 내내 북한 핵 문제로 인해 긴장의 나날을 보냈다. 6자회담은 참여정부와 함께 시작해서 참여정부가 물러난 다음 중단되었다. 때문에 6자회담은 내가 주중대사로 근무하는 동안 가장 중요한 현안이었으며, 6자회담이 진행되는 5년 내내 나는 항상 긴장 상태를 유지할 수밖에 없었다.

실패로 끝난 3자회담과 6자회담의 시작

2003년 1월 북한이 핵확산금지조약 탈퇴 성명을 발표한 이후, 미국의 요청에 따라 중국 지도부는 북한을 설득하여 4월 말 베이징에서 미국과 중국과 북한이 참가하는 3자회담을 개최했지만, 아무 성과 없이 종료되었다.

그 후 북한 측이 3자회담을 하더라도 북·미 양자대화가 보장되지 않는다면 5자회담이 아닌 러시아를 포함한 6자회담을 하자고 제의함에 따라 8월 말 베이징에서 제1차 6자회담이 시작되었고, 2차 회담과 3차 회담이 열렸지만 아무런 진전도 보지 못하고 폐회되었다. 그 이후 6자회담은 계속 표류했다.

제4차 6자회담과 9·19 공동성명

일 년여가 지난 2005년 9월 말 베이징에서 제4차 6자회담 2단계 회의에서 "9·19 공동성명"이 채택되었지만, 11월 초 열린 제5차 6자회담 1단계회의가 결렬되었다. 2006년 7월 5일 북한은 대포동 2호 미사일을 시험 발사하면서 6발의 노동 미사일과 스커드 미사일을 발사했다. 미국과 일본은 즉각 유엔에서 강력한 안보리 결의안을 추진하기 시작했고, 중국은 북한에 대해 미사일 추가 발사 중지와 6자회담 복귀를 설득했지만 북한이 거부하자, 결의안 표결에 찬성하여 유엔 안보리 결의안이 만장일치로 채택되었다.

10월 9일 오전 북한이 핵실험을 하자, 중국 외교부는 북한이 "제멋대로"(悍然, 한연) 핵실험을 했다고 하면서, 이에 "단호히"(堅決) 반대한다고 매우 강한 용어를 사용하여 강력히 비난했다. 이때 유엔 안보리는 북한에 대한 제재 결의를 만장일치로 채택했으며 중국도 찬성했다.

그런데 9·19 공동성명이 채택되는 과정에서부터 한국이 중요한 역할을 하기 시작했다. 이것은 당시 반기문 외통부장관의 리더십과 청와대 이종석 NSC사무차장(후에 통일부장관)의 지지와 협력, 그리고 6자회담 현장에서 뛰어난 협상력과 추진력으로 돌파구를 만들어 낸 송민순 6자회담수석대표(후에 외교통상부장관)의 탁월한 외교력이 결합된 결과였다. 이후 한국은 6자회담 추진 과정에서 내내 주도적인 역할을 담당했다.

각국의 상황 변화와 6자회담 중단

그 후 2007년 2월 베이징에서 제5차 6자회담 3단계회의에서 "2·13 합의"라고 불리는 "9·19 공동성명 이행을 위한 초기단계 조치"가 발표되었고, 제6차 6자회담의 2단계회의에서 "10·3 합의"라고 하는 "9·19 공동성명 이행을 위한 2단계 조치"가 합의되었다.

2008년 북한은 18,000쪽에 달하는 영변 원자로의 가동 기록을 미국 측에 전달했으며, 6월에는 신고서를 제출하면서 영변 원자로 냉각탑을 폭파했다. 이에 상응하여 미국은 6월에 북한을 테러지원국 지정에서 해제하고, 적성국 교역법 적용 해제 조치를 취했다. 그러나 신고서에 대한 검증 문제가 대두되었다. 2008년 7월과 12월 6자회담 수석대표 회의가 북경에서 개최되어 검증 문제의 해결 방안을 집중적으로 모색했지만 타협점을 찾지 못했다. 2009년 1월 오바마 행정부가 출범했으나, 얼마 지나지 않은 4월 북한의 미사일 시험 발사와 5월 제2차 핵실험으로 인하여 6자회담은 완전히 중단되었다.

반기문 외교부장관의
유엔사무총장 진출

2005년 9월 정부는 반기문 외교부 장관을 유엔사무총장으로 진출시키기로 결정했다. 사실 현직 외무부 장관을 유엔사무총장 후보로 내보낸다는 것은 쉬운 결정이 아니었지만 대통령이 결단을 내린 것이었다. 그리고 반 장관을 유엔사무총장에 당선시키기 위한 범정부 TF가 구성되었고, 외교부가 조용히 본격적인 캠페인을 시작했다.

이번에는 아시아 지역에서 유엔사무총장이 선출될 예정이기 때문에 아시아 지역 국가들의 지지가 중요하고 그중에서도 안보리 상임이사국인 중국의 지지가 절대적으로 필요했다. 우리는 이 문제와 관련하여 중국 측과 비공식적인 협의를 시작했다. 중국 측은 아시아의 다른 나라에서도 후보를 낼 가능성이 있지만 반 장관을 이기지 못할 것이고, 앞으로 만일 아시아 지역의 후보가 반 장관으로 압축된다면 중국의 지지를 얻는 데 문제가 없을 것이라는 입장을 밝혔다.

사실 중국 정부는 그 당시 한국 정부와 반 장관에 대해 깊은 신뢰감을 가지고 있었는데 이는 북한 핵 문제를 다루는 과정에서 특히 2005년 9·19 공동성명 도출 과정에서 한국 정부가 보여 준 유연성과 협조, 그리고 반 장관이 보여 준 성실성 때문이었다. 더욱이 2006년 들어 북한의 미사일 발사와 핵실험 등으로 인해 한중 간에는 각 레벨에서 빈번한 접촉을 갖게 되었는데, 이 과정에서 중국 정부와 외교부 관리들은 한국 정부와 반 장관에 대한 신뢰가 더욱 두터워졌다.

그래서 2006년 6월 말 반 장관이 북한 핵 문제 협의차 중국을 방문했을 때도, 중국 인사들은 유엔사무총장은 경륜과 자질을 갖추면서도 업무를 공정히 처리할 수 있는 사람이 되어야 하는데 반 장관은 이러한 조건을 모두 갖추고 있는 것으로 판단한다고 하면서, 중국은 반 장관에게 있어 신뢰할 수 있는 친구이므로 안심해도 좋다는 입장을 표명했다. 그 후 중국 정부의 고위 인사들은 나와 이 문제를 협의할 때마다 아시아 국가 후보들에 대해 중립을 유지하면서도 반 장관에 대해 계속 우호적인 태도를 보여 주었고, 마지막 단계에서는 조용히 우리에게 큰 도움을 주었다.

반 장관은 10월 말 대한민국의 외교부장관으로서 마지막 공식 방중인 동시에 유엔사무총장 내정자로서 중국을 방문했다. 이때 후진타오 주석을 비롯한 주요 인사들은 35년 만에 아시아에서 유엔사무총장이 선출된 것을 기쁘게 생각한다고 하면서 반 장관을 진심으로 축하했다.

중국은 유엔 안보리 상임이사국이기 때문에 아시아 국가 인사가 유엔사무총장이 되기 위해서는 반드시 중국의 지지가 필요했다. 그런데 중국으로서는 남북 관계를 고려할 때 눈에 띄게 한국을 지지하기도 불편한 상황이었다. 그럼에도 불구하고 중국이 처음부터 반 장관을 환영한 것은 반 장관의 능력과 인품에 더하여 당시 북한 핵 문제 협의 과정에서 항상 중국의 입장을 고려해서 유연하고도 적극적인 협력 자세를 보인 한국 정부에 대한 신뢰와 앞으로의 협력 확보 차원 때문인 것으로 생각되었다.

결국 반기문 장관은 자신의 개인적인 역량에 더하여 다른 나라의 후보들과 달리, 대통령을 비롯한 정부의 총력적인 지원을 받아 유엔 사무총장에 선출될 수 있었던 것이다.

고구려사 왜곡 문제

  1992년 수교 이후 비약적으로 발전해 오던 한중 관계는 중국의 고구려사 왜곡이라는 뜻밖의 장애를 만나 큰 변화를 맞게 되었다. 중국은 2002-2003년 기간 중 북한의 고구려 유적의 유네스코세계문화유산 단독등재를 저지하고 중국 동북 지역 고구려 유적을 중국 유적으로 등재하려 했다. 그러나 북한과 한국의 반발로 2004년 북한과 중국 신청 유적의 동시 등재를 수용했다.

논란의 시작점

  고구려 유적의 세계문화유산 등재 신청을 둘러싸고 한국과 갈등이 조성되자, 2003년 6월 〈광밍르바오〉(光明日報)와 〈차이나 데일리〉에 "고구려는 중국의 왕조와 예속 관계를 유지한 고대 소수민족 정권"이라는 요지의 기고문이 게재되었다. 이것은 한국의 강력한 반발을 불러일으켰으며, 중국 정부도 이 문제의 심각성을 인식하게 되었다. 때문에 양국 정부 차원에서 고구려사 해결 모색 방안으로서 양국 학계 간의 공동 학술회의 개최에 합의하고 이 문제로 인해 양국 관계가 손상되지 않도록 노력하기로 합의했다.

  이런 합의에도 불구하고 2004년 4월 22일 중국 외교부가 홈페이지 한국 개황 고대사 부분에서 "고구려" 언급을 삭제하는 일이 벌어졌다. 그동안 기존의 왜곡 조치들을 학계나 민간 차원이라고 설명해오던 중국 정부로서는 외교부 홈페이지의 삭제로 인해 자신들의 의도를 명백히 드러냄으로써 한국에 대한 설명 논리를 상실하고 말았다. 우리는 중국 측에 외교부 홈페이지의 원상회복을 강력히 요구했다. 중국 측은 3주 이상을 끌다가 2004년 8월 5일 외교부 홈페이지 한국 개황에서 "대한민국 정부 수립 이전 부분"을 아예 삭제하고, 동시에 북한과 일본 개황에서도 현대사 이전 부분을 삭제하는 조치를 취했다.

한편 2004년 7월 1일 제28차 세계문화유산위원회에서 북한과 중국의 고구려 유적이 세계문화유산으로 등재된 이후 중국 정부는 신화통신과 〈런민르바오〉(人民日報) 등 당·정 기관을 통해 고구려사 왜곡 내용을 최초로 게재하고, "고구려는 중국 동북 지방의 소수민족 지방정권"이라는 주장과 함께 이와 같은 내용의 국민교육 강화 필요성을 강조했다. 또한 7월 20일부터는 고구려 유적 소재지인 지안(集安) 지역에서 "고구려 문화 관광축제"를 개최하고 지방 차원의 선전을 대대적으로 전개했다.

우리는 중국 정부에 대해 외교부 홈페이지의 원상회복, 그리고 지방정부 차원의 왜곡 홍보 및 출판물, 교과서에 의한 왜곡 금지 및 시정 조치 등을 강력히 촉구했으나 중국 측은 별다른 조치를 취하지 않았다. 한국에서는 국민과 정치권과 언론에서 엄청난 반 중국 정서가 분출되기 시작했다.

자칭린 정협주석 방한과 구두 양해사항 합의

그해 8월 26-30일간 중국의 자칭린(賈慶林) 전국정치협상회의 주석이 한국을 방문키로 되어 있었다. 자칭린 주석은 국가 서열 4위의 정치국 상무위원으로서 매우 중요한 인물이었다. 이러한 상황에서 자 주석이 한국을 방문한다면 상당히 어려운 상황에 처할 것이 분명했다. 중국 정부는 우다웨이 부부장을 8월 22-24일간 급히 한국에 파견했다. 우 부부장은 한국에서 외교부차관과의 장시간 협상 끝에 고구려사 문제로 양국 관계를 악화시켜서는 안 된다는 전제 하에 중국 정부가 필요한 조치를 취한다고 하는 고구려사 문제 해결에 관한 "5개 구두 양해사항"에 합의했다.

그 후 한국을 방문한 자칭린 주석은 노무현 대통령과의 면담 시 고구려사 문제 해결에 대한 후진타오 주석의 구두 메시지를 전달하고 고구려사 문제 해결에 대한 중국 정부와 지도부의 해결 의지를 표명함으로써 이 문제는 일단 수면 아래로 내려가게 되었다.

중국에 대한 인식이 바뀌다

고구려사는 한민족의 뿌리에 관한 역사이기 때문에 엄청난 폭발성을 가진 민감한 문제였다. 이 문제로 인해 한국 국민들의 분노가 폭발했고 수교 이후 10여 년 동안 발전해 온 한중 관계의 근간이 흔들리기 시작했다.

중국 학계에서 고구려사를 한국사에서 분리하려는 시도는 학문적 왜곡이라는 지적도 나오기 시작했다. 다른 무엇보다도 중요한 것은 중국의 조치가 현대 중국의 위대한 지도자 마오쩌둥(毛澤東)과 저우언라이(周恩來) 총리의 말과 완전히 배치된 행동이라는 것이었다. 중국 지도부는 뒤늦게 이러한 상황을 파악하고 문제를 진정시키기 위해 구두 양해사항에 합의한 것으로 보였다.

이후 양국 간에는 고구려사 문제가 더 이상 부각되지 않고 있으며 비교적 냉정을 유지하면서 발전하고 있다. 그러나 고구려사 왜곡 사건은 한국인들의 마음에 큰 상처를 남겼다. 그 사건을 계기로 수교 이후 무조건적으로 중국을 좋아하던 한국인들의 마음속에 중국에 대한 부정적인 인식이 자리 잡게 되었다(《김하중의 중국 이야기 2》 287-290쪽 참조).

한류의 선봉에 서다

1992년 한중 수교 이후 10년간 양국 관계는 폭발적으로 발전했지만, 주로 한국과 베이징, 상하이, 광저우 등 일부 성이나 대도시들과의 관계에만 집중되어 있었다. 그러다 보니 한국에서 멀리 떨어져 있거나 여건이 열악하여 한국인들이 관심을 가지고 있지 않은 지방들은 한국과 관계를 가지고 싶어도 그런 기회가 오지 않았다.

그러나 중국과의 실질 협력관계 증진을 위해서는 지방 성정부와의 교류협력 확대가 필수적이었다. 특히 중국은 인구 규모나 국토 면적으로 보아 통일된 단일시장이라기보다는 각 지역별로 산업구조, 경제규모, 구매력 등이 상이한 개별화된 시장이기 때문에 차별적인 시장 진출을 위해서는 중국 지방정부와의 교류와 협력의 확대가 필요했다. 그뿐만 아니라 이러한 과정을 통해서 우리 기업들의 중국 진출을 효과적으로 지원하고, 광대한 중국 시장 진출에 필요한 인적·물적 자원을 갖추지 못해 많은 어려움을 겪고 있는 중소기업의 시장 진출을 지원하는 효과도 기대되었기 때문이었다.

또한 양국 우호협력 관계의 굳건한 토대 구축을 위해서는 일반 국민 간 상호 교류와 상대방의 문화에 대한 이해를 돕는 것이 필요했다. 따라서 대사관이 한류의 선봉에 서서 각종 문화 행사의 지방 개최를 통해 한국 붐을 지속적으로 조성, 확산시킴으로써 한국의 국가 이미지와 우리 기업 및 제품에 대한 인지도를 제고시켜야 할 필요성이 있었다.

우리는 이것을 위해 과거에 분산 개최했던 무역투자상담회, 경제설명회, 문화행사와 학술세미나 등 각종 한국 관련 행사를 종합하여 병행 개최함으로써 시너지 효과를 내기로 하고, 그 행사의 명칭을 한국우호주간행사, 영어로는 'Team Korea Project'(TKP)라고 정했다.

감동적인 첫 번째 행사

2003년 10월 말 우리는 첫 번째 한국우호주간행사를 조선족이 많이 거주하고 16기 3중전회에서 동북3성 노공업기지 발전전략을 중점적으로 추진하기로 결정한 지린성(吉林省)과 헤이룽장성(黑龍江省)에서 하기로 했다. 10월 26일 나는 투자사절단 60여 명, 문화공연단 40여 명 등 130여 명의 대표단과 함께 지린성의 성도 창춘(長春)으로 갔다.

　우리는 이틀 동안 훙후 성장 등 성 정부 간부들과 함께 '한국-지린성 우호주간행사' 개막식에 참석하고 이어서 무역투자상담회와 경제교류협력세미나, 문화공연, 영화제 및 사진전 등 각종 행사에도 참석했으며, 중간에는 왕윈쿤 당서기가 주최하는 오찬에 참석했다. 나는 또한 지린대학에 가서 학생들에게 한중 관계에 관한 특강을 했다. 행사는 대성공이었다.

　10월 28일 오후 지린성의 창춘에서 130여 명의 대표단이 자동차와 버스를 타고 하얼빈으로 이동하는데 그 행렬이 장관이었다. 자동차를 타고 가면서 옛날 일제 강점기 시절 우리 선조들이 이곳에 와서 독립 운동을 했을 때를 생각하니 가슴 속에서 무언지 모를 감동이 올라왔다.

　우리는 헤이룽장성의 성도인 하얼빈시에 도착하여 10월 29일부터 장줘지 성장을 비롯한 성 정부 간부들과 함께 '한국-헤이룽장성 우호주간행사' 개막식에 참석하고 이어서 무역투자상담회와 경제교류협력세미나, 문화공연, 영화제 및 사진전 등 각종 행사에도 참석했으며, 중간에는 숭화탕 당서기를 면담했다. 나는 또한 헤이룽장대학에 가서 학생들에게 한중 관계에 관한 특강을 했다. 헤이룽장성에서의 행사도 대성공이었다.

9개 성과 2개 직할시에서 대대적인 환영을 받다

　그 후 나는 매번 평균 150-180명 정도의 무역투자사절단 및 문화공연단을 이끌고 2004년에는 후베이성(湖北省)과 후난성(湖南省), 2005년 상반기에 스촨성(四川省)과 충칭시(重慶市), 하반기에 허난성(河南省)과 허베이성(河北省), 2006년에는 샨시성과 안후이성(安徽省), 그리고 2007년 상반기에 톈진시와 산둥성(山東省), 하반기에 푸젠성(福建省)을 각각 방문했다. 총 9개 성 2개의 직할시였다.

우리가 방문한 중국의 지방성들은 그때까지 대부분 경제 발전의 중심에서 벗어난 지역이라 150-180명에 달하는 대규모의 외국 대표단이 방문한 적이 없었다고 했다. 그런데 한국대사관이 인솔하는 대규모의 대표단이 가니 대대적인 환영을 할 수밖에 없었다. 2006년 11월 우리가 샨시성을 방문했을 때는 외국의 최고 귀빈들이 방문할 때 실시하는 입성식(入城式)까지 하면서 우리 대표단을 환영했다.

넘치는 성과를 거두다

우리는 우호주간행사를 통해 한국과 각 지방들과의 관계가 심화 확대되는 중요한 계기를 제공했을 뿐만 아니라 그 밖에도 놀라운 성과를 거두었다.

우선 중국의 지방에 무역이나 투자를 원하는 한국 기업들은 성정부와 직접적인 접촉을 하기도 어렵고 자신들이 찾는 믿을 만한 중국 기업을 찾기가 어려웠지만, 일단 무역투자사절단에 포함되어 현지에 가면 성 정부의 간부들로부터 자기들이 원하는 중국 기업들을 소개받을 수 있고 또 당면한 문제들이 쉽게 해결되기 때문에 점차 많은 기업과 기업인이 그 기회를 활용하려 했다. 또한 중국에 진출하고 싶은 연예인들은 문화공연단에 포함되어 지방에 가면 공연장에 그 성의 대부분의 지도자들과 많은 주민들이 참석하기 때문에 아주 쉽게 이름을 알릴 수 있었다.

한편 나로서는 지방 정부의 성장 및 당서기들과 개인적인 친분을 쌓는 귀중한 기회를 얻게 되었으며, 나중에 그 성정부로부터 필요한 협조를 받아야 할 때나 혹은 그들이 중앙의 지도자로 발탁되어 왔을 때 보통 외국 대사들이 얻기 어려운 협조와 도움도 받을 수 있었다. 내가 우호주간행사를 통해 만난 지방의 지도자들은 대부분 그 후 중앙에 진출해서 중요한 직책을 맡았다. 그중에서 현직에 남아 있는 인사를 보면 텐진시의 장가오리 당서기는 부총리 겸 정치국 상무위원이 되었고, 샨시성의 리젠궈 당서기는 정치국원 겸 전인대 부위원장이며, 자오러지 당서기는 정치국원 겸 중앙서기처 서기로, 안후이성의 궈진룽 당서기는 정치국원 겸 베이징시 당서기로, 또한 산둥성의 장다밍 성장은 중앙정부의 국토자원부장(장관)이 되어 활동하고 있다.

내가 주중대사로 근무하는 동안 주중대사관이 한류의 선봉에 설 수 있었던 중요한 기회를 제공한 것은 바로 한국우호주간행사였다.

대학 및 연구소 강연 등을 통한 공공외교

당시 중국의 언론에는 한국에 대한 보도가 별로 없었다. 그런데 중국이 땅은 넓고 사람들이 많으니 한국을 알리기가 쉽지 않았다. 그래서 나는 중국 어디를 가든지 우선 가장 좋은 대학을 방문하여 학생들을 상대로 한중 관계에 관해서 중국어로 한 시간 정도 강연을 한 다음 중국어로 20-30분 정도 질의응답을 진행했다. 반응은 폭발적이었다. 어느 대학을 가든지 수백 명의 학생들이 모였다. 중국의 대학들은 오랜 역사를 가진 대학들이 많았다. 그런데 대부분의 총장들은 자기 대학에 외국인이 와서 중국어로 강연을 하고 중국어로 질의응답을 하는 것을 본 적이 없다고 하는 것이었다. 강연을 한 다음 나는 나의 저서 《떠오르는 용》을 대학에 기증했다. 나는 이렇게 중국에서 가장 유명한 49개 대학을 방문했다.

나는 또한 중국의 저명한 연구소 즉 현대국제관계연구원, 상하이과학원, 세계발전연구소, 정치협상회의 외사위원회, 국제무역촉진회, 한반도전문가모임 등에서 중국어로 강연을 하고 질의응답을 했다.

당시 중국공청단은 '한중 청소년 교류 약정'에 따라 매년 500명 규모로 (일 년에 3회씩, 1회에 100-200명) 각 지방의 청소년 리더들을 선발해 한국을 방문하는 프로그램이 있었는데, 내가 대사로 재임하는 동안 11개의 대표단 2천 명 정도가 한국을 방문했다. 나는 대표단이 갈 때마다 그들을 대사관에 초청하여 영화 등으로 한국 소개를 한 다음 중국어로 특강을 했다.

이렇게 6년 반 동안 거의 70개에 달하는 강연을 통해 나는 중국인들의 한국에 대한 인식을 바꾸기 위해 적극 노력했다.

베이징시 시민들과의 간담회

나는 2006년 4월 8일 토요일 오전 베이징 시내, 159개의 대사관이 몰려 있고 한국 기업과 한국인들이 가장 밀집해(당시 7만여 명 거주) 있는 차오양구(朝陽區, 서울 강남구와 자매결연) 구민회관에서 구청 관리들과 주민 50명 등 총 70여 명의 중국 시민을 대상으로 간담회를 가졌다. '중국 시민과의 간담회'는 그간 대사관에서 시행해 온 중국 각지의 대학생 및 청년 등을 대상으로 한 강연 등을 통한 홍보 활동에서 한걸음 더 나아가 중국의 기층 주민들을 직접 접촉(town hall meeting)하여 한중 관계의 중요성을 홍보함으로써, 대사관의 공공외교 활동 영역을 확대하려는 데 목적이 있었다.

간담회는 먼저 한국을 소개하는 영상물을 상영하고, 차오양구 측의 인사말에 이어 내가 중국어로 한중 관계에 관한 강연을 한 다음 질의응답을 하는 순서로 진행됐다. 참석한 주민들은 약 1시간에 걸쳐 한국에서의 이웃관념 등 풍속, 차오양구(특히 왕징 지역)에 한국인들이 집중되는 이유, 베이징과 차오양구에 대한 한국인들의 인식 및 평가, 중국 문화에 대한 평가, 한국의 남성우월주의 여부, 차오양구 주민들을 위한 한국어 강좌 개설 지원, 양국 간 청소년 및 민간교류 확대 방안 등에 대해 활발히 질문했다. 그리고 주민들은 한국인들에 대한 우호적인 감정을 나타내면서, 한국인들과 좋은 이웃으로 잘 지내고 있으며, 한국인들로부터 많은 것을 배우고 있다고 밝혔다. 또 한편으로는, 일부 한국인들의 무질서 행위 및 한국인들이 중국인들보다

안전의식이 취약한 사례 등도 지적하면서 이에 관련해 우리 교민에 대한 홍보 및 당관의 지원도 요청했다.

간담회는 중국의 〈런민르바오〉(人民日報), 〈베이징르바오〉(北京日報) 등 19개 신문사, 북경TV 및 중국국제방송 등 3개 방송사, 인터넷 신문 등 24개 언론사와 주중 한국 특파원이 취재했고, 간담회가 끝난 뒤 중국 언론들이 크게 보도를 했다.

중국 언론들은 "한국대사가 중국에 있는 대사 중 처음으로 시민들과의 만남을 가졌으며, 이번 행사를 통해 양국 국민 간 상호 이해를 증진하는 데 도움이 되었다"고 평가하면서, "먼 친척은 가까운 이웃만 못하다(遠親不如近隣)라고 하듯이 이번 한국대사와 중국 주민과의 거리감 없는 접촉은 앞으로 한중 양국 국민 간의 우의와 상호이해 증진은 물론 양국관계도 더욱 발전시켜 나가는 작용을 할 것"이라고 전망했다.

사실 처음에 대사관에서 간담회를 개최하는 계획을 중국 측에 제의했을 때 외교부는 다소 놀랍다는 반응을 보였고 차오양구 측도 주저했지만, 한중 관계와 나아가 차오양구 주민들과 한국 체류자들과의 조화로운 생활 등을 고려하여 적극적인 협조를 제공함으로써 성공적으로 추진되었다.

결국 간담회는 중국 주재 외국 대사로서는 사상 처음으로 중국 주민과 직접 접촉한 활동이라는 점에서, 한중 양국 및 양 국민의 친밀감을 과시한 행사가 되었고, 그 후 차오양구에 거주하는 한국인들에 대한 인식이 개선되고 구청이나 중국 주민들에게 많은 도움을 받게 되었다.

또한 간담회 이후 외교단에서도 한국대사관의 활동에 깊은 관심을 보였으며 결과적으로 중국 내 한국의 지위를 과시하는 계기도 되었다.

중국 방송 매체를 통한 공공외교

나는 어디를 가든지 중국 매체와의 인터뷰에 적극 응하여 한국을 알리려 노력했다. 그중에서도 중요한 텔레비전 방송국의 인기 프로그램에 출연하는 것은 홍보 효과가 아주 높았다. 2005년 초에 베이징텔레비전(BTV) 방송국의 'TV는 당신과 함께'(熒屛連着我和你)라는 프로그램에 출연해서 나중에 이 프로에 출연한 30여 개국 대사 중 '최고의 다재다능 대사 상'을 받기도 했다(《하나님의 대사 1》 130-135쪽 참조).

봉황위성TV 토크쇼 '루위와의 만남'(魯豫有約)

나는 2007년 7월 홍콩의 봉황위성TV 측의 요청으로 토크쇼 '루위와의 만남'에 출연했다. 봉황위성TV는 중국 내 수신 가구 수가 4천만이고, 시청자가 1억 4천만 명이며, 전 세계에서 수신 가능 인구가 20억 명에 달하고 있었다. '루위와의 만남'은 중국의 정치계 및 경제계 등 주요 인물과의 대담 프로그램으로, 중국 내 성공한 인사들의 인생 스토리를 방영함으로써 시청자들로부터 크게 호평을 받고 있었다.

특히 사회자 천루위는 2000년 중국 텔레비전 최고 진행자로 선정된 바 있고, 북경올림픽유치 영어경진대회에서 1위를 수상한 바 있는, 당시 중국의 30-40대 여성 중 가장 성공한 탁월한 여성으로 인정받는 젊은 층의 우상이었다(언론에서는 그녀의 연봉과 수입이 당시로서는 천문학적인 130만 달러 이상이라고 보도했다).

토크쇼에는 칭화대학교를 비롯한 각 대학교 학생, 언론계 및 기업인 등 300여 명이 방청객으로 참석했는데, 나는 중국과의 인연, 주중대사가 되기까지의 과정과 주중대사로서의 활동, 개인적 경험과 일상생활을 통한 한국의 문화 등을 중국어로 밝혔으며, 나의 중국어판 저서 《騰飛的龍》(떠오르는 용)을 통해 중국인들의 특성을 분석, 방청객들로부터 큰 호응을 얻기도 했다.

봉황위성TV는 나의 대담 프로그램을 '중국에 있는 한국대사'라는 제목으로 8월 25일(토) 아침 10시부터 50분간 방영한 다음, 8월 26일(일) 저녁 9시 45분부터 50분간 재방영했다. 그리고 그 후에도 이 프로그램은 중국 교육 TV 방송국과 상하이, 톈진, 후난성, 저장성(浙江省), 스촨성, 장수성(江蘇省), 지린성, 랴오닝성, 샨시성, 헤이룽장성 등 29개 지방 텔레비전 방송국에서 방영됐다.

이 프로그램은 한중 수교 15주년에 맞춰 방영됨으로써 중국 국내 및 전 세계 중국인들에게 한국에 대한 이해를 증진시키고 한국의 국가 이미지를 높이는 데 큰 효과를 거둘 것으로 예상되었다.

《騰飛的龍》(떠오르는 용)
출간을 통한 외교

나는 1973년 외교부에 들어간 이후 계속 중국에 대해 관심을 가지고 중국에 관한 문제나 일들이 생기면 생각들을 정리하고 메모하는 습관을 유지해 왔다. 그리고 한중 수교 이후 한국인들의 중국과 중국인들에 대한 선입견을 바꾸고 중국에 대해 정확한 지식을 공유하기 위해《떠오르는 용》을 구상하기 시작했다.

《떠오르는 용》의 집필 구상

나는 먼저 외무부에 들어온 이후 모아 놓은 자료와 메모를 토대로 1994년부터 글을 쓰기 시작하다가 1995년 1월 한국으로 귀임하면서 70-80퍼센트 정도 써 놓았던 집필 작업을 중단할 수밖에 없었다. 그러다 2001년 10월 주중대사가 되어 중국으로 돌아온 뒤, 다시 집필하기 시작했으며, 매일 퇴근하고 집에 돌아오면 새벽까지, 일요일이나 쉬는 날이면 시간이 나는 대로 원고에 매달렸다. 다행히도 원고의 70-80퍼센트는 1994년에 이미 완성된 상태였기 때문에 생각보다 쉽게 탈고를 할 수 있었다. 이렇게 하여《떠오르는 용》은 거의 8년 만에 완성되어 세상에 나오게 되었다.

당시 나는 책을 집필하면서 중국어판과 한국어판을 동시에 출간하려고 생각했다. 그런데 현직 대사로서 양국 관계나 민감한 문제들에 대해서는 쓸 수가 없어 중국과 중국인들에만 초점을 맞추어 집필하다 보니 그 내용들이 일반 한국인들이 이해하기에는 다소 어려운 점이 있었다. 그래서 아예 책을 중국어로 출판해서 중국인들에게 정당한 평가를 받아, 대사로서만이 아니라 진정한 중국 전문가로서 권위를 인정받고자 했다. 그래서 책을 외교부 산하의 '세계지식출판사'에서 출판하기로 결정했다.

세계인들의 중국 교과서가 될 것입니다

2001년 11월 1일 세계지식출판사에서 출판기념식이 열렸다. 출판기념식에는 외교부의 왕이 부부장을 비롯한 외교부의 간부들과 국가신문출판서, 중공중앙문헌연구실, 중공중앙선전부 등 중국의 당·정 각급 기관 관계자들과 CCTV, 〈런민르바오〉, 〈중국청년보〉(中國靑年報), 〈광밍르바오〉, 위성TV 등 주요 언론사 취재 기자 등 약 150명의 인사들이 참석했다.

내 책을 직접 감수했던 왕이 부부장은 아래 요지로 축사를 했다.

"오늘 김 대사의 저작물인 《떠오르는 용》을 출판하는 것을 진심으로 축하합니다. 외국인, 그것도 현직 외국 대사가 중국의 과거와 현재 및 미래를 포괄하는 방대한 분야에 관해 이와 같이 깊이 있는 저술을 낸다는 것은 실로 매우 어려운 일인데, 이러한 업적을 이룬 김 대사의 정신에 경의를 표합니다. 김 대사가 이 저작을 출판할 수 있었던 것은 중국과 중국민에 대한 깊은 관심과 애정이 있었기 때문에 가능했던 것인데, 본인은 김 대사의 이러한 열정과 중국에 대한 해박한 지식에 늘 탄복하고 있습니다.

중국 문제와 관련해서는 그동안 중국인 스스로 집필한 것이 대부분이었으며, 간혹 외국인들의 저작물도 있었으나 그 내용이나 수준이 실망스러운 경우가 많았습니다. 그러나 김 대사의 저작은 중국 문제 전반에 관해 매우 객관적이고도 우호적인 기술을 하고 있으며, 현재 세간에서 이와 같은 수준을 갖춘 서적을 만나기란 사실상 매우 어렵습니다.

특히, 김 대사의 저술은 중국 문제에 관해 그동안 다른 어떤 책에서도 볼 수 없었던 정확하면서도 새로운 시각을 제공해 주고 있는바, 본인은 김 대사의 저술이 향후 중국 문제 연구와 관련해 큰 의의를 지니는 저작이 될 것이며, 앞으로 30년 정도 세계인들의 중국 교과서가 될 것이라고 확신합니다."

중국 전문가로 인정받다

책이 출간된 지 일주일 후인 2002년 11월 8일 아침 〈런민르바오〉는 내 책에 관한 인터뷰 기사를 크게 보도하면서, "현직 주중대사로서 중국을 탁월하게 소개한 것은 이 책이 처음이다."라고 언급했다. 그런데 재미있는 것은 그날이 중국공산당(中共) 제16차 전국대표대회(약칭으로 공산당대회)가 개최된 날로, 공산당대회에 관한 기사와 함께 내 책 사진이 1면 전면에 실린 것이었다. 아마 중국 정부는 주중한국대사가 중국을 "떠오르는 용"이라고 평가했다는 것을 국민들에게 알리고 싶었던 때문이 아닌가 생각된다.

어쨌든 그 당시 중국공산당원이 6,600만 명이었는데, 제16차 당대회 개회에 관한 〈런민르바오〉 기사를 대부분 보았을 것이며, 그때 자연스럽게 내 책에 관한 소개도 보았음이 틀림없었다. 그 후 나는 어디를 가든지 그날 〈런민르바오〉를 봤다는 사람들을 많이 만날 수 있었다.

한편 중국의 〈광밍르바오〉는 "객관적으로 볼 때, 중국 주재 외교사절 중에서 중국 문제에 대해 저술하고 주장을 내세울 수 있는 사람은 정말 드물고, 현직 대사로서 책을 쓰고 중국에서 먼저 출판하는 경우는 전대미문이며, 우리는 이렇게 '감히 세상의 앞으로 나선'(敢爲天下先) 김하중 주중 한국대사를 취재했다"고 하면서 인터뷰 기사를 보도했다.

또한 〈중국청년보〉는 "김 대사가 중국 역사와 중국 상황에 대해 깊은 이해와 관찰력을 갖고 있음을 알 수 있으며, 이 저서는 한국인이 중국을 이해하는 권위 있는 책자인 동시에 중국인이 자아를 정확히 인식하는 거울이기도 하다"고 평가했다.

나는 그 책을 중국의 최고지도자들은 물론이고 부총리, 국무위원, 부장(장관), 부부장(차관), 지방정부의 당위서기 및 성장 등 내가 만나는 중국 각계각층의 지도급 인사들에게 선물했다. 그들은 책을 읽고 나서 나를 단순히 주중 한국대사로서 뿐만 아니라, 중국 전문가로서 인정해 주었으며, 그들의 그러한 평가는 내가 주중대사로 활동하는 데 말할 수 없이 큰 도움을 주었다. 책을 집필하기 위해 8년이나 고생했지만, 중국에서 한국을 알리고 한국인의 위상을 높이는 데 더 이상의 좋은 방법이 없었다.

그 책의 한글판은 일 년 뒤인 2003년 11월 한국의 비전과리더십 출판사에서 출간되었고, 다시 10년이 지난 다음 《김하중의 중국 이야기 1- 떠오르는 용, 중국》이라는 책명으로 개정증보판이 출간됐다.

대통령이 극찬한
신축 대사관 건물

1992년 한중 수교가 타결되어 가는 과정에서 우리가 관심을 가진 것 중 하나가 주중대사관 부지였는데, 중국 측이 우리에게 제시한 곳은 현재 주중대사관이 위치한 차오양구 제3대사관 단지였다. 미국대사관과 길 하나를 사이에 두고 있는 주중대사관은 미국 외에 일본 등 30개 정도의 주요 대사관들이 있는 3단지 내에서도 가장 큰 대사관 중 하나다.

수교 후 정부에서는 주중대사관의 중요성을 고려하여 수천만 달러에 달하는 건립비용을 예산에 책정하여 1997년 말에 설계를 마쳤다. 그런데 공사를 시작하려는 즈음 외환위기가 발생하는 바람에 대사관 건립을 포기하고 예산을 국가에 반납했다. 그러다 내가 주중대사로 부임한 이후 외환위기가 극복되어 정부의 재정 상황이 호전되었고, 중국에서의 우리나라의 위상도 고려해서 다시 대사관 건립을 위한 예산을 확보하여 착공식을 하게 되었다.

그런데 해외에서 대사관이나 관저를 새로 지으면 나중에 항상 말이 많았다. 잘못 지었다느니 이상하게 지었다느니 하는 말이 끊임없이 돌았다. 사실 내가 대사관 신축 공사를 시작하면서 보니 마음에 들지 않는 부분이 있었다. 그래서 본부에 알아보니 해외 공관이나 관저를 신축하는 경우에는 공정성과 객관성을 확보하기 위해서 현지 대사관의 의견을 배제하고 본부 기획관리실에서 최고 전문가들로 구성된 심사위원회에서 결정하며, 더욱이 주중대사관 신축 건물은 이미 1997년에 설계 도면이 확정되었기 때문에 수정이 곤란하다는 대답이었다.

그것뿐이 아니었다. 대사관이 준공된 다음에 대사관 각 방에 거는 그림이나 조각품도 전부 본부에서 구입하여 그림 한 장 거는 것도 미술자문위원들의 자문을 받아 걸게 되어 있었다. 결국 설계에서 착공, 준공 나아가 실내 장식까지 대사관에서 할 수 있는 것은 아무것도 없었다. 그럼에도 불구하고 나중에 말이 나오면 그것은 전부 대사관의 몫이었다.

나는 그것이 싫어서 대사관을 짓고 난 다음에 어떠한 말도 나오지 않고, 모든 사람이 잘 지었다는 말만 하기를 바라고 기도했다.

대사관 참 잘 지었네요!

관례적으로 대사관을 지을 때는 짓는 사람이 따로 있고, 쓰는 사람이 따로 있다. 건물을 짓는 데 보통 2년 반에서 3년이 걸리는데, 대사의 임기는 평균 3년이기 때문에 건물을 짓다가 떠나든지 아니면 짓더라도 청사에 못 들어가고 떠나게 되기 때문이다.

그런데 내 임기가 계속 연장되면서 대사관 완공 예정인 2006년 9월이 되었다. 우리는 대사관 신청사 개관식을 10월로 잡고 있었는데 갑자기 노무현 대통령의 중국 공식방문이 추진되기 시작했다. 그러던 어느 날 청와대에서 연락이 왔다. 대통령이 방중 기간 중 대사관 신청사 개관식에 참석할 예정이라는 것이었다. 대사관 신청사 개관식에 그 나라 국가원수가 참석하는 것은 굉장히 이례적이었다. 우리나라의 경우도 그때까지 대통령이 해외 대사관 개관식에 참석한 경우가 없었고, 중국에서도 그런 전례가 없다고 했다.

2006년 10월 13일 오전에 노무현 대통령이 중국에 도착하여 공식 활동을 마친 다음 대사관으로 왔다. 그날 개관식은 중국 정부를 대표한 리자오싱 외교부장과 추이텐카이 부장조리(현재 주미 중국대사) 등 중국 인사 60여 명과 중국에 있는 한국인 주요 인사 약 80명, 대사관 직원 등 200여 명이 참석한 아주 성대한 행사였다.

첫 순서로 대사인 내가 경과보고를 하고, 이어서 중국 외교부장이 축사를 했다. 다음으로 축사를 하는 노무현 대통령이 단상 연설대에 서더니 말했다.

"제가 연설을 하기 전에 먼저 한마디 해야겠습니다."

대통령은 대사관 건물을 다시 한 번 쭉 쳐다보며 말했다.

"대사관 참 잘 지었네요! 건물도 참 잘 짓고, 저 소나무도 기가 막히네요. 한국에서는 저걸 금강송이라고 하는데, 한국에서 가져온 건지 중국 소나무인지는 모르겠지만 기상이 아주 우렁찹니다. 대사관에서 졸졸졸 물소리가 들리는데 아주 풍치 좋은 계곡에 발을 담그고 있는 것 같습니다. 탁월합니다. 찬사를 보내지 않을 수 없습니다. 자, 그럼 이제부터 축사를 하겠습니다."

대통령은 축사를 통해 주중대사관 신청사가 "한국 고유의 아름다움과 역동성을 잘 보여 주는 건물"이라고 다시 한번 극찬을 했다. 한국과 중국의 200여 명의 귀빈들 앞에서 한국 대통령이 대사관을 잘 지었다고 극찬을 했으니 그 말의 파급효과는 대단했다. 이후 한국 사회는 물론이고 중국 사회에서도 주중 한국대사관을 잘 지었다는 소문이 급속하게 퍼져 나가기 시작했다. 이 건물은 2006년도 우리나라 건설업체가 해외에서 지은 건축물 가운데서 가장 잘 지은 건물로 최우수상을 받았다(《하나님의 대사 2》 86-89쪽 참조).

중국과 중국인을 사랑하는 한국대사

그동안 다양한 매체를 통해 여러 차례 밝혔듯이, 나는 주중대사로 있는 동안 중국에 진출한 한국 기업인들이 나에게 중국에서 성공하는 비결과 좋은 사람을 사귀는 비결을 물을 때마다 항상 "중국을 사랑하고 중국인을 사랑하라"고 말했다.

2007년 7월 산둥성과의 한국우호주간행사 때였다. 나는 210여 명에 달하는 대표단과 함께 산둥성 성도 지난(濟南)에 도착하여 그날 저녁 산둥성 정부가 주최한 우호주간행사 개막식 만찬에 참석했다. 그리고 만찬사를 하면서, "저는 중국과 사업을 하려는 한국인들에게 항상 중국에서 성공하는 비결은 어떠한 상황에서든지 중국을 사랑하고 중국인들을 사랑해야 한다고 강조하고 있으며, 이번에 200명이 넘는 한국대표단이 산둥성을 방문했지만 우리는 산둥성을 사랑하는 마음을 가지고 비즈니스를 할 것이기 때문에 모든 일은 서로에게 이익이 되는 결과를 가져올 것"이라고 연설했다.

홍콩의 〈다궁바오〉 기사

몇 달이 지나 2007년 11월 16일 홍콩에서 발행하는 〈다궁바오〉(大公報)가 달라이라마에 관한 기사를 보도하면서 아래 내용을 실었다.

"산둥은 한국 기업들에게 '투자의 천국'이 되었는데, 산둥성과 한국과의 무역이 바야흐로 힘차게 발전할 수 있었던 데는, 김하중 주중 한국대사가 현명하고 최선을 다해 노력한 것과 떼어놓고 생각할 수 없다. 지난 7월 12일 지난에서 '2007년 중국 산둥-한국 우호주간행사'가 개최됐는데, 김하중 대사는 216명으로 구성된 한국의 경제계, 기업계, 문화계, 예술계 분야 인사들을 인솔하고 행사에 참석했다. 유창한 중국어를 구사하는 김하중 대사는 행사에서 산둥, 중국에서 돈을 버는 비결이 있는데, 그것은 바로 '어떤 상황에서든지 무조건 중국을 사랑하고, 무조건 중국인을 사랑하라'는 남다른 방법을 제시했다.

김 대사는 한중 양국 관계가 이렇게 짧은 기간 동안 비약적으로 발전할 수 있었던 원인을 아래 6가지로 종합했는데, ① 상호보완성을 기반으로 한 경제적 이익, ② 한반도의 평화와 안정, ③ 정치적으로 역사적, 현실적 갈등이 없다는 점, ④ 지리적 인접성, ⑤ 역사적 유대감, ⑥ 문화적 유사성이었다. 이외에 한 가지를 덧붙이면, 이렇듯 대단한 특색을 갖춘 주중 한국대사를 다시 얻기가 매우 어려운바, 결코 소홀히 해서는 안 될 것이라는 점이다. 오늘날의 중국과 중국인들에게 어느 정도 외국인의 사랑을 받을 만한 부분이 있는 것은 사실이지만 반드시 알아야 할 것은, 중국은 외국인의 '사랑'을 요구하는 것보다 '중국을 적대'하지 말 것을 요구하고, 이로써 만족할 수 있다는 것이다."

'중국을 사랑하자, 보답이 있을 것'

도올 김용옥 씨가 2007년 12월 말 중국을 방문했을 때 나와 비공식적인 인터뷰를 했는데, 그 내용이 2008년 1월 8일자 〈중앙일보〉에 크게 보도되었다. 그런데 그 다음 날인 1월 9일 중국의 유력일간지 〈환치우스바오〉(環球時報)는 "주중 한국대사, 중국을 사랑하자, 보답이 있을 것" 제하 기사에서 도올과의 인터뷰 내용 중 중국 관련 언급 부분을 아래와 같이 보도했다.

"중국의 임금 상승과 규제 강화로 중국에 진출한 한국 제조업 기업들이 어려움을 겪고 있기 때문에, 우리는 한중 무역 문제를 매우 비관적으로 바라보는 오류를 범하기 쉬운데, 한국은 대중 무역에서 흑자를 내고 있으며, 2006년에도 350억 달러의 흑자를 냈다. 2007년 한중 교역액은 1,500억 달러로 한미와 한일의 교역량을 합친 액수에 상당하다.

우리가 열고 들어갈 수 있는 중국의 대로는 무수히 많은 바, 중국이 대국이라고 무서워해서는 안 된다. 중국 대륙과 한국은 이미 하나의 문화권으로서 2006년 10월 노무현 대통령은 하루 일정으로 중국을 방문하여 아침에 왔다가 저녁에 귀국했는데, 이렇게 중국을 방문할 수 있는 국가는 한국밖에 없다.

많은 사람이 중국이 북한을 넘보고 있다고 말하지만, 중국은 실제로 북한에 투자한 것이 별로 없으며, 중국은 단지 남북 관계가 자신들에게 부담을 주지 않기를 바라고 있다. 만일 남북 양측이 스스로 화해하고 진지하게 협상하면 중국은 안심할 것이다.

우리는 의구심만 키우는 예전의 사고방식을 반드시 바꾸어야 한다. 우리가 중국을 적극적으로 사랑하면 사랑하는 만큼 보답을 받을 것이다. 본인은 공식 석상에서도 항상 '중국을 사랑합시다!'라고 외치고 있다.

외교는 1차적으로 인간관계로서 본인은 중국 국민들을 위해 기도하고 있고, 그래서 중국인들의 사랑과 신임을 얻고 있다."

나는 주중대사로 있는 동안 나라의 일을 하면서 항상 하나님을 믿는 사람으로서의 정체성을 드러내려고 했다. 그것은 중국과 중국인을 사랑하는 것이었다. 그래서 아침에 일어나 중국 땅을 밟으면서 하나님께 중국 땅을 축복해 주시고 중국인들을 축복해 주시도록 기도했다. 그리고 언제 어디를 가든지 하나님께서 그 땅을 축복해 주시고 내가 만나는 중국인들을 축복해 주시도록 기도했다. 그랬더니 중국 땅이 나를 축복하고 중국인들이 나를 축복해 주었다. 모든 것이 하나님의 은혜였다.

삶에서 길어 올린 지혜

01
철저한 준비가 탁월함을 낳습니다

"장쩌민 주석과의 환담을 대비해 중국어와 영어로 치밀하게 준비하고 부임 이틀 만에 신임장을 제정했습니다." 학업이나 직장에서 중요한 기회를 얻었을 때, 우연히 주어진 일이라 생각하지 말아야 합니다. 실력을 최대한 발휘할 수 있도록 사소한 것부터 치밀하게 준비하고, 그 과정에서 탁월함을 추구하십시오.

02
상대방에 대한 존중이 최고의 소통 방법입니다

"자녀들이 베이징에서 공부한 이야기로 중국 최고 지도자와 친밀감을 형성할 수 있었습니다." 처음 만나는 사람과 대화할 때, 상대방의 문화나 배경에 관심을 가지십시오. 진심으로 상대방을 존중하는 마음으로 소통할 때, 더 깊은 관계를 맺을 수 있게 됩니다.

03
상대를 깊이 이해하는 데서 진정한 관계는 시작됩니다

"중국의 특성에 대한 깊은 이해를 바탕으로 각 지방 성 정부와의 교류를 확대하는 'Team Korea Project'를 추진했습니다." 새로운 환경이나 조직에 들어갈 때, 그곳의 문화와 사람들에 대해 깊이 이해하려고 노력해야 합니다. 그들의 필요를 파악하고 그에 맞춰 소통하고 협력할 때, 진정한 관계를 형성하고 시너지를 낼 수 있습니다.

04
기록하고 정리할 때 전문성이 생깁니다

"중국에 대한 깊은 이해와 관찰력을 담아 《떠오르는 용》을 집필하고 중국과 한국에서 출판했습니다." 학업이나 직업을 통해 얻은 지식과 경험을 체계적으로 정리해 보아야 합니다. 이런 과정은 전문성의 깊이와 넓이를 더할 것입니다. 그리고 다른 사람들과 나눌 때 전문성은 더욱 탁월하게 될 것입니다.

05
함께하는 사람과 조직을 사랑하며 축복하십시오

"언제나 '중국을 사랑하고 중국인을 사랑하라'고 강조하고, 중국 땅과 중국인들을 축복하며 기도했습니다." 지금 일하는 직장이나 앞으로 만나게 될 사람들을 사랑하는 마음으로 대하십시오. 사랑하고 축복하는 마음으로 나아갈 때, 하나님은 여러분을 사용하시고 여러분의 삶은 더 큰 보답을 받게 될 것입니다.

※이 장에는 '나누며 깊어지는 시간'의 질문을 생략합니다.

하나님의 대사로
산다는 것

　　　　　　　　나는 나라와 민족을 위해 기도하면서 나라의 대사로서의 업무를 처리해 나갔다. 그러면서 또한 하나님의 대사로서 하나님 나라와 그 의를 위한 기도, 하나님의 통치가 내가 일하는 이 중국 땅에서 그리고 대사관에서 이루어지기를 원하는 기도, 하나님의 종과 백성들을 위한 기도, 예수님이 말씀하신 죄인들과 힘없고 가난하고 불쌍한 자들을 위한 기도를 했다. 그리고 그 과정에서 놀라운 경험을 하기 시작했다.

　　내가 주중대사로 부임한 다음 해인 2002년 봄부터 탈북자 문제가 확대되기 시작했다. 이 문제는 단순히 한중 양국 간의 문제가 아닌 북한이 관여된 문제이기 때문에 단순한 외교 협상만 가지고 해결하기는 불가능했다. 정말로 하나님의 도움이 절실했다.

1,000명이 넘는 탈북자를 구출하기까지

내가 1992년 2월부터 3년 동안 주중대사관에서 근무할 때만 해도 북한의 경제가 나쁘지 않았기 때문에 북한을 탈출하는 주민들의 수는 많지 않았다. 그러나 1997년 2월에 발생한 황장엽 망명 사건은 앞으로 탈북자 문제가 발생할 수 있는 단초를 제공했다. 왜냐하면 황장엽이 망명에 성공했다는 소식은 북한 주민들에게 자신도 탈북하면 한국에 갈 수 있다는 희망을 주었을 것이기 때문이었다. 탈북자 문제가 확대되는 것은 시간문제였다.

강하고 담대하라

내가 주중대사로 부임한 2001년 10월에는 이미 탈북자 문제가 중국에서 민감하고도 복잡한 문제로 부각되어 있었다.

2002년 3월 중순 베이징 주재 스페인대사관에 25명의 탈북자들이 진입하는 사건이 일어났다. 우리는 스페인대사관 측과 접촉하고, 스페인대사관 측은 중국 외교부와 긴밀히 협조하여, 중국 정부가 탈북자 전원을 필리핀을 거쳐 한국으로 보내는 것으로 정리되었다.

5월에 선양(瀋陽)에 있는 일본과 미국 총영사관, 베이징에 있는 캐나다대사관에 탈북자들이 진입하는 사건이 연이어 발생했다. 이런 일이 생길 때마다 우리는 각 대사관과 협조를 해서 탈북자들을 전부 한국으로 보냈다.

이제 한국대사관에 탈북자들이 들어오는 것은 시간문제였다. 그러나 다른 외국 대사관과 달리 탈북자들이 한국대사관에 들어오게 되면, 남북이 대치하는 상황에서 북한의 입장을 고려할 수밖에 없는 중국과의 협상에 상당한 어려움이 예상되었다. 그러나 이미 탈북자들이 서방 선진국 대사관이나 총영사관에 진입하여 한국에 간 이상, 한국대사관이 그들의 진입을 거부하기는 어려웠다.

나는 이 문제를 가지고 하나님께 끊임없이 기도했고, 기도할 때마다 하나님께서는 나에게 강하고 담대하라는 마음을 주셨다. 그래서 나는 마음의 준비를 단단히 하고 탈북자의 진입을 기다렸다.

힘든 물밑 협상을 통한 탈북자 송환 작업

드디어 5월 말부터 탈북자들이 우리 대사관 영사부(비자 발급 등 민원 업무를 처리하는 부서)에 들어오기 시작했다. 중국 측과의 교섭은 예상했던 대로 힘들고 어려웠다. 그러는 중에 6월 중순에 탈북자 부자가 영사부에 진입하다가 아들은 들어오고 아버지는 중국 공안에 끌려가는 사건이 발생했다. 이 사건으로 인해 한국 국내 여론이 비등하기 시작했고, 나는 외교부의 고위 관리와 물밑 협상에 들어갔다. 힘들고 어려운 협상을 거쳐 중국 측은 당시 우리 영사부에 있던 탈북자 24명이 전부 제3국을 거쳐 한국으로 가는 것을 허가했다.

이 과정에서 중국 측은 우리에게 보안을 유지해 줄 것을 요청했다. 때문에 대사관은 이후 어떤 언론의 비난에도 일절 대응하지 않았다. 중국 정부로서도 여러 가지 환경적인 요소 때문에 어쩔 수 없는 측면이 있음을 알기에 나는 오히려 중국 정부의 협조에 감사했고, 중국에 주재하는 대사로서 우리로 인해 그들이 받는 불편과 피해에 대해 미안하게 생각했다.

그러면서 나는 끊임없이 하나님께 도와 달라고 간구했다. 또한 이러한 어려운 일을 당한 중국 정부를 축복해 주시고, 중국의 관련 부서 책임자들이 탈북자 문제에 대해 관용적인 자세를 가지도록 기도하는 것도 잊지 않았다.

이때를 생각할 때마다 기억나는 것은 당시 최성홍 외교통상부장관의 역할이었다. 최 장관은 현지의 어려운 상황을 이해하고 대사관이 자기 역할을 충분히 발휘할 수 있도록 최대한의 지지와 격려를 아끼지 않았다. 그 시기에 본부의 최고사령탑이 최 장관이었다는 것은 나에게 큰 행운이었다. 지금도 최 장관에게 깊은 감사함을 느낀다.

대사관의 비상대기조

탈북자들의 진입은 그 후에도 끊임없이 계속되어 영사부에는 매일 평균 100여 명의 탈북자들이 들어와 있었고, 한때는 수용 인원이 170명까지 이르기도 했다. 이러한 상황은 2005년 가을을 계기로 감소하기 시작했지만, 그래도 매일 평균 60-70명의 탈북자들이 있었다. 탈북자 문제는 중국과의 교섭도 무척 어려웠지만, 이로 인한 영사부 직원들의 고생은 말로 다할 수 없었다. 매일 평균 수십 명에서 때로는 백 명이 넘는 탈북자들과 함께 생활하며 각자의 업무를 수행해야 했기 때문이다.

　탈북자들이 거주할 장소를 마련하기 위해 직원들이 사무실을 내주고 복도로 나올 수밖에 없었고, 그들을 매일 먹이고 입히는 것도 보통 일이 아니었다. 더구나 수십 명에서 100명이 넘는 사람들이 밖에 나가지도 못하고 갇혀 있다시피 하니 예민해져서 수시로 크고 작은 사고가 발생했다. 또 사스가 한창 유행일 때는 혹시라도 탈북자들 사이에서 질병이 발생할까 봐 내내 노심초사했다. 총영사를 비롯한 직원들은 혼신의 힘을 다해 그들을 돌봐주었다. 나도 대사로 있는 동안 출장을 제외한 휴일이나 주일에도 늘 출근을 했다. 항상 사무실에서 대기하면서 일이 발생하면 총영사와 함께 바로 필요한 조치를 취하기 위해서였다. 나와 총영사, 영사부 직원들은 말 그대로 대사관의 비상대기조였다.

　한번은 대사관에 대한 국정감사 후 국정감사반이 영사부를 방문하여 탈북자들의 수용 현황을 직접 시찰했는데, 감사반원들은 열악한 상황에 놀라면서 이구동성으로 상상도 못하는 어려운 환경에서 고생하고 있는 직원들을 따뜻하게 위로해 주었다.

　영사부의 이러한 상황에도 불구하고 탈북자 문제의 심각성을 이해하지 못하는 일부 대사관 직원들은 대사가 일 년 내내 사무실에 나오는 것을 이상하게 여기고, 외부에서는 대사가 휴일도 없이 출근하여 직원들을 혹사시킨다는 소문이 돌았다. 하지만 나는 '탈북자 문제 때문'이라는 말의 민감성을 고려해 아무런 설명도 하지 않았다. 나는 중국의 희망과 북한의 반발을 고려하여 탈북자 문제에 관해 일절 언급을 하지 않았으며, 주중대사를 끝내고 귀국할 때까지 이 입장을 견지했다(《하나님의 대사 1》 92-99쪽 참조).

당시 외부에서는 대사가 휴일에도 출근하여 직원들이 골프를 못 치게 하고 때로는 사무실로 불러내어 혹사를 시킨다는 소문이 돌아다녔다. 나는 그런 소문을 듣고도 못 들은 척했다. 그러나 그 소문은 점점 확대되어 마치 사실인 것처럼 퍼졌다. 한번은 특파원들이 나를 찾아와 아무리 대사지만 직원들에게 그렇게 하지 말라고 하는 것이었다.

나는 아무래도 이 문제를 한번 짚고 넘어가야겠다고 생각했다. 그 다음 월요일 아침 전체 직원회의가 열려 80명에 달하는 전 직원들이 참가했고, 30여 명의 참사관급 이상 간부 직원들과 각 부처의 주재관들은 나와 함께 대형 테이블에 둘러앉아 있었다. 나는 회의를 시작하기 전에 먼저 외부에서 돌아다니는 소문에 대해 설명을 한 다음에 내 오른쪽에 앉아 있는 공사에게 질문을 했다.

"○○공사, 당신이 대사관에 부임한 이후 내가 휴일에 전화를 한 적이 있나요? 그리고 휴일에 사무실에 나오라고 한 적이 있나요?"

"없습니다."

내가 다음 공사에게 똑같은 질문을 했고 대답은 똑같았다. 나는 또 국방무관에게 질문을 했고 대답은 같았다. 나는 탈북자 문제를 관장하는 총영사와 일이 많아 휴일에도 자주 사무실에 나오는 정무참사관을 제외한 전 간부들과 주재관들에게 똑같은 질문을 했고 대답은 똑같았다.

질문을 마치고 나서 내가 말했다.

"이 자리에 앉은 총영사와 정무참사관을 제외하고는 아무도 휴일에 대사로부터 전화를 받은 적이 없고 사무실에 나오라고 한 적이 없는데, 도대체 왜 이런 말이 외부에서 돌아다니는 겁니까? 골프를 치면 조용히 치고 놀러 다니려면 그냥 놀러 다니지 왜 양심을 속이고 그런 비겁한 짓을 하는 겁니까? 오늘 이 자리에서 전 직원들이 보고 들었으니까 다시는 그렇게 하지 마세요."

그 자리에는 나머지 40여 명의 직원들이 앉아서 보고 있었다. 사실 그 당시 간부들 중에도 대사관에서 근무하는 기간 내내 휴일이면 골프를 치고 놀러만 다니면서 단 한 번도 탈북자나 국군포로에 관해 관심을 보이지 않는 사람들이 있었다. 그들은 말이 공무원이지, 나라는 안중에 없고 오직 자기의 안일함과 이익밖에 모르는 사람들이었다. 아마 그들은 지금도 내가 대사로 있으면서 직원들이 골프를 치지 못하게 하고 휴일에도 사무실에 나오라고 했다는 거짓말을 하고 있을지 모른다.

일을 이루시는 분께 모든 영광을!

2008년 통일부장관으로 임명되어 중국을 떠나면서 나는 영사부 직원들로부터 재임 기간 중 처리한 탈북자 문제에 관한 보고를 받았다. 대사 재임 기간 중 2002년 5월부터 2008년 2월까지 5년 9개월 동안 탈북자들이 대사관 영사부에 진입한 건수가 400여 번이었고, 자진 퇴거 등 극히 일부 사례를 제외하고는 전부 한국으로 송환되었는데 그 숫자가 1,000명이 넘었다. 나는 이 숫자를 보고 놀라지 않을 수 없었다. 탈북자 문제가 시작될 때 하나님께 내가 대사로 있는 동안 1,000명의 목숨을 구하게 해달라고 기도했는데, 하나님께서 그 간구를 들어 주신 것이었다.

그런데 중국 내 한국총영사관과 다른 나라 외교공관에 진입한 탈북자들이 약 200회에 걸쳐 600여 명이었는데, 이들 또한 전부 한국대사관에서 중국 정부와 교섭하여 한국으로 송환했다. 결국 5년여의 기간 동안 600여 회가 넘게 진입한 탈북자 1,700여 명을 한국으로 송환한 것이었다. 600회가 넘게 진입한 탈북자 1,700여 명을 송환하기 위해 얼마나 많은 접촉과 교섭이 있었겠는가? 그것은 하나님께서 도와주시지 않으면 있을 수 없는 일이었다.

나는 보고를 받고 나서 혼자 무릎을 꿇고 기도에 응답해 주신 하나님께 감사 기도를 드렸다. 그리고 하나님께서 우리 대사관에서 한국으로 송환한 1,700여 명의 탈북자 이외에도 중국을 거쳐 제3국을 통해 한국으로 간 수많은 탈북자로 인해 중국 정부와 관련 부서 직원들이 겪은 고통과 어려움을 위로해 주시고 그들을 축복해 주시기를 간구했다.

국군포로 구출과 송환에 힘쓰다

중국에 있는 탈북자들의 주중 한국대사관 영사부로의 진입을 시작으로 국군포로들도 중국을 통한 한국으로의 귀환을 위해 다양한 시도들을 하기 시작했다. 이러한 국군포로들의 움직임을 촉발시킨 것이 2003년 11월 중순 발생한 전용일 씨 사건이었다(《하나님의 대사 2》 53-59쪽 참조).

국군포로의 신분은 기본적으로 탈북자와는 달랐다. 그들은 원래 한국인이었고 나라를 위해 싸우다가 포로가 된 사람들이기 때문에 어떠한 일이 있어도 북한으로 다시 보내져서는 안 되었다. 만일 중국이 전 씨를 북한에 송환한다면 우리 국민의 중국에 대한 감정에 악영향을 끼칠 것이 확실했고, 이 일을 담당하고 있는 주중대사관도 비난을 면치 못할 것이었다.

나는 외교부를 비롯한 중국 유관 부서의 고위 인사들과의 접촉을 통해 중국 정부가 전 씨를 한국으로 송환해 주도록 노력했으며, 전 씨 부부는 그해 12월 24일에 한국으로 송환되었다. 전 씨 부부가 한국으로 송환된 직후 청와대 대변인은 이렇게 발표했다.

"노무현 대통령께서 '전용일 씨가 예상보다 빨리 귀환하게 되어 매우 기쁘며, 귀한 크리스마스 선물이 되었다'고 말했다."

물론 그 전에도 국군포로가 대사관에 들어와 한국으로 송환된 적이 있었다. 그러나 신분이 노출되어 언론의 대대적인 주목을 받는 국군포로가 중국 측의 공식적인 협조에 의해 송환된 것은 그때가 처음이었다.

그 이후 우리는 중국 측의 협조로 많은 국군포로를 조용하게 한국으로 송환할 수 있었다. 그러나 국군포로 사건이 발생할 때마다 우리는 항상 긴장했고 특히 현장에서 그 문제를 직접 다루어야 하는 영사부 직원들은 말할 수 없는 긴장과 어려움 속에서 보내야 했다. 그래서 나는 다른 어느 누구보다도 국군포로 문제를 담당하는 직원에 대한 미안한 마음을 가지고 있었으며, 끊임없이 하나님께 그들을 보호해 주시도록 기도했다. 지금도 그때 생각을 하면 그들에게 그저 감사할 따름이다.

사형수를 살리고
수감자들을 돕다

한중 관계의 발전으로 인적 왕래가 폭발적으로 증가함에 따라 수백만 명의 한국인들이 중국을 방문하고 수십만 명의 한국인들이 중국에서 거주함에 따라 많은 문제가 발생하면서 수감자가 증가하여 2007년에는 200명에 이르렀다.

그런데 이들 중에 수십 명의 마약 사범이 있었고 그중 10명 정도(시기에 따라 다름)는 사형언도를 받고 있었다. 사실 처음에는 중국 정부도 한국의 요청을 받아들여 사형수들의 집행을 유예하기도 했지만, 점차 한국 마약 사범들의 숫자가 늘어나고 다른 나라 마약 사범들과의 형평 문제도 있어 교섭하기가 힘들어졌다.

또한 대사관에서는 많은 수감자를 몇 안 되는 영사들이 일일이 관심을 가지고 관리하기가 어려워 아예 대사관 직원들 중에 본연의 업무 이외에 추가로 수감자 업무를 도와주기를 희망하는 직원들에게 영사 대외직명을 부여했으며, 이들은 시간이 날 때마다 자신이 담당하는 수감자들이 있는 감옥을 방문하여 수감자들을 위문하고 필요한 물품을 공급하며, 애로 사항을 청취하여 문제를 해결하기 위해서 노력했다. 우리는 이것을 '전 직원의 영사화'라고 했는데, 그러는 과정에서 많은 이야기들이 있었다.

한편 수감자 중에는 고령과 노환, 장기간 수감 생활로 인해 지병 악화 등으로 정상적인 수감 생활이 어렵고 심지어는 생명이 위독한 상태에 있는 수감자도 있었으며, 대사관은 이들의 조기 석방을 위한 팀을 구성하여 노력하기도 했다.

그러나 이 모든 일은 하나님의 역사하심이 절실히 필요했다. 나는 하나님께 이 불쌍한 영혼들을 구해 주시도록 간절히 기도했고, 하나님께서는 기도를 들으시사 사형수들을 살리시고, 여자 수감자를 가석방하도록 인도해 주셨다. 이 모든 것은 정말로 하나님의 은혜로 인한 역사들이었다.

중국을 떠나면서

나는 2008년 3월 통일부장관으로 내정되어 급히 중국을 떠나게 되었다. 내가 주중대사로 근무한 2001년 10월부터 2008년 3월까지의 6년 반 동안 한중 관계가 급속도로 발전하면서 참으로 많은 일이 있었다.

우선 중요 인사들의 방중만 350회가 넘었는데, 이중에서 대통령이 3회, 총리가 3회, 부총리들이 7회 방문했고, 장관과 장관급 인사의 방문이 53회였다. 이러다 보니 중국의 국가주석을 만난 것이 23회, 총리가 20회였으며, 외교부장(외교부장관)과 만나거나 식사한 것만 70

회가 넘었다. 이에 따라 양국 관계가 획기적으로 발전하여, 내가 대사로 부임하던 2001년의 양국 간 교역액은 315억 달러에 불과했지만, 귀국하기 직전인 2007년 교역액은 1,450억 달러로 4.6배가 증가했다.

한편 중국을 방문한 한국인 수는 2001년 168만 명에서 2007년 478만 명으로 3배 정도 증가했고, 양국 간 항공 운항편수도 2002년 주 300편에서 2007년 주 830편으로 증가했다. 이에 따라 중국에 장기 거주하는 한국인 수도 10만 명에서 60만 명으로 대폭 증가했다.

이러한 관계 발전에 따라 또 많은 어려운 일들이 있었다. 우리나라는 물론 전 세계가 주목하던 6자회담이 계속되었고, 또한 탈북자 문제, 국군포로 문제, 납북자 문제, 고구려사 왜곡 문제, 중국 어선의 서해 불법조업 문제, 중국산 김치 파동 등으로 인해 긴장 속에서 지낼 때도 많았다.

나에게는 일 년 365일 한순간도 긴장의 끈을 놓을 수 없는 나날이었다. 그러나 나는 그저 매 순간 하나님께 엎드려 눈물로 그분의 보호하심과 자비하심을 간구했고, 하나님께서는 나의 이런 간구를 들어 주셨다. 그래서 비록 여유롭고 안일하고 행복한 시간은 별로 없었지만, 나라의 대사로서 또한 하나님의 대사로서 풍성한 열매를 거두었다.

나는 중국 근무를 마치고 돌아올 때 역대 직업 외교관 중에서 최장수 대사라는 영예를 안고 귀국했다. 그리고 이명박 정부의 초대 통일부장관으로 임명되었다. 모든 것이 다 하나님 은혜였다. 나는 중국을 떠나며 하나님의 은혜에 감사하면서, 그동안 나를 축복한 중국을 축복하시고, 특히 나를 사랑하고 도와준 중국과 중국 친구들을 축복해 주시기를 간절히 기도했다.

장관 인사청문회에서 일어난 일

나는 2008년 3월 1일 청와대 고위 인사로부터 통일부장관 내정 통보를 받고 3월 4일 귀국했다. 그리고 3월 10일 아침 국회의사당 내에 있는 통일외교통상위원장실로 갔다. 얼마 후 인사청문회에 참석하는 여야 국회의원들이 위원장실로 들어오기 시작했다. 그중 한 의원이 내게 말했다.

"김 장관님은 그동안 참 재미없게 사신 것 같아요."

"무슨 말씀이신지요?"

"이번에 장관님에 대해 조사를 해 보니까 별 재미가 없어요. 아들 둘이 다 군대에 갔다 왔고, 재산도 별 볼 일이 없고, 주중대사만 오래 했으니까요."

나는 그저 웃을 수밖에 없었다.

9시 50분경 내가 먼저 청문회장으로 들어가고, 10시에 인사청문회에 참석하는 국회의원들이 들어왔다. 그리고 10시 4분부터 인사청문회가 시작되었다. 10시 9분에 나의 선서와 모두(冒頭)발언이 있은 다음, 바로 국회의원들의 질의가 시작되었다. 약 한 시간에 걸쳐 5명의 의원들의 질의가 있고 나서 11시 13분에 김원웅 청문회 위원장이 말했다.

"다음 의원님 질의에 앞서 효율적인 의사 진행을 위해서 인사청문경과보고서 채택의 건을 먼저 의결하고자 합니다. 그러면 의사일정 제4항 국무위원 후보자(통일부장관 후보자) 인사청문경과보고서 채택의 건을 상정합니다. 인사청문회법 제9조 조항에 따라 위원회는 인사청문회를 마친 날로부터 3일 이내에 보고서를 의장에게 제출해야 합니다.

통일부장관 후보자에 대한 보고서는 위원님들의 의정활동 편의를 위해 청문회 종결 후 위원장이 간사 위원들과 협의해 작성하여 제출하도록 위임해 주셨으면 하는데 이의가 없으십니까? 그러면 가결되었음을 선포합니다. 질의를 계속하도록 하겠습니다. 다음 위원님께서 질의해 주시기 바랍니다."

나는 처음에 어리둥절했다. 인사청문회 질의 중간에 인사청문경과보고서 채택에 관한 결의를 하고 질의를 속개한다는 것이 절차상 선뜻 이해가 되지 않았다. 질의가 속개된 다음 한 위원이 말했다.

"청문회 사상 도중에 인사청문경과보고서 채택에 관한 결의를 한 것은 아마 처음일 것 같습니다. 그만큼 내정자에 대한 신뢰와 그동안 공직자로서의 공적에 대해서 충분한 사전 평가가 있었던 것 같습니다."

다른 위원이 질의를 시작하면서 말했다.

"자료를 봤더니, 장관 내정자의 재산 관계나 병역 문제 또 자녀들의 병역 문제 모두 다 훌륭하게 잘되어 있는 것 같습니다. 공직자로서

흐트러짐 없이 공직생활을 잘하신 것에 대해 먼저 평가를 드립니다."

또 다른 위원이 말했다.

"김하중 대사님이 후보자로 내정됐다는 소식을 듣고 이명박 정부의 장관 인사 중에 제일 잘된 일이라는 생각을 하고 환영했습니다."

그러자 한 위원이 질의 도중 농담을 했다.

"후보자께서 《떠오르는 용, 중국》이라는 책을 썼는데, 유감스럽게도 다른 사람은 다 준 모양인데 나한테는 안 줬더라고요. 곧 보낼 겁니까, 안 보낼 겁니까?"

"보내 드리겠습니다."

11시 13분에 인사청문경과보고서 채택에 관한 결의를 한 후에도 질의는 오후 4시 35분까지 계속되었다. 인사청문회 내내 앞으로의 대북 정책과 햇볕정책의 공과를 둘러싼 공방이 오갔지만, 대부분 정책적인 문제들이었다. 어쩌면 그것은 여야 국회의원들의 나에 대한 기대감 때문이었을지도 모른다.

인사청문회가 끝난 다음, 몇몇 국회의원들이 내게 말했다.

"장관님, 진심으로 축하합니다. 인사청문회 중간에 인사청문경과보고서 채택에 관한 결의를 한 일은 지금까지 없었고, 앞으로도 없을 겁니다."

인사청문회가 끝난 후 나는 집에 돌아와 하나님께 감사했다. 정책 문제가 아닌 이상한 문제로 부끄럽게 되어 나를 사랑하고 지지하는 사람들을 실망시키는 일이 일어나지 않았다는 것이 진심으로 감사했다.

국회에서 인사청문회를 시작한 이후 후보자로 지명된 고위공직자들 중에 수많은 사람이 낙마하고 어려움을 겪었다. 그런데 30여 년의 공무원생활을 끝내면서 장관으로 임명되어 그런 구설수에 휘말리지 않고 오히려 국회의원들로부터 인정받고 평가를 받으며, 인사청문회 사상 처음으로 의원들의 질의 도중 인사청문경과보고서 채택에 관한 결의가 이루어졌다는 것은 지금 돌이켜 보아도 감사한 일이고, 하나님의 도우심이 없으면 불가능한 일이었다(《하나님의 대사 3》 115-118쪽 참조).

삶에서 길어 올린 지혜

01
인정과 감사의 리더십이 강한 조직을 세웁니다
"영사부 직원들이 사무실을 내주고 복도로 나와 일할 때, 그들의 희생을 진심으로 인정해 주었습니다. 심지어 국정감사반이 와서 직원들의 노고를 위로하기도 했습니다." 동료의 희생을 당연하게 여기지 않고 진심으로 인정하고 감사를 표현할 때 조직의 결속력은 강해집니다. 형식적인 감사와 달리 진심 어린 인정과 감사는 팀원들의 사기를 높이고 견고한 협력을 끌어냅니다.

02
사명이 이끄는 삶을 살아가십시오
"1,700여 명의 탈북자를 송환한 결과를 보고받았을 때, 혼자 무릎 꿇고 감사 기도를 드렸습니다. 하나님의 도우심으로 이뤄진 일인 것을 인정했기 때문입니다." 성과를 거둘 때 교만해지지 않고 하나님이 하셨음을 겸손히 인정하는 것은 참기쁨을 누리게 합니다. 모든 성취를 하나님의 은혜로 받아들이는 마음가짐은 지속적인 성장과 사명이 이끄는 삶으로 이어집니다.

03
기도와 목표는 구체적일 때 더 큰 힘을 발휘합니다
"대사로 있는 동안 1,000명의 목숨을 구하게 해달라고 구체적으로 기도했고, 하나님께서 그 기도를 넘치도록 응답해 주셨습니다." 막연한 기도보다 구체적인 목표를 가진 기도가 더 실제적인 결과를 끌어냅니다. 명확한 목표 설정은 기도뿐만 아니라 실행력에도 직접적인 영향을 미쳐 더 구체적이고 효과적인 결과를 만들어 냅니다.

04
정직과 투명한 삶은 신뢰라는 자산을 남깁니다

"인사청문회에서 한 의원이 '별 재미없게 사셨다'고 할 정도로 삶이 투명했습니다. 30여 년 공직 생활 동안 쌓아온 신뢰가 청문회 도중 보고서 채택이라는 이례적인 일로 이어졌습니다." 지금 당장은 재미없어 보이는 성실하고 정직한 삶은 중요한 순간에 강력한 방패가 됩니다. 평범한 일상에서의 올바른 선택들이, 시간이 지나면서 신뢰라는 귀중한 자산으로 축적되는 것입니다.

05
다음을 위한 배려가 사명 완수의 마침표입니다

"중국을 떠나며 그동안 도와준 중국 친구들을 축복해 주시기를 하나님께 기도했습니다. 자신만의 성공에 만족하지 않고, 뒤에 올 사람들을 위해 좋은 관계와 전례를 남겨 두었습니다." 개인의 성공을 넘어 다음 세대를 위한 길을 닦는 것이 진정한 완성입니다. 이런 배려는 장기적으로 선순환 구조를 만들어 조직과 사회 전체에 지속적인 유익을 가져다줄 것입니다.

※이 장에는 '나누며 깊어지는 시간'의 질문을 생략합니다.

PART3
하나님을 믿는 젊은이들에게

1

성공을 향해
달리고 있는가

　집회를 가면 젊은이들이 종종 요청하는 것 중 하나가 '자신에 대한 하나님의 비전이 무엇인지 나더러 알려 달라'는 것입니다. 사실 그런 요청을 받을 때마다 좀 당황스럽습니다. 그들은 내가 장로이고 기도를 열심히 하니까 그 정도는 이야기해 줄 수 있다고 생각할지 모르겠지만, 나에게는 그런 능력이 없습니다. 만약 그 사람이 내가 오랫동안 중보기도 해 왔던 사람이라면 혹시 성령님께서 주시는 마음이 있을지도 모르지만, 생전 처음 보는 젊은이에게 하나님께서 어떤 비전을 가지고 계신지 나로서는 알 수가 없습니다.

돌아보니
내 비전이 아니었다

그렇다면 나에게는 비전(하나님의 비전이 아닌)이 있었을까요? 그것은 확실하지가 않습니다. 앞에서 이야기한 것처럼 막연한 꿈은 있었습니다. 초등학생 때는 외교관이 되고 싶었고, 중·고등학생 때는 외교관이 되면 중국에 가서 근무하고 싶다고 생각했습니다. 놀라운 것은 그 생각이 수십 년이 지나도록 한 번도 바뀌지 않았다는 것입니다.

사실 한국 공무원 사회에서, 그것도 40년 전에, 장관이 당시 가장 요직이었던 북미과장을 해 보라고 권유하는데 관할 국가도 몽골과 대만밖에 없었던 동북아2과장을 하겠다고 한 일, 또 다른 장관이 직원들이 가장 선망했던 주미국대사관에 참사관으로 보내 주겠다고 하는데도 중국이라는 꿈 때문에 사양하고 일본행을 고집한 것은 지금 생각해도 놀라운 일입니다.

그 당시 다른 사람들은 왜 내가 그렇게 무모하고 바보 같은 행동을 했는지 궁금했을 것입니다. 그러나 나는 오히려 사람들이 왜 앞으로 당연히 일어날 일을 알지 못하고 그렇게 눈앞에 보이는 이익에만 연연하는지 이해할 수가 없었습니다.

> 이는 우리가 믿음으로 행하고 보는 것으로 행하지 아니함이로라(고후 5:7).

나는 위험 부담을 기꺼이 감수하면서 한국과 중국이 아직 국교관계가 없을 때 중국을 관장하는 과장을 했고, 남들이 그렇게 가고 싶어 하는 주미국대사관에도 가지 않겠다고 고집하면서 때를 기다렸으며, 끝내 중국에 가서 오랫동안 꿈꿔 왔던 한중 수교 교섭에 참여할 수 있었습니다. 그리고 본부로 돌아와 아태국장을 하고, 마지막 소원인 주중국대사로서 장쩌민 국가주석에게 신임장을 제정하면서 내가 걸어온 길과 내가 중국을 얼마나 사랑했는지를 설명하여 중국의 지도자들을 감동시킬 수 있었습니다. 또 그것을 통해 중국 정부의 적극적인 지지와 협조를 받아 6년 5개월 동안 대사직을 수행할 수 있었습니다.

어렸을 때 내가 중국을 향해 품었던 생각은 단순한 어린아이의 생각이 아니었으며, 그것이 바로 사람들이 말하는 비전이었던 것입니다. 나는 그것이 비전인 줄을 알지도, 생각하지도 못했습니다. 그런데 되돌아보니 하나님께서 나를 그렇게 인도하신 것이었습니다. 내가 걸어온 길은 내 비전이 아니라 오히려 하나님의 비전이었으며, 나는 하나님의 비전을 이루는 도구로 사용된 것이라고 생각할 수밖에 없습니다.

하나님이 쓰신 나의 이야기

공무원 생활을 시작한 이후 36년 동안 누구에게도 내 승진 문제를 부탁할 필요가 없을 정도로 때마다 하나님의 도우심으로 남들보다 앞서서 승진했습니다. 그러다 보니 오히려 남보다 빠른 내 승진 때문에 상처받을 많은 사람에게 미안해서 부이사관 승진 때나 1급(관리관) 승진 때에도 승진 대상에서 빼 달라고 강력히 건의했으며, 김대중 대통령이 당선된 다음 의전비서관으로 가면 어떻겠느냐는 제안도 사양했던 것입니다.

또 조용히 뒤에서 일에만 전념하고 싶었지만, 하나님은 끊임없이 나를 움직이시고 남의 눈에 드러나게 하셨습니다. 북미과에서 근무하는 나를 청와대 특보가 비서로 데려가려 했지만 막으시고, 재외공관 담당관실로 가게 하셨다가 다시 북미과로 돌려보내셨습니다. 다시 외환계장으로, 다음에 인사계장을 하게 하시고, 그것을 통해 인도로 가게 하셨습니다. 거기서 이원경 체육부장관을 만나게 하시고, 후에 외무부장관이 된 이원경 장관의 보좌관으로 이끄셨던 것입니다. 그것만이 아니었습니다. 나로 하여금 동북아2과장을 하겠다고 우기게 하신 것은 후에 중국 전문가로 인정받게 하시려는 것이었고, 절대로 안 하겠다는 의전과장을 결국 하게 하신 것은 10년 후 김대중 대통령의 의전비서관으로 쓰시려고 예비하신 것이었습니다. 하나도 허투루 하게 하신 것이 없었습니다. 성실히 섬긴 모든 순간을 사용하셨습니다.

청와대에 가서는 대통령에게 항상 바른 소리를 하게 도우셔서 대통령의 전폭적인 신임을 받게 이끄셨으며, 비서관에서 수석비서관을 거쳐 한 번도 대사를 하지 않은 나를 54세 나이에 주중국대사로 만드셨습니다. 또 중국에 가서는 외교 관례를 깨고 부임 이틀 만에 장쩌민 국가주석에게 신임장을 제정하도록 하여 모든 사람을 놀라게 하시고, 중국에서 돌아올 때는 최장수 주중대사라는 영예를 얻게 하셨습니다. 그리고 통일부장관 임명을 위한 청문회에서 한 시간 만에 인사청문경과보고서 채택에 관한 결의가 이루어지게 하시고 정책질의는 계속되도록 하심으로써 사람들을 놀라게 하셨던 것입니다.

이것은 하나님께서 어떤 의미에서 나를 위해 쓰신 놀라운 이야기입니다. 이 과정에서 내가 한 것은 아무것도 없습니다. 모든 것이 다 하나님의 뜻과 은혜로 이루어졌다고 믿습니다.

하나님께서 왜 나를 그렇게 인도하셨는지 나는 정확히는 모릅니다. 그러나 사람을 의지하지 않고 오직 하나님만 의지한다면 하나님께서 그를 얼마나 높이시는지를 사람들에게 보여 주시려고 그러셨던 것이 아닌가 생각합니다.

하나님의 비전은 다르다

하나님을 믿지 않는 사람들에게 인생의 목표는 성공입니다. 그들은 어느 정도 돈과 명예, 권력을 얻고 사람들에게 존경받으면서, 요즈음 말로 '갑질'을 하면서 사는 것이 성공이라고 생각합니다. 그러나 그들은 하나님을 믿지 않기 때문에 사람을 통해 그것을 이루려고 합니다. 그러다 보니 자신이 원하는 돈이나 명예나 권력을 가진 사람들에게 가까이 가기 위해 인맥을 만들려고 노력합니다. 그렇게 구축한 학연과 지연과 혈연을 통해 자신이 원하는 목표를 달성하려고 필사적으로 노력합니다.

내 야망을 하나님 비전이라고 포장하지 말라

그런데 하나님을 믿는 사람들 중에도 말로는 하나님을 믿는다고 하면서 세상 사람들과 똑같이 학연과 지연과 혈연을 통해 성공을 추구하는 사람이 많이 있습니다. 그들은 하나님께 자신의 성공을 도와달라고 기도하면서 자신이 추구하는 목표는 자신을 위한 것이 아니라 하나님께서 자신에게 원하시는 비전이라고 포장해서 말하곤 합니다.

그러나 이재철 목사님이 지적하듯이 "비전은 야망이 아닙니다. 비전은 야망과 같은 말이 될 수 없습니다. 야망은 욕망의 산물입니다. 심각한 문제는 많은 크리스천이 야망과 비전을 동일하게 여기고 있다는 사실입니다. 하나님을 믿는 사람으로서 하나님의 능력을 이용해 나의 비전을 이루려 한다면 그것은 백퍼센트 망상이요 야망입니다. 중요한 것은 나의 비전이 아니라 나를 창조하신 하나님께서 나를 통해 친히 이루기 원하시는 하나님의 비전입니다"(《청년아 울더라도 뿌려야 한다》 75, 77쪽 참조).

하나님을 믿는 사람이 자기 성공을 위해 아니, 자기 야망을 위해 열심히 기도한다면 그것은 바울이 말했듯이 육신적인 기도에 불과하며 그런 기도가 응답될 가능성은 아주 희박합니다.

책임지는 리더가 없다고 불평 말고 당신이 그 리더가 되라

세상 방법으로 성공한 사람 중에는 돈이나 명예나 권력을 가졌을지는 몰라도 허울만 리더인 경우가 많습니다. 진정한 리더십은 위기 상황에서 빛을 발합니다. 그렇지만 세상적인 리더들은 대개 그 자리에 올라오기까지 자신의 능력보다도 끊임없이 다른 사람들의 도움을 받아 가면서, 혹은 눈치를 보면서 올라왔기 때문에 위기 상황에서 책임지고 담대하게 결정하는 것을 두려워합니다. 왜냐하면 그 결정이 나중에 자기에게 어떠한 불이익을 초래할지 모르기 때문입니다.

만일 리더로서 책임은 지지 않으면서 리더가 누리는 특권만을 계속 향유하기를 바란다면 그런 사람들은 진정한 리더라고 할 수 없습니다. 그리고 그런 리더가 되는 것이 세상이 말하는 성공이라면 그것은 하나님을 믿는 사람들의 비전이 될 수 없는 것입니다. 그렇기 때문에 하나님을 믿는 젊은이들에게 세상 사람들이 추구하는 성공이 인생의 목표가 되어서는 안 됩니다.

영적 리더십을 추구하라

성공에만 초점을 맞추는 사람들과 달리 사람을 의지하지 않고 오직 하나님의 영광을 나타내기 위해, 또 하나님의 비전을 이루기 위해 노력한다면 하나님께서는 그를 하나님의 방법으로 높여 주십니다. 그러므로 하나님을 진정으로 믿고자 하는 젊은이들의 목표는 언제 어디서 무엇을 하든지 오직 하나님의 영광을 드러내고 오직 하나님의 이름을 영화롭게 하는 데 집중되어야 합니다. 그리고 그것을 위해 우리 안에 계시는 성령님이 원하시는 기도, 성령님이 인도하시는 기도 즉 영의 기도를 해야 합니다.

그러면 성령께서 우리에게 능력과 지혜를 주실 것이며, 우리는 그 능력과 지혜로 내 주변과 세상을 감동시키고 변화시킴으로써 세상이 감당할 수 없는 영적 리더가 될 수 있습니다. 영적인 리더는 어떠한 상황에서도 사람을 두려워하지 않으며, 오직 자기 안에 계시는 성령님의 뜻에 따라 책임지고 결정을 내릴 수 있습니다. 또 세상에 살면서도 세상의 통제를 받지 않고, 세상 사람들과 어울리면서도 사람들을 의지하지 않을 수 있으며, 항상 다른 사람들에게 하나님의 축복을 전달하는 '축복의 통로'가 될 수 있습니다.

비전을 이루는 수고는 헛되지 않다

나는 세상적인 기준으로 볼 때 성공한 삶을 살았다고 할 수 있습니다. 그렇지만 안락하고 행복한 삶을 살지는 못했습니다. 젊은 시절 나는 늘 나의 우상이었던 일에 파묻혀 살았고, 야근을 밥 먹듯이 했습니다. 그렇게 일을 많이 하면서 생기는 정신적인 압박과 스트레스를 동료들하고 포커를 하거나 술을 마시면서 풀려고 했습니다. 그야말로 죄 속에서 살았던 것입니다.

1994년 가을 29년 만에 제대로 하나님을 믿게 되고, 1995년 1월 아태국장으로 임명되어 중국을 떠나기 직전 세례를 받은 다음, 나는 점차 죄에 민감해지면서 회개하기 시작했습니다. 그러면서 하나님께 조금이라도 더 가까이 가기 위해서, 그리고 내가 있는 곳에서 하나님의 통치가 이루어지기를 바라는 마음에서, 스스로 술을 극도로 자제하고 즐거운 일들은 멀리하면서 힘들고 어렵고 고독한 길을 가려고 노력했습니다.

그랬더니 하나님께서 나를 높이기 시작하셨습니다. 내가 공무원을 시작하여 국장을 하기까지 22년이 걸렸지만, 그 이후 은퇴할 때까지의 14년 동안 하나님은 나로 하여금 외무부장관 특보, 대통령 의전비서관, 외교안보수석비서관, 주중국대사, 통일부장관을 하도록 이끄셨습니다. 그러나 그 14년 동안 나에게 육체적으로 안락했던 시간은 거의 없었습니다. 내 머릿속에는 항상 나라와 하나님에 관한 생각뿐이었습니다. 그러다 보니 나라를 위한 일을 하면서 동시에 하나님 나라와 그 의를 위해 기도하느라 늘 잠이 부족했고, 마음 놓고 쉬어 본 적이 없었습니다.

《하나님의 대사 1》에도 중국에 사스(SARS; 중증 급성 호흡기 증후군)가 발생했을 당시의 이야기를 썼지만, 그 당시 교민들이 찾아와 철수 명령을 내려 달라고 했을 때, 하나님께서 우리 교민들을 보호해 주심을 믿고 철수 명령을 내리지 않았습니다. 그런 한편 나는 사스가 끝날 때까지 우리 국민들이 사스에 감염되지 않게 해 달라고 하루에도 몇 번씩 마음을 졸이면서 간절히 기도했습니다. 또 노무현 대통령에게 사스는 6월이면 진정될 테니 예정대로 7월 초에 오시라고 보고하고 나서는, 정말로 사스가 6월 말에 진정되도록 수없이 눈물로 기도해야 했습니다.

물론 어떤 사람들은 교민들이 철수 명령을 내려 달라고 하면 내려 주고, 대통령에게 7월 초에 중국을 방문하는 문제를 이야기하지 말라고 하면 안 하면 되지, 왜 구태여 그렇게 사서 고생을 하느냐고 말할지도 모릅니다. 그러나 하나님께서는 그렇게 자신의 안일과 이익만을 추구하는 사람을 하나님의 비전을 이루기 위한 도구로 사용하시지 않을 것이라는 점을 기억해야 합니다.

나는 2009년 은퇴하면서 이제부터는 잠도 푹 자고 아내와 언제든지 놀러 다닐 수 있을 것이라고 생각했습니다. 그러나 16년 반이 지난 지금도 내 상황은 현직 때와 전혀 바뀐 것이 없습니다. 지금도 나는 매일 하나님의 나라와 이 나라와 민족을 위해, 그리고 다른 사람들을 위해 기도하면서, 또 하나님을 위한 사역을 하고 책을 쓰느라 늘 잠이 부족하고 놀러 다닐 엄두도 못 내고 있습니다.

결국 하나님께서 나를 높여 주셨지만 나는 그 영광을 나를 위해서 사용할 수가 없었고, 오직 하나님의 비전을 이루기 위해 살아갈 수밖에 없었습니다. 그러다 보니 항상 힘들고 고독했습니다. 그럴 때마다 나는 예수님께서 "나를 따라오려거든 자기를 부인하고 자기 십자가를 지고 나를 따를 것이니라"(마 16:24)라고 하신 말씀을 붙잡고 살았습니다. 만일 내가 고난과 희생을 거부하고 내가 얻은 영광을 내 자신과 가족들의 안일과 행복을 위해 사용하려 했다면 하나님께서는 나를 절대로 하나님의 비전을 이루기 위한 도구로 사용하시지 않았을 것이라고 이제는 확실히 믿습니다.

거대한 영적 전쟁터의 한복판에서

우리가 사는 이 세상은 전쟁터입니다. 옛날에는 사람들이 전쟁을 통해 자기가 원하는 것을 얻었습니다.

그래서 자기가 원하는 것이 있으면 군대를 끌고 가 그 지방을 점령하고 저항하는 사람을 다 죽이고 재물과 여자들을 마음대로 약탈했습니다. 그러나 지금은 무엇을 하든지 민주적이고 합법적인 방법으로 원하는 것을 얻어야 합니다. 그런데 방법이 아무리 민주적이고 합법적이라고 하더라도 그것도 일종의 전쟁입니다.

하나님의 사람답게 담대하고 당당하게

때문에 나라와 사회 곳곳에서 여러 가지 형태의 전쟁이 벌어지고 있는 것입니다. 전쟁은 반드시 이겨야 하는 것이기 때문에 기본적으로 거칠고 공격적이고 폭력적입니다. 경쟁 상대를 누르고 이겨야 자기가 원하는 것을 성취할 수 있기 때문에 사람들은 이기기 위해 수단과 방법을 가리지 않습니다. 그들은 끊임없이 선전과 광고와 입소문을 이용해서 상대방을 무차별 공격합니다.

그들에게는 오직 전쟁의 승리와 그것을 통해 전리품을 나눠 갖는 것이 중요합니다. 일부 정치인들은 선거에서 이기면 수많은 자리를 나눠 가지고 국가 예산을 사사로이 쓰려고 합니다. 일부 기업인들은 정치와 결탁하여 엄청난 특혜를 받으면서 사업을 한없이 확대하려 합니다.

세상의 돈과 명예와 권력이 힘이라고 생각하기 때문에 그런 것을 가진 사람일수록 더 교만하고 방자하게 행동할 가능성이 높습니다. 그들은 돈과 명예와 권력이 없는 사람을 무시하고 함부로 대하는 경향이 큽니다. 그들에게는 하나님 이야기를 하면서 사랑과 용서를 말하고 정의를 강조하는 크리스천들이 한심하게 보일 겁니다. 그래서 그들은 마치 성경에 나오는 골리앗처럼 우리를 우습게 알고 함부로 대합니다.

나는 36년 동안 공직에 있으면서 8명의 대통령을 직접, 간접으로 모셨습니다. 그리고 청와대에서 3년 8개월을 지냈고, 주중대사를 6년 5개월이나 했으며 마지막으로 통일부장관도 했습니다. 나는 세상의 권력자들과 명예를 가진 사람들과 돈을 많이 가진 사람들을 많이 알고 있습니다. 그러한 내 경험에 의하면 하나님을 믿는 우리가 무서워할 사람은 없다는 것입니다.

지금은 자유와 민주주의 사회입니다. 내가 권력을 원하지 않는다면 권력자를 무서워할 이유가 없고, 내가 명예를 원하지 않는 한 명예를 가진 사람을 무서워할 이유가 없습니다. 또 내가 돈을 한 푼도 받지 않는다면 아무리 돈이 많은 부자도 나와 아무런 상관이 없다는 겁니다. 그러나 권력을 원하고, 명예를 갖고 싶어 하고, 돈을 벌고 싶어 하면 자연히 권력자를 두려워하게 되고, 명예나 돈을 많이 가진 자들을 부러워하게 됩니다.

물론 최근에는 많이 가진 사람들이, 없는 사람, 가지지 못한 사람, 평범하게 살려는 일반 소시민들을 괴롭히고 억압하기에 그들을 무서워하게 되는 경우도 많습니다. 그러나 하나님을 믿는 사람들은, 우리가 하나님 말씀에 순종하여 사랑하고 용서하며 정의롭게 살아가는 한 이 세상 어느 누구도 여러분을 해칠 수 없으며 함부로 할 수 없다는 것을 믿어야 합니다. 우리가 기도하면서 다윗의 돌팔매질만큼 자신의 실력을 기른다면 세상 골리앗들을 능히 쓰러뜨릴 수 있다는 겁니다. 그렇기 때문에 여러분은 항상 하나님의 사람답게 담대하고 당당해야 합니다.

내 싸움이 아니다

많은 사람들이 하나님을 믿지 않습니다. 그들은 단순히 하나님을 믿지 않는 것이 아니고 하나님을 경멸하고 하나님 믿는 사람을 욕하고 조롱하기까지 합니다. 어떤 사람들은 치열한 경쟁 사회에서 이기기 위해서는 항상 공격적이고 무자비해야 하며 법이 허용하는 범위 내에서 어떠한 편법이나 불법을 사용해도 무방하다고 생각합니다.

예수를 믿는 사람들의 가장 중요한 특징은 사랑과 용서와 정직입니다. 세상 사람들 중 일부는 자신들과 달리 다른 사람을 사랑하고 정직한 방법으로 살아가려는 사람들이 있다는 사실이 불편하기도 하고 밉기도 할 것입니다. 그들은 우리도 자신들과 똑같은 방법으로 세상을 살아가기를 원합니다. 그래서 예수 믿는 사람을 협박하기도 하며 때로는 달래기도 하고 시험하거나 유혹하기도 합니다.

왜 그럴까요? 세상이 거대한 영적 전쟁터이기 때문입니다. 세상을 잡고 있는 영들은 성령에 잡힌 우리를 싫어하고 미워합니다. 그래서 우리는 세상 사람들이 우리를 욕하고 비방할 때 그들을 보지 말고 그들 뒤에서 세상을 쥐고 흔들려는 악한 세력과 공중의 권세를 봐야 합니다.

물론 우리 능력으로는 악한 세력과 싸울 수가 없습니다. 우리는 성령님의 도움을 받아야 합니다. 우리는 우리 안에 계신 성령님이 주시는 지혜와 담대함으로 우리의 정체성을 지켜야 합니다. 당연히 처음에는 어렵고 두렵습니다. 그러나 우리가 끊임없이 무릎 꿇고 영의 기도를 하면 성령님께서 반드시 그런 능력을 주십니다.

정체성을 확실히 붙들라

하나님을 믿는 젊은이들이 사회생활을 시작하면서 갖는 두려움 중 하나는 과연 한국 사회에서 자신이 하나님을 믿는 자로서 정체성을 유지하면서 성공할 수 있을까 하는 것입니다. 사실 나도 하나님을 다시 믿기 시작하면서 가장 고민했던 문제가 이것이었습니다. 내가 내린 결론은 이것입니다. 우리가 하나님의 사람임을 분명히 하고, 믿음과 행함이 일치되는 삶을 살며, 항상 자기의 조그만 십자가라도 지는 것이 크리스천으로서 우리의 정체성을 드러내는 길입니다.

하나님의 사람임을 드러내라

《하나님의 대사 2》에 "그분이 알아서 하실 것입니다"라는 이야기가 나옵니다(38-40쪽 참조). 내가 2001년 10월에 주중대사로 부임한 다음 1년 반 정도 지난 2003년 2월 말 노무현 대통령이 취임했고, 나는 당연히 주중대사직을 떠날 것으로 생각하고 짐을 싸기 시작했습니다. 그러던 어느 날 베이징에 주재하는 한국 특파원단과 점심을 하는데 식사 중에 한 특파원이 나에게 물었습니다.

"이번에 새로운 정권이 들어섰는데 대사님은 떠나십니까? 아니면 계속 계십니까?"

그래서 나는 대답했습니다.

"저는 하나님께서 있으라 하시면 있고 떠나라 하시면 떠날 겁니다. 그분이 다 알아서 하실 겁니다."

질문한 특파원은 약간 황당하다는 표정을 지으며 말했습니다.

"대사님이 그렇게 이야기하면 안 되지요. 김 대사님은 김대중 대통령이 보내 주었는데, 하나님이 보내 주셨다니 김 대통령이 들으시면 기분 나쁘시겠습니다."

그래서 나는 다시 말했습니다.

"물론 현실적으로 결정은 대통령이 하신 것이지만 대통령의 마음을 움직인 것은 하나님이시니까 나는 하나님이 하신 것이라고 생각합니다."

특파원은 기가 막히다는 표정으로 "아니, 대사님은 우리가 하나님을 믿지 않는 것을 뻔히 알면서 왜 하나님 하나님 하십니까?"라고 하는 것이었습니다. 그래서 내가 "그러면 앞으로 저에게 그런 질문을 하지 마십시오." 하고 말했습니다. 그날 점심은 별로 유쾌하지 않게 끝났고, 얼마 후 나는 유임되었습니다.

그 후 1년 반이 지나, 내가 중국에 온 지 3년이 되어 가니 국내 언론에서 주중대사 교체설이 거론되면서 내 후임자들의 프로필과 사진이 나오기 시작했습니다. 그때도 특파원들이 나에게 질문했고, 나는 전과 같이 "그거야 하나님께서 알아서 하시겠지요."라고 대답했으며,

또다시 하나님이라는 말 때문에 승강이를 했습니다.

그 후 똑같은 상황이 계속 반복되었습니다. 그런데 2007년 6월 8일 당시 〈조선일보〉 베이징 특파원이 나에 관한 기사를 썼는데, 기사 제목이 "그분께서 알아서 하실 것입니다"였습니다.

> 김하중 주중 한국대사가 자주 하는 말이다. 김 대사는 2007년 6월 현재 5년 8개월째 중국 주재 특명 전권 대사직을 수행하고 있다. 이승만 초대 대통령 시절 9년간 주미 대사를 지냈던 양유찬 대사와 박정희 대통령 때 6년 2개월 동안 주미대사를 지낸 김동조 대사 이래 제3위의 장수 대사다. 연말에 대선이 치러지고 내년 1월 정권이 교체될 때까지 대사직을 수행할 경우, 김동조 전 대사를 제치고 역대 랭킹 2위의 장수 대사가 될 전망이다.
>
> 김 대사가 말하는 '그분'이란 대통령일 수도 있고, 외교부 장관일 수도 있고, 하나님일 수도 있다. 김 대사는 독실한 크리스천이다. 김 대사는 무신론의 나라 중국에서 대사직을 수행하면서도 자신이 기독교 신자임을 감추지 않는다. 김 대사는 자신의 거취나 인사 문제에 대해 기자들이 질문하면 늘 "그분께서…"라는 말로 대답한다.

사실 대부분의 고위 공무원들은 기자들을 무서워합니다. 혹시라도 자기에 관한 나쁜 기사가 나면 어떤 불이익을 당할지 모르기 때문입니다. 그러나 나는 전혀 개의치 않았습니다. 나는 내 발언 때문에 혹시 불이익을 당하더라도 내가 하나님의 사람임을 분명히 드러냄으로써 내 정체성을 분명히 하고 싶었습니다. 그리고 그 때문에 나에게 어떤 불이익이 돌아온다면 하나님의 영광을 위해 깨끗이 그 불이익을 감당하기로 작정했습니다. 그랬더니 하나님께서 나에게 더 큰 축복을 허락하셨습니다.

말만 하지 말고 행동하라

세상 사람들은 '하나님을 믿는다고 하는 사람들'과 '믿지 않는 사람들'이 차이가 없다고 비판합니다. 그들은 하나님을 믿는다는 사람들이 세상 사람들과 똑같이 행동하는 것에 실망합니다. 심지어 어떤 이들은 교회를 잘 다니다가도 믿는 사람들의 행동에 실망해 하나님과의 관계가 멀어지기도 합니다.

지금 세상에는 거짓과 불법이 만연되어 있습니다. 자신의 이익과 성공을 위해 버젓이 거짓과 불법을 행하는 크리스천도 많습니다. 이것은 하나님을 믿는 사람들의 믿음이 성경에서 말하는 믿음과 거리가 멀고 또한 믿음이 행함과 분리되어 있음을 보여 줍니다. 믿음은 있지만 행함이 없다는 것은 겉과 속이 다르다는 이야기입니다. 그것을 성경은 "영혼 없는 몸이 죽은 것같이 행함이 없는 믿음은 죽은 것이니라"(약 2:26)라고 갈파합니다. 회사에서 파는 물건으로 치면 광고 내용과 제품의 질이 다른 가짜라는 겁니다. 요즈음 기업을 경영하는 사람들은 '브랜드 가치'라는 말을 사용하는데, 브랜드의 가치가 겉과 속이 다르다면 그것은 일종의 사기 행위입니다.

성경에서는 우리에게 세상의 빛이 되라고 말씀하십니다. 빛이 된다는 것은 믿음과 행함이 일치하는 삶을 사는 것입니다. 진정한 하나님의 사람들이 겉과 속이 똑같고 믿음과 행함이 일치하는 삶을 산다면 그는 가정과 직장과 사회를 향한 빛이 되는 겁니다.

> 너희는 세상의 빛이라 산 위에 있는 동네가 숨겨지지 못할 것이요 사람이 등불을 켜서 말 아래에 두지 아니하고 등경 위에 두나니 이러므로 집 안 모든 사람에게 비치느니라(마 5:14-15).

우리가 어둠을 떠나 빛이 되려고 노력할 때 성령님께서는 그에게 성령님의 능력을 부어 주십니다. 많은 크리스천이 그렇게 받고 싶어 하는 기름 부음은 기도만 열심히 한다고 부어지는 것이 아니고 믿음과 행함이 일치하는 삶을 살아가려고 하는 사람에게 부어지는 것입니다. 등잔에 불을 켜려면 먼저 기름을 부은 다음 불을 붙여서 빛을 냅니다. 그런데 그 등잔이 고장 났다면 누가 그런 등잔에 기름을 붓겠습니까? 믿음을 지식으로만 알고 말로만 하는 사람 즉 영이 고장 난 사람에게 왜 성령님께서 기름을 부어 주시겠습니까? 여러분이 정말 기름 부음을 받고 싶다면 자기 믿음과 행함을 일치시켜야 합니다.

그런데 기름 부음은 내 성공과 자랑을 위해 주시는 것이 아니라, 열방에 나가 주 예수 그리스도를 전하는 사람이 되라고 허락하시는 것입니다. 그렇기 때문에 기름 부음을 받은 사람은 열방으로 나가 예수 그리스도를 전해야 합니다. 그리고 그 빛을 높이 들면 들수록 성령님께서 그에게 더 강력하게 기름 부으십니다.

조그만 것이라도 자기 십자가를 지라

이 시대가 당면한 가장 큰 불행의 원인은 삶의 모든 것을 경제적인 시각으로 보는 것입니다. 하나님이 계셔야 할 자리를 돈과 재물이 차지한 결과로 세상이 너무 피폐해졌습니다. 그러나 크리스천들은 현실이 아무리 어둡고 힘들더라도 세상에 예수 그리스도의 십자가의 죽음과 부활의 승리를 보여 줘야 합니다. 사람들에게 부활하신 예수께서 우리 안에 계시다는 것을 보여 줘야 합니다. 그러려면 이 세대를 본받지 말고 하나님의 선하시고 기뻐하시고 온전하신 뜻을 분별하여 (롬 12:1) 행동해야 합니다.

하나님을 진정으로 믿는 사람들에게는 돈을 많이 벌어 부유해지거나 명예와 권력을 얻어 세상에서 성공하고 출세하는 것이 목표가 되어서는 안 됩니다. 만일 예수를 믿으면서도 말로만 믿음을 외치고 항상 자신의 풍요로운 삶과 이기적인 안위와 이익만을 생각한다면, 그는 예수님을 이용하여 오직 자기의 이익을 추구하는 무늬만 크리스천입니다.

예수님의 부활은 지극한 수난과 고통, 그리고 십자가의 죽음을 통해서 이루어졌습니다. 그러면 우리도 예수님이 겪으신 그 고난과 고통을 겪어야 하지 않겠습니까? 예수님께서는 "아무든지 나를 따라오려거든 자기를 부인하고 날마다 제 십자가를 지고 나를 따를 것이니라"(눅 9:23)라고 말씀하셨습니다.

우리는 세상이 우리를 위협하고 시험하고 유혹할 때 십자가를 지는 마음으로 이겨 내야 합니다. 나를 미워하는 자들이 나를 핍박하고, 나를 시기하고 질투하는 자들이 나를 모함하더라도 내가 그들을 사랑하고 용서하는 것이 자신의 십자가를 지는 것입니다. 직장 생활을 하는데 상사가 술을 마시지 못한다고, 주일에 골프를 치지 않는다고 힘들게 해도 참는 것이 십자가를 지는 것입니다. 불의한 짓을 하지 않는다고 별의별 협박을 다 당해도 절대로 굴하지 않는 것이 십자가를 지는 것이며, 이것만 딱 눈감고 하면 승진시켜 준다고 유혹해도 거부하는 것이 십자가를 지는 것입니다. 또 세상적인 기준으로는 해도 좋다고 하는 편법을 과감히 거부하는 것도 십자가를 지는 것입니다.

그러나 힘들다고 십자가를 감당하지 않으면 하나님을 가까이 만나기가 점점 어려워지고, 나아가 영적 게으름과 매너리즘에 빠지게 될 것입니다. 결국 그 삶에는 하나님의 살아 계심을 경험한 이야기나 간증이 없을 것이며, 부활의 승리 또한 없을 것입니다.

삶에서 길어 올린 지혜

01
야망은 하나님의 비전이 아닙니다

자신의 성공 욕망을 하나님의 비전이라 착각할 수 있습니다. 세상적 성공을 추구하면서도 이를 하나님의 뜻이라고 포장하는 일이 많기 때문입니다. 진정한 비전은 개인이 원하는 것이 아니라 하나님께서 그를 통해 이루시고자 하는 것입니다. 하나님께서 주신 비전과 개인적 야망을 구별하십시오.

02
진정한 리더십은 책임지는 것입니다

"사스 발생 당시 교민 철수 명령을 내리지 않고 기도로 위기를 극복했습니다." 하나님을 의지하는 리더는 세상이 감당할 수 없는 영향력을 발휘할 수 있습니다. 세상의 리더들은 위기 상황에서 책임을 회피하지만, 영적 리더는 성령의 능력으로 담대하게 책임 있는 결정을 내립니다. 진정한 리더십은 명함이 아니라 성령충만에서 나옵니다.

03
하나님의 사람임을 당당히 드러내십시오

"특파원들의 비아냥 앞에서도 '그분이 알아서 하실 것입니다.'라고 말하며 나 자신이 하나님의 사람임을 분명히 했습니다. 설령 불이익을 감수해야 할지라도 신앙적 정체성을 숨기지 않았습니다." 하나님을 믿는 젊은이들은 직장과 사회에서 자신의 신앙을 부끄러워하지 말고, 당당히 드러내야 합니다.

04
믿음은 행함을 덧입어야 합니다

겉과 속이 다른 가짜 믿음을 경계하십시오. 참된 기름 부음은 믿음과 행함이 일치하는 사람에게 임합니다. 세상 사람들은 말로만 신앙인이라고 하는 크리스천들의 이중적 모습에 실망합니다. 믿음은 행함으로 증명되어야 합니다. 우리의 삶 자체가 세상을 향한 빛이 되어야 함을 기억하십시오.

05
기도를 통해 실제적 능력을 사용하십시오

"전염병 사스가 창궐한 상황에서 눈물로 기도하며 하나님의 역사하심을 경험했습니다." 습관적인 종교 행위가 아닌, 성령님께서 인도하시는 영의 기도를 통해 실제적인 능력과 지혜를 받을 수 있습니다. 기도는 우리를 세상과 구별되게 하는 영적 도구입니다.

나누며 깊어지는 시간

학업 중인 청년에게

1. 하나님 외에 내가 경외하는 대상이 있나요? 그 속에 숨어 있는 욕망은 무엇인가요? 하나님을 믿는 사람들이 그분의 말씀에 순종하며 살아갈 때, 그 누구도 우리를 향한 하나님의 사랑에서 끊을 수 없으며 우리를 함부로 대할 수 없습니다. 담대하게 매일을 살기 위해 무엇을 기도해야 할지 나눠 보세요.

2. 비기독교적인 분위기 속에서 크리스천으로서의 정체성을 드러내는 것이 망설여졌던 경험이 있나요? 그때 어떤 두려움이 있었고, 신앙을 드러내는 선택을 했을 때 하나님께서 어떤 깨달음이나 은혜를 주셨는지 나눠 보세요. 앞으로 비슷한 상황에서 어떻게 믿음을 지켜야 할까요?

일터에 있는 청년에게

1. 여러분이 마음속에 그리고 있는 '이상적인 삶의 모습'은 어떤 모습인가요? 그 삶은 하나님의 나라를 세우기 위한 비전인가요, 아니면 나의 만족과 유익을 위한 개인적 야망인가요? 지금 하나님 앞에서 내려놓아야 할 욕심이나 방향의 수정이 있다면 무엇인지 함께 나눠 보세요.

2. 믿음과 행함이 일치하는 삶을 살고자 할 때, 여러분에게 가장 방해가 되는 요소는 무엇인가요? 혹시 모든 것을 경제적 손익의 관점으로만 판단하다가 신앙적 결단을 미루거나 회피한 적은 없나요? 물질 중심의 사고에서 벗어나 하나님께서 기뻐하시는 '작은 순종'을 행하고 '자기 십자가'를 지기 위해 지금 나는 어떤 태도와 실천을 회복해야 할지 생각해 보세요.

한 걸음 더 나아가기

현재 내 삶에서 가장 치열한 영적 싸움이 벌어지고 있는 영역은 어디인가요? 어떤 상황들이 나를 흔들고 좌절시키고 있나요? 그 싸움터에서 이미 승리를 완성하신 주님을 기억하게 하는 성경 구절을 찾아보세요. 그리고 서로의 이야기를 들으며 떠오르는 하나님 말씀으로 서로를 축복해 주세요.

2

세상 끝 날까지 도전과 시련은 멈추지 않는다

이제 여러분은 세상에 나가면, 아니 나가기 전부터 수많은 도전과 시련에 직면하게 됩니다. 취업 문제부터 시작해, 직장에 들어간 다음에도 상사나 동료, 부하들과의 관계 등에서 부딪치는 도전과 시련, 돈 문제, 술 문제, 이성 문제와 결혼 문제 등이 여러분을 기다리고 있습니다.

취업 문제를 고민하는 이들에게

요즈음 많은 사람이 젊은이들의 실업에 대해 걱정합니다. 그리고 스스로 '삼포세대'니 'N포세대'니 진단

합니다. 그러나 우리나라의 역사를 돌이켜 보면 힘들지 않은 때가 없었습니다.

지금 상황이 어렵더라도

비공식 통계이긴 하지만 지난 2천 년 역사에서 일본이 우리를 700번, 중국이 200여 번 침략했다고 하니, 우리 선조들은 평균 2-3년에 한 번씩 어떤 형태로든지 전쟁에 휘말려 있었습니다. 고려 시대에는 몽골의 침략을 받아 수없는 고려의 젊은 여인이 몽골로 끌려갔습니다. 임진왜란 때는 수없는 젊은이들이 왜군과 싸우다 죽었고, 일본에 침략을 당해 36년간 강제 지배를 받던 20세기 초에는 많은 젊은이가 중국에서 나라 없는 서러움을 견디며 독립 운동을 했습니다. 한국전쟁이 발발하여 또 수많은 젊은이가 나라를 위해 목숨을 바쳤습니다. 이렇게 과거 수많은 우리 선조는 나라를 원망하고 자신의 운명을 한탄하면서 비극적인 삶을 살아야 했습니다. 그러나 바로 그분들의 희생과 헌신으로 오늘날 우리가 번영한 나라에서 살고 있습니다.

앞에서 설명했지만, 한국전쟁 이후 우리나라는 너무 가난했습니다. 내가 대학을 졸업한 1969년에 우리나라 경제가 별로 발달하지 못하다 보니 젊은이들이 갈 만한 직장은 별로 많지 않았습니다. 그리고 내가 외교관이 되어 1976년 뉴욕에서 근무할 때도 우리나라는 여전히 가난했습니다. 그래서 한국의 외교관이라고 떳떳하게 말하기가 쑥스러울 정도였습니다.

그런데 20-30년이 지나 나라의 경제가 발전하자 지금은 한국의 외교관들이 세계에서 어깨를 펴고 일할 수 있습니다. 왜 그럴까요? 우리 선조와 선배들이 열심히 공부하고 열심히 일해서 나라를 부강하게 만들었기 때문입니다. 지금 여러분에게 주어진 현실이 힘들고 어렵다고 하더라도 여러분은 이 땅에 앞서 가신 우리 선조들이 겪은 고난과 여러분의 부모 세대들이 겪은 어려움을 생각해야 합니다.

지금 많은 사람이 사회의 양극화 현상이 심화돼서 앞으로는 전처럼 '개천에서 용이 나오기가 어렵고' 더 나은 계층으로 올라갈 수 있는 사다리가 없어 계층 간 이동도 힘들 것이라고 주장합니다. 나는 그들의 의견에 동의하지 않습니다. 그것은 세상 사람들의 생각입니다. 하나님은 의롭고 공평하신 분이기 때문에 절대로 현재와 같은 상황이 계속되지 않게 하실 것입니다. 앞으로도 세상은 계속 바뀔 것이고 어떻게 바뀔지는 아무도 모릅니다. 다만 확실한 것은 지금 세상 사람들이 주장하는 대로 되지는 않을 것이라는 점입니다.

여러분은 지금 자신의 상황이 너무 어렵고 힘들더라도 하나님의 공의를 믿고 기도해야 합니다. 그리고 열심히 실력을 갈고 닦으며 기다리면 하나님께서 하나님의 때에 여러분을 반드시 높이실 것입니다.

스펙이 아니라 실력을 쌓으라

나는 자라날 때 집안 형편이 기울어 가난하게 살았습니다(사실 그때는 대부분의 사람들이 다 가난했기 때문에 이렇게 이야기하는 것 자체가 쑥스럽습니다). 그러나 지난 50여 년 동안 아내와 결혼생활을 하면서 아이들 셋을 교육하고 결혼까지 시켰으며 풍족하지는 않지만 그런대로 안락한 말년을 보내고 있습니다. 왜 그럴까요? 공직에 있는 동안 있는 힘을 다해 열심히 일하고 공부했더니 여기까지 온 것입니다.

우리가 아무리 믿음이 좋고 기도를 많이 한다고 하더라도 실력이 없으면 아무도 우리를 인정하지 않습니다. 물론 우리가 예수님이나 훗날 사도들이 보여 주었던 놀라운 능력을 보여 준다면 모르지만, 세상은 우리가 믿음의 사람들이라고 해서 우리를 무조건 인정하지 않습니다. 그렇기 때문에 우리가 하나님의 뜻을 이루는 도구로 사용되고 하나님의 일을 성공적으로 수행하기 위해서는 반드시 실력이 필요합니다. 실력은 하루아침에 얻을 수 있는 것이 아니고 끊임없이 노력하며 공부할 때 쌓입니다.

나는 외무고시를 준비하려고 전방에서 근무하면서도 시간이 날 때마다 공부했고, 행정대학원에 다니면서도 열심히 공부했습니다. 그리고 하나님의 도우심으로 고시에 합격할 수 있었습니다. 공무원 36년 동안 최선을 다해 열심히 일하면서도, 한편으로는 공부를 게을리하지 않았습니다. 특히 외교관은 외국어가 중요한 무기이기 때문에 부단히 외국어를 연마했습니다.

인도에서 근무할 때도 주말이나 휴일에는 늘 영어 공부를 했습니다. 일본에 가기 전에도 일 년 동안 일본어 학원에 다니면서 공부했고, 주일대사관에서 근무할 때는 주말마다 계속 일본어 공부에 매진했습니다. 그리고 중국에 가서는 매일 중국어 교습을 받았으며, 주중대사로 지내는 동안에도 끊임없이 중국어 공부를 했습니다. 그랬기 때문에 국장이 되어 일본 측과 교섭할 때 훌륭한 일본어는 아니지만 협상을 할 수 있었고, 중국 측과도 중국어로 교섭할 수 있었으며, 수많은 중국대학에서 학생들을 상대로 중국어로 강연하고, 질의응답을 하며 국위를 선양했습니다.

취업을 걱정하기 전에 먼저 열심히 공부해야 합니다. 이미 열심히 하고 있는 줄로 알고 있지만, 단순히 스펙을 위한 준비가 아니라 남들이 인정할 수 있는 실력을 쌓아 놓아야 합니다. 그러면서 기도를 한다면 하나님께서 여러분을 가장 좋은 곳으로 인도하실 겁니다.

나는 2015년 3월 초 〈조선일보〉와 인터뷰를 한 적이 있습니다(2015년 3월 14-15일자 〈Y〉 참조). 그 기자가 나에게 물었습니다.

"김대중, 노무현 대통령 때 주중대사를 했고 이명박 정부 땐 통일부장관을 했습니다. 관운이 좋은 것입니까?"

"나는 욕심이 없었습니다. 하고 싶은 대로 말하고 살았습니다. 대신 엄청 노력했습니다. 확고한 실력을 가지려 했습니다. 남이 따라올 수 없는…." 그러면서 나는 지난 30여 년 동안 영어, 중국어, 일어를 얼마나 열심히 공부했는지를 설명했습니다(그러나 그 설명 부분은 보도되지 않음).

포기해야 할 것을 잘 분별하라

실력을 기르기 위해서는 시간이 필요합니다. 그러나 우리 각자에게 주어진 시간은 똑같습니다. 그 시간을 어떻게 사용하느냐가 중요합니다. 나는 외무고시를 준비할 때 아무것도 하지 않고 하루 종일 오직 공부만 했습니다. 외교관이 되어서는 30여 년간 외국어를 습득하기 위해서 주말이든 공휴일이든 시간이 나면 거기에 매달렸습니다.

자기가 일하는 분야에서 남다른 실력을 갖추려면 다른 분야에서 자신이 하고 싶은 것을 포기해야 합니다. 나는 공직에 있으면서 일을 열심히 하면서 성경을 읽고 기도를 하려다 보니 세상적인 것을 할 시간이 전혀 없었습니다. 그래서 영화를 보거나 텔레비전 드라마를 보거나 관광지에 놀러 갈 여유가 없었습니다. 그래서 나는 세상 것에 대해 무식할 정도로 아는 것이 별로 없습니다. 나는 업무적인 것과 하나님에 관련된 것 이외에는 잘 모릅니다. 그래도 내 기본적인 실력이 있고 하나님께서 주시는 지혜가 있기 때문에 세상을 살아가는 데 아무런 불편이 없습니다.

스마트폰을 멀리하라

나는 공직에서 은퇴한 다음, 전화기를 꺼 버렸습니다. 그리고 몇 시간에 한 번씩 전화기를 켜서 메시지가 들어와 있는지 확인한 다음 다시 꺼 버립니다. 전화기를 껐더니 내가 사용할 수 있는 시간이 참으로 많아졌습니다. 그래서 지난 16년 동안 총 14권의 책을 출간했습니다.

나는 여러분에게 강력히 권합니다. 정말로 실력을 쌓고 싶다면 지금 당장 스마트폰을 내려놓으십시오. 그리고 그 시간에 공부를 하십시오. 전화기는 하루에 몇 번 어떤 메시지가 와 있는지 확인하고 필요한 조치를 취하는 정도만 사용해도 충분합니다. 당신이 하루에 몇 시간씩 스마트폰을 들여다보는 한 당신은 실력을 쌓을 수 있는 귀중한 시간을 낭비할 것이며, 그만큼 더 취직 문제 때문에 근심과 걱정 속에서 보내게 될 것입니다.

어떤 직장을 다녀야 할까요?

세상에는 다양한 직업이 있고 수많은 직장이 있습니다. 여러분은 직장을 선택할 때 과연 무엇을 기준으로 선택하나요? 세상 사람들은 먼저 유명하고 많은 사람이 가고 싶어 하고 월급을 많이 주는 직장을 선택할 겁니다. 그런 직장은 틀림없이 많은 젊은이가 들어가고 싶어 할 것이기 때문에 경쟁이 치열할 것이고 실패한 젊은이들은 낙담하고 좌절하게 됩니다.

그러나 하나님을 믿는 젊은이들은 직장 선택 기준을 바꿔야 합니다. 앞에서 이야기했지만 하나님을 믿는 사람의 인생 목표는 성공이 아니라 하나님의 영광을 드러내고 하나님의 이름을 영화롭게 하는 것입니다. 그렇기 때문에 우리는 그 직장을 선택했을 때 하나님과의 관계가 어떻게 될지 생각해야 합니다. 내가 그 직장에서 과연 하나님의 사람으로 살아갈 수 있는지, 그리고 직장 생활을 통해 다른 사람을 돕고 사회에 봉사할 수 있는지를 생각해야 합니다.

우리는 눈에 보이는 것에 속아서는 안 됩니다. 멋지고 훌륭한 옷을 입었더라도 그 사람이 눈에 보이는 옷처럼 훌륭한 사람이 아니라 더럽고 악한 사기꾼일 수도 있습니다. 고급 자동차를 타고 비싼 집에 산다고 해서 그 사람이 훌륭하다는 보장이 전혀 없습니다. 직장도 마찬가지입니다.

여러분이 직장을 정할 때는 사람의 이야기와 세상의 평판만을 듣고 결정할 것이 아니라, 먼저 간절히 기도해야 합니다. 그리고 크리스천으로서 자신의 정체성을 지킬 수 있고 앞으로 발전 가능성이 있는 곳으로 가야 합니다.

눈에 보이고 귀로 듣는 것에 속지 말고, 열심히 기도하여 성령의 인도를 받으십시오. 그러면 시작은 미약할지 몰라도 결과는 창대할 것입니다.

직장 생활을 시작한
사회 초년생들에게

직장이 결정된 다음 여러분은 몇 가지 마음의 준비를 해야 합니다. 그것은 세상을 이길 마음의 준비와 주어진 일에 최선을 다하면서 항상 말을 조심하는 태도입니다. 또 외양적인 것에 지나치게 신경 써서는 안 된다는 것입니다.

세상을 이길 마음의 준비를 하라

누구나 가정에서 부모님과 형제자매들과 살면서 갈등을 빚을 때가 있을 것입니다. 그리고 몇 안 되는 친구들과 지내면서도 힘들 때가 있습니다. 하물며 직장은 피가 섞인 가족도 아니며, 마음을 터놓을 수 있는 친구도 아닌, 사고방식이나 성장 환경도 전혀 다른 사람들과 만나 일정한 질서 속에서 살아가는 곳입니다. 그렇기에 여러분은 반드시 직장 생활에서 이전에 겪어 보지 못한 새로운 문제에 수없이 부딪치게 될 것입니다. 여러분이 그 직장을 그만두고 나오지 않는 한 그 문제를 해결할 방법이 없으므로 결국 주어진 환경에 적응하면서 살아갈 수밖에 없습니다. 많은 사람이 이 과정에서 너무나 힘들어합니다.

우리가 세상을 살아가는 방법에는 두 가지가 있습니다. 하나는 내가 세상에 끌려가는 것이고, 다른 하나는 내가 세상을 끌고 가는 것입니다. 세상에 끌려가는 사람은 매사가 힘들고 고난의 연속입니다. 그런 사람은 무슨 일을 하든지 힘들어합니다. 그래서 일이 끝나면 스트레스를 푼다고 술을 마시거나 사람들과 앉아서 상사나 동료들을 비방하기도 합니다. 그런 사람은 절대로 세상을 이길 수 없습니다.

하나님의 사람은 그렇게 살면 안 됩니다. 우리는 하나님의 자녀로서 '왕 같은 제사장' 즉 강력한 리더십을 가진 영적 리더가 될 사람입니다. 영적인 리더는 세상을 이기는 사람으로서 세상에 끌려다니기를 거부합니다. 우리는 우리 앞에 어떤 일이 있어도 내가 그것을 끌고 갈 수 있다는 자신감을 가져야 합니다. 그래서 나에게 어떤 힘든 일이나 과다한 업무가 주어져도 나한테 오기만 하면 그 일을 멋있게 끝내 주어야 합니다.

직장에서 일을 시작하면서 어떤 위험한 일이 주어지더라도 무서워하지 마십시오. 귀찮은 일이 많이 주어진다고 하더라도 오히려 기쁘게 감당하십시오. 다른 사람들이 나에게 힘들고 귀찮은 일을 넘기더라도 불평하지 말고 즐겁게 해 보십시오.

그런 마음의 자세로 일을 하면 얼마 지나지 않아 모든 사람이 여러분을 주시하고 여러분의 말에 귀를 기울일 것입니다. 여러분이 보통 사람들과 똑같이 좋은 일이나 하고 생색나는 일만 하려고 하면 여러분은 항상 그들과 똑같은 차원에 머물러 있겠지만, 여러분이 그들과 차원이 다르게 행동하면 여러분은 어느 순간에 그들보다 훨씬 앞서게 될 것입니다.

시시해 보이는 일에도 열과 성을 다하라

직장 생활을 하다 보면 '항상 불만을 터트리는 사람'이 많습니다. 그들은 자신이 능력과 실력에 비해 부당한 대접을 받고 있으며, 자신은 이런 일을 할 사람이 아니라고 확신하면서, 만일 자기에게 중요한 일이 주어지기만 한다면 누구보다도 잘할 수 있다고 자신합니다. 그러나 그렇지 않습니다. 그렇게 불평하는 사람은 나중에 중요한 일을 주어도 똑같이 불평할 사람입니다.

밑에서 보면 시시하게 보여도 조직을 관리하는 사람 입장에서 보면 그 시시한 일이 잘못되면 큰일이 될 수가 있습니다. 요즈음 언론에 보도되는 사건들은 원래부터 중요한 일이라 문제가 된 것이 아니라 사소한 일을 소홀히 다루다 큰 문제가 된 것이 대부분입니다. 그렇기 때문에 직장에 처음 들어가면 아주 평범하고 시시해 보이는 일을 잘해야 합니다. 그리고 그런 일에도 우선순위를 두어 최선을 다해야 합니다. 요셉을 보십시오. 그가 노예로 팔려가 시시한 일을 잘했더니 경호대장 집의 집사가 되었고, 감옥에서 간수장의 비서 역할을 잘 감당했더니 애굽의 총리가 되었습니다.

내가 전에 젊은 직원들을 만나면 항상 해 준 이야기가 있습니다.

"중국 무협지 소설을 읽으면 꼭 나오는 이야기가 있는데 젊은 사람이 도사에게 무술을 배우러 가면 처음부터 무술을 가르쳐 주는 도사는 없습니다. 어느 도사든 몇 년 동안은 젊은이에게 땔감을 패게 하고 물을 길어 오게 하며 밥을 짓게 합니다. 그렇게 해서 젊은이의 마음이 아주 겸손해진 다음에야 무술을 가르쳐 줍니다. 전쟁터에서 총알이 총을 쏘는 사람에게 왜 총을 쏘느냐고 저항할 수 없습니다. 총알은 쏘는 사람이 방아쇠를 당기면 나가야 합니다. 여러분은 지금 무술을 배우러 온 젊은이고 총알의 입장에 있는 사람입니다. 여러분의 마음이 겸손해져서 어떠한 궂은일이라도 하겠다는 마음이 되어야 무술을 배울 수 있습니다. 아무 궂은일도 하지 않고 바로 무술을 배우게 되면 결국 교만해져서 함부로 그것을 사용하다가 죽게 될 뿐입니다. 여러분은 지금은 총알이지만 나중에 총을 쏘는 사람이 될 것이고, 높아지면 총을 쏘라고 지시하는 사람이 될 겁니다. 그리고 더 높아지면 이번에 전쟁을 해야 할지 하지 말아야 할지를 결정하게 될 것입니다. 그때까지는 겸손하게 자신에게 주어진 일을 수행하기 위해서 최선을 다해 일해야 합니다."

여러분도 직장에서 자신에게 아무리 시시하고 궂은일이 주어진다고 하더라도 아주 기쁘고 감사하게 열심히 일하십시오. 그러면 다음에 더 중요한 일이 주어질 것이고, 나중에는 수많은 사람에게 일을 시키는 높은 리더가 될 것입니다.

> 지극히 작은 것에 충성된 자는 큰 것에도 충성되고 지극히 작은 것에 불의한 자는 큰 것에도 불의하니라(눅 16:10).

말을 조심하라

공직에 있을 때 후배나 부하들에게 늘 강조한 말이 있습니다. "공무원으로 성공하고 싶으면 열심히 일하고, 말을 조심하고, 돈을 가까이 하면 안 된다"는 것입니다. 우리가 세상을 살아가는 데 말은 아주 중요합니다. 말에는 능력이 있기 때문에 말을 어떻게 하느냐에 따라 인생이 바뀝니다. 이 세상 권력자나 공직자가 망하는 길 중 하나가 말을 함부로 하는 것입니다.

> 입과 혀를 지키는 자는 자기의 영혼을 환난에서 보전하느니라(잠 21:23).

말은 항상 부드럽게 해야 합니다. 교만하고 강퍅한 사람일수록 말이 강하고 난폭합니다. 말이 너무 강하면 마치 칼로 찌르는 것 같아 사람의 마음에 깊은 상처를 줍니다. 잠언은 "유순한 대답은 분노를 쉬게 하여도 과격한 말은 노를 격동하느니라"(15:1)라고 말합니다. 그렇기 때문에 하나님의 사람은 항상 말을 부드럽게 해야 합니다.

말은 될 수 있으면 천천히 해야 합니다. 대부분 과시를 잘하고 아는 척하는 사람일수록 말이 빠릅니다. 자기가 잘 안다는 것을 빨리 과시해야 하는데 마음이 급하니 말을 빨리 하게 됩니다. 그런 사람은 한꺼번에 여러 가지 말을 하려고 하기 때문에 결국은 무슨 말인지 잘 모를 때가 많습니다. 보통 그렇게 말을 빨리 하는 사람이 욕도 잘합니다. 말을 거를 시간이 없기 때문입니다.

그러나 말을 천천히 하면 말을 지혜롭게 할 수가 있습니다. 할 수만 있다면 말은 아끼는 것이 좋습니다. 그래서 잠언은 "미련한 자라도 잠잠하면 지혜로운 자로 여겨지고 그의 입술을 닫으면 슬기로운 자로 여겨지느니라"(17:28)라고 말합니다. 자신이 없으면 차라리 말을 하지 말고 조용히 있으십시오. 정 말을 해야 한다면 아주 간단하게 '경우에 꼭 합당한 말'만 하십시오. 그런 말을 성경에서는 "아로새긴 은 쟁반에 금 사과"(잠 25:11)라고 이야기합니다. 그럴 때 사람들이 여러분을 칭찬할 겁니다.

그러면 언제 말을 해야 하나요? 여러분이 높아지면 꼭 여러분의 의견을 말해야 할 때가 옵니다. 그때 이야기하면 됩니다. 그럴 때 많은 사람이 당신의 말에 귀를 기울일 것입니다.

여러분은 하나님의 사람으로서 항상 슬퍼하는 사람을 위로하고, 힘들고 어려운 사람에게 기쁨을 주고, 병든 사람을 낫게 하고, 죽어가는 사람을 살리는 말을 하십시오. 그때 당신은 하나님의 영광을 드러낼 겁니다.

죽고 사는 것이 혀의 힘에 달렸나니 혀를 쓰기 좋아하는 자는 혀의 열매를 먹으리라(잠 18:21).

외형에 지나치게 신경 쓰지 말라

세상 사람들은 사람을 중시하다 보니 사람들에게 잘 보이려고 합니다. 그래서 끊임없이 외모에 신경을 쓰고, 좋은 옷을 입고, 좋은 자동차를 타고, 좋은 집에서 살려고 합니다. 그리고 좋은 학교를 나와 좋은 직장에 들어가 좋은 집안(그게 무엇을 의미하는지 모르지만)의 사람과 결혼하고 싶어 합니다. 다 사람에게 자랑하기 위한 것입니다.

그런데 내가 지금까지 살아오면서 내린 결론은 자신의 외모와 옷차림이나 외형적인 것에 신경을 많이 쓰는 사람치고 영적으로 성숙한 사람이 별로 없다는 겁니다. 물론 직장인으로서 외모나 옷차림을 단정하게 하는 것은 당연한 일이지만 지나치게 신경을 쓰는 것은 그만큼 그의 내면이 공허하다는 것을 의미합니다. 어떤 부자는 구두 한 켤레로 10년 넘게 신기도 하고 중국의 어느 총리는 점퍼를 20년 이상 입기도 합니다. 그들이 알뜰해서 그런 것이 아니고 그들이 구두쇠라서 그런 것이 아닙니다. 그들은 이미 가진 것이 충분하기 때문에 외형적인 것에는 신경 쓸 필요가 없는 것입니다.

나는 공직에 있을 때 시간이 없어서 이발을 항상 새벽에 동네 목욕탕에 가서 했습니다(코로나 때 목욕탕 내 이발소가 없어져 요즘은 이용실에서 이발). 물론 이발 요금도 싸지만 10-15분이면 이발을 끝낼 수 있어서 편리하기 때문이었습니다. 그래서 나는 서울의 고급 이발소는 간 적이 없습니다. 그러나 나는 동네 목욕탕에서 깎은 머리로 대통령을 모셨고 수많은 사람과 사진도 찍었습니다.

요즈음 사람들이 자신이 가진 것을 과시하는 것 중 하나가 자동차입니다. 그래서 비싸고 멋진 자동차를 타고 다니면서 자신이 무슨 상당한 사람인 것처럼 보이려 합니다. 자동차와 그 사람의 내면과는 아무런 상관이 없습니다. 우리가 내면이 단단하다면 구태여 그런 것에 신경을 쓸 필요가 없습니다. 나는 2001년 대사로 부임하면서 구입한 자동차를 중국에서 6년 반을 타고 2008년 다시 한국으로 가져와 2019년에 폐차할 때까지 11년을 더 사용하였지만, 사람들이 어떻게 생각하든 전혀 신경을 쓰지 않았습니다.

사람들은 다른 사람들에게 인정받으려 합니다. 그래서 SNS에 무엇을 자꾸 올린다고 합니다. 나는 스마트폰도 없고 하루에 몇 번 전화기를 켜서 메시지가 와 있는지를 확인하는 것 이외에는 전화기를 사용하지 않습니다. 나는 하나님을 믿는 사람으로서 하나님에게 인정받고 싶지 세상 사람들 그것도 내가 전혀 모르는 사람들에게 인정받고 싶지 않습니다. 그것은 다 신기루 같은 것입니다. 나는 내가 세상을 통제하지 세상이 나를 통제하지 못하도록 합니다.

여러분이 크리스천의 정체성을 지키는 좋은 방법의 하나는 외형적인 것에 매달리지 않는 것입니다. 여러분은 자신이 한 것이나 가진 것을 과시하지 말기 바랍니다. 또 사람들에게 주목받거나 인정받으려 애쓰지 말기 바랍니다. 그럴 때 하나님이 여러분을 세우실 것이며, 많은 사람이 여러분을 인정하고 평가할 것입니다.

내가 보는 것은 사람과 같지 아니하니 사람은 외모를 보
거니와 나 여호와는 중심을 보느니라(삼상 16:7).

평소에 건강 관리에 힘쓰라

우리가 세상을 살아가는 데 건강만큼 중요한 것은 없습니다. 책임 있는 자리에 올라가려면 반드시 건강이 필요합니다. 때문에 우리는 건강을 유지하기 위해서 항상 힘써야 합니다.

건강을 유지하는 데는 반드시 운동이 필요합니다. 그런데 운동을 하려면 운동에 필요한 시간을 내어야 합니다. 나에게는 그럴 시간이 없었습니다. 그래서 생각해 낸 것이 젊었을 때부터 특별한 운동을 하는 대신 일상생활에서 운동하기로 했는데, 바로 걷는 것이었습니다.

나는 아침에 출근할 때 버스를 타고 시간적으로 급한 경우가 아니면 항상 명동 근처에서 내렸습니다. 그리고 종합청사까지 곧바로 가지 않고 일부러 계속 지하도를 오르락내리락하면서 갔습니다. 예를 들면, 명동 입구에서 버스를 내려 지하도로 내려가 한국은행 건너편 출구로 나와 조선호텔 쪽으로 가다가, 다시 지하도를 내려가 덕수궁 앞으로 나옵니다. 그리고 조선일보를 지나 지하도를 통해 교보문고로 나와서 조금 걷다가 다시 지하도로 세종문화회관으로 갔다가, 다시 옛날 문화관광부 출구로 나와 거기서 지하차도를 통해 청사로 들어가서 사무실이 있는 6층이나 8층까지 전속력으로 뛰어 올라가는 것입니다.

그뿐 아니라 오후에 한 번 정도 1층에 내려가서 1층부터 18층까

지 전속력으로 뛰어 올라갔다가 내려오곤 했습니다. 청와대에 근무할 때도 점심은 대부분 샌드위치나 햄버거로 때우고 나머지 시간은 청와대 뒷산에 올랐다 내려왔습니다. 그리고 퇴근할 때 특별한 경우가 아니면, 출근할 때 왔던 길의 역순으로 집에 갔습니다. 나중에 운전기사가 있을 때는 집에서 20-30분 정도 떨어진 곳에 내려서, 기사에게 집에 가방을 갖다 놓으라고 하고, 나는 걸어서 집으로 가곤 했습니다.

두 번째는 나는 항상 일이나 행사가 많아 저녁 늦게 식사를 하거나 과식을 하는 경우가 많았습니다. 그래서 30년 이상 아침을 걸렀습니다. 물론 의사들은 꼭 아침을 챙기라고 했지만 나는 아침을 먹지 않았습니다. 직원들과 출장을 가면 나는 아침에 식사를 하지 않고 혼자 방에서 기도를 하거나 자료를 보았습니다. 그리고 한 달에 한두 번 정도는 하루종일 금식을 했고, 그렇게 못할 경우 토요일이나 일요일에 반드시 두 끼 정도를 금식했습니다. 대신 항상 물을 많이 마셨습니다. 그래서 그런지 나는 언제 소화제를 먹었는지 기억을 못합니다.

세 번째는 기도입니다. 기도는 건강한 사람이 할 수 있는 것입니다. 건강하지 않으면 기도를 잘할 수 없습니다. 그래서 누가 기도를 잘한다고 하면 그는 틀림없이 건강한 사람입니다. 기도는 건강 유지에 큰 도움이 됩니다. 나는 기도를 시작하면 온몸에서 땀이 나기 시작합니다. 그래서 식사를 많이 하고 나서도 기도를 한참 하면 땀이 많이 나고 몸이 가뿐해집니다. 이렇게 나는 공무원 생활 36년 동안 따로 시간을 내 별다른 운동을 하지 않고 오직 걷기와 식사 조절과 금식,

물 마시기와 기도로 건강을 유지했습니다.

직장에서의 인간관계

여러분이 직장에 들어가면 드디어 사람들과의 관계가 시작됩니다. 상사, 동료, 나중에 위로 올라가면 부하를 비롯해 직장에 관계되는 다른 기관이나 회사의 직원들과도 만나게 됩니다. 그중에서도 가장 중요한 것이 상사와의 관계입니다.

상사, 주님께 하듯 섬기라

앞서 언급한 〈조선일보〉와의 인터뷰 도중 이런 질문도 받았습니다(2015년 3월 14-15일자 〈Y〉 참조).

"김대중 대통령 밑에서 의전비서관과 외교안보수석비서관을 거치며 3년 8개월 동안 청와대에서 일한 뒤 주중대사가 되었는데, 윗사람을 잘 모시는 비결이 있나요?"

"항상 정직하게 보고하고 말했기 때문"이라고 답했더니 기자는 "한국 사회에서 그것도 고위 공무원이 윗사람에게 정직하게 보고하고 말해서 신임을 받는다는 것이 가능한 이야기냐"고 반문했습니다.

그래서 나는 그 기자에게 성경의 골로새서 3장 22절과 23절 말씀("종들아 모든 일에 육신의 상전들에게 순종하되 사람을 기쁘게 하는 자와 같이 눈가림만 하지 말고 오직 주를 두려워하여 성실한 마음으로 하라 무슨 일을 하든지 마음을 다하여 주께 하듯 하고 사람에게 하듯 하지 말라")을 읽어 주었습니다. 그러면서 나는 항상 대통령을 위해 기도하면서 대통령을 사랑하고 축복했기 때문에 늘 정직할 수 있었다고 대답했습니다.

그리고 내가 다시 말했습니다.

"윗사람에게 욕먹을까 봐, 자리를 놓칠까 봐 두려워하면 안 됩니다. 그것을 내려놓아야 합니다."

그랬더니 기자가 다시 물었습니다.

"그렇게 입바른 소리 하면 오히려 미운털이 박히지 않을까요?"

내가 대답했습니다.

"공부를 많이 해야 합니다. 윗사람이 물어보기 전에 보고하고 일을 시키기 전에 준비해야 합니다. 윗사람이 물어보고 전화하면 즉시 대답하고 보고를 올려야 합니다. '알아보겠습니다'라는 말은 안 됩니다. 그것은 아무나 할 수 있는 것입니다."

내가 과장일 때부터 직원들에게 강조한 말이 있는데, 그것은 "윗사람이 물어보기 전에 보고하고 시키기 전에 준비하라"는 말이었습니다. 나는 직원들에게 만일 담당자들이 자기 일을 완전히 숙지하고 장악하고 있으면 당연히 윗사람이 지금쯤 무엇을 물어볼 것인지 알 것이고, 상사가 지시하기 전에 미리 앞으로 해야 할 일을 준비해야 한다고 강조했습니다. 여러분 중에 누구는 그것이 어떻게 가능하냐고 반문할지 모르지만 정말 자기 일에 최선을 다하면서 생각한다면 전혀 어려운 일이 아닙니다.

일반적으로 윗사람은 자신은 일을 별로 많이 하지 않으면서도 부하가 열심히 일을 해 줘서 많은 성과가 나오기를 기대하는 반면, 부하들은 가능한 한 일을 많이 하지 않고 편하게 지내면서도 일이 잘되면 생색을 내면서 상사에게 크게 인정받기 원합니다. 이렇게 양자의 입장이 충돌하기 때문에 조직에서는 항상 상사와 부하들 간에 갈등과 불만이 있을 수밖에 없습니다.

이러한 상황에서 어느 부하가 묵묵히 상사가 원하는 것보다 더 열심히 더 많은 일을 하여 좋은 성과를 내고 상사의 인정과 신임을 얻으면, 그 부하가 올바른 이야기를 할 때 그 상사는 부하의 의견을 100퍼센트 받아들입니다. 거기에다 그 부하가 상사를 위해 끊임없이 기도하고 축복하여 영적으로 연결되면 그는 더 확고한 신임을 얻을 것입니다.

그러나 반대로 부하가 상사가 보는 데서만 적당히 일하고 상사가 눈에 안 보이면 일을 하지 않으면서 항상 생색만 내고 뒤에서 상사를 비방한다면 상사가 그 부하를 미워하고 핍박할 것이 틀림없습니다.

> 의로운 입술은 왕들이 기뻐하는 것이요 정직하게 말하는
> 자는 그들의 사랑을 입느니라(잠 16:13).

동료에게는 겸손과 온유와 양보를

누구든지 직장에서 생활할 때 동료와의 관계로 힘들 때가 많습니다. 더욱이 누가 하나님의 사람임을 분명히 드러내면 세상 사람들은 그를 욕하고 경멸하고 적대적인 태도를 보이기도 합니다. 그러나 하나님의 사람은 그들과 맞서기보다는 오히려 겸손과 온유로 자신의 정체성을 드러내야 합니다.

혹시 여러분이 다른 사람보다 더 인정받거나 신임받고 또 좋은 일이 생긴다면, 동료 중에 일부는 반드시 여러분을 시기하고 질투할 겁니다. 그때 여러분은 그들의 행동을 욕하거나 비난하면 안 됩니다. 그들이 그런 태도를 보이는 것은 당연한 일이고, 어떤 의미에서는 그들에게 그런 마음을 불러일으킨 것도 나 자신이기 때문에 오히려 나를 시기하고 질투하는 사람을 위해 기도하고 축복해야 합니다.

앞서 밝혔듯이, 나는 남보다 승진도 빨리하고 중요한 보직을 받을 때마다 사람들의 마음이 상처를 받음은 물론, 그들의 평온한 마음에 시기와 질투의 감정을 불러일으킨 데 대해 진심으로 미안하게 생각했습니다. 그래서 하나님께 나에게 주셨던 사랑과 축복을 그들에게도 주셔서 그들 마음속에 시기와 질투가 사라지고 평안이 있게 해 달라고 기도했습니다. 그리고 가능하다면 다른 사람에게 기회를 양보하려고 노력했습니다.

상황이 어떠하든지 우리는 항상 겸손해야 합니다. 잠언은 "부드러운 혀는 뼈를 꺾느니라"(25:15)라고 말합니다. 겸손에는 강력한 힘이 있습니다.

하나님의 사람은 또 온유해야 합니다. 예수님은 "온유한 자는 복이 있나니 그들이 땅을 기업으로 받을 것임이요"(마 5:5)라고 말씀하셨습니다. 우리가 다른 사람과 싸우거나 다투지 않는 것은 우리가 약해서 그런 것이 아니고 하나님의 정의를 믿고 참고 절제하기 때문입니다. 그래서 우리는 누가 나를 공격하고 감정을 상하게 하더라도 거기에 맞대응해서는 안 됩니다. 오히려 그를 축복하고 기도해야 합니다.

내가 공직에 있을 때, 하루는 어느 유명한 인사가 나를 찾아와서 다짜고짜 화를 낸 일이 있습니다. 그는 내 말을 들으려 하지 않고 정말 펄펄 뛰며 화를 냈습니다. 나는 그가 화내는 모습을 보면서 마음속으로 기도했습니다. 그랬더니 그는 나에게 "지금 내가 화를 내는데 왜 가만있느냐? 당신도 나에게 화를 내라"고 하는 것이었습니다. 그래서 나는 "당신이 아무리 화를 내도 나는 화내지 않을 것"이라고 대답했습니다. 그는 계속 화냈지만 내가 화를 내지 않으니 지쳐서 돌아갔습니다. 나는 집으로 돌아가 그를 위해 계속 기도했습니다.

몇 달이 지나, 어느 공식적인 자리에서 그를 다시 만났는데, 그가 잠깐만 보자고 하더니 "지난번에 내가 잘못된 정보를 가지고 화내서 정말 미안하다"고 말하는 것이었습니다. 그렇습니다. 하나님의 사람은 하나님의 방법으로 대응해야지 사람의 방법으로 대응하면 안 됩니다. 우리는 세상 사람을 항상 온유하게 대해야 합니다.

아랫사람에게는 항상 의와 공평을 베풀라

골로새서 4장 1절은 "상전들아 의와 공평을 종들에게 베풀지니 너희에게도 하늘에 상전이 계심을 알지어다"라고 말씀하십니다. 회사나 어느 조직이든지 그 부서가 아무리 작더라도 일단 그 부서의 장이 되면 자신이 '갑'의 위치에 있다고 생각해서 옳고 그름에 상관없이 무조건 자신에게 유리하고 편리한 대로 말하고 행동하는 사람들이 있습니다. 그러나 윗사람이 되려면 먼저 솔선수범을 해야 하며, 그러기 위해서는 항상 자신이 올바르게 행동해야 합니다. 그래야 아랫사람들도 올바르게 행동합니다. 상사가 올바르게 행동하지 않으면서 부하들이 올바르게 행동하기를 바라는 것은 환상입니다.

상사는 또한 공평해야 합니다. 지금 세상에는 모든 일을 인맥에 의지하는 경향이 있습니다. 그러한 현상은 위로 올라갈수록 더욱 심합니다. 그들은 항상 자신과 학연이나 지연이나 혈연으로 가까운 사람에게 더 많은 이익과 우선권을 주려고 합니다. 그러나 이러한 행동은 다른 구성원으로 하여금 깊은 좌절감을 맛보게 하며 의욕을 잃게 하는 행동입니다.

만일 어느 조직의 리더들이 자기와 관련된 학연과 지연과 혈연으로 회사의 요직을 차지하고 회사의 이익을 가져간다면 그 회사는 이미 공평성을 잃어버린 비정상적인 조직으로서 겉으로는 규모도 크고 대단할지 몰라도 어느 한순간에 와해될 가능성이 높습니다. 하나님의 사람은 세상 사람을 본받지 말고 학연과 지연과 혈연의 고리를 잘라 버리고 항상 부하를 공평하게 대우해야 합니다.

공무원을 하는 동안 나는 언제 어디서 무엇을 하든지 학연과 지연과 혈연을 배제하려고 노력했습니다. 물론 내게는 내가 학연이라고 생각할 만한 학벌이 없었고, 강원도 원주에서 태어나 바로 서울로 올라와서 살았기 때문에 지연도 없었으며, 또 집안에 출세한 사람이나 성공한 사람이 없었기 때문에 특별한 혈연도 없었습니다. 그렇기 때문에 어느 자리에 있든지 학연과 지연과 혈연을 전혀 생각하지 않고 행동할 수 있었습니다. 그래서 나는 과장이었을 때부터 내가 있는 조직에 특정 대학 출신 직원이 몰리지 않게 노력했고, 인사 부서에 가능한 한 각 대학 출신을 골고루 배치해 달라고 요청했습니다.

나는 또한 학연과 지연과 혈연이 없는 직원을 도와주기 위해서 노력했습니다. 내가 국장을 할 때였습니다. 내가 데리고 있던 과장 중에 실력이 있으면서도 성실한 과장이 있었습니다. 그가 해외로 나갈 때가 되자 나에게 와서 "어느 선진국에 가서 근무하고 싶으니 국장님이 도와 달라"고 하는 것이었습니다. 그래서 내가 말했습니다.

"왜 거기를 가려고 해요? 이왕이면 주미국대사관에 가세요."

그러자 그 직원이 얼굴이 벌게지면서 말했습니다.

"국장님, 말씀을 하셔도 그렇게 하시면 안 됩니다. 아니 저 같은 사람이 주미국대사관에 간다니 말이나 되는 소리입니까? 그렇게 말씀하시는 것은 저를 도와주시는 게 아니라 저를 놀리시는 겁니다."

과장이 그렇게 말한 데는 그럴 만한 이유가 있었습니다. 그 당시 외무부에서 주미국대사관에 가려면 기본적으로 청·비·총 출신이어야 했습니다. 주미국대사관에 가는 것이 워낙 경쟁이 치열하다 보니 능력이 아주 탁월한 직원이 혹은 보통 청와대에서 근무하거나(청), 장·차관 비서실에서 근무하거나(비) 혹은 총무과 인사계에서 근무하는(총) 직원이어야 명함을 내밀었던 것입니다. 청·비·총 출신은 대부분 외무고시와 학연에 의해 서로 끌어 주는 경우가 많았습니다.

그런데 이 과장은 외무고시는 합격했지만 그가 졸업한 대학 출신 중에서 외무고시를 통과한 사람은 자기 혼자였기 때문에 도와주는 사람이 하나도 없이 늘 혼자 자기 길을 개척해야 했습니다. 그러니 아무 배경도 없는 자기에게 국장이 주미국대사관에 가라고 하는 것을 자기를 놀리는 것이라고 생각한 것입니다.

그래서 내가 말했습니다.

"걱정하지 말아요. 내가 왜 농담을 하겠어요. 내가 꼭 그렇게 할 테니 두고 보세요."

나는 이 문제를 놓고 한동안 기도한 다음 장관에게 갔습니다. 그 당시는 이미 직원들의 해외 공관 전보 때문에 외무부 복도가 시끄러울 때였습니다. 복도 통신에 따르면 주미국대사관에 가기 위해서 청·비·총에서는 누가 원하고 있고, 또 누가 로비를 하고 있다는 소문이 파다했습니다. 물론 그런 소문은 장관이나 차관도 어느 정도 알고 있었습니다. 나는 장관에게 복도 통신에 대해 설명하면서 이렇게 말했습니다.

"장관님, 지금 직원들 사이에서는 주미국대사관 직원 전보 때문에 말이 많습니다. 직원들은 이번에도 청·비·총 출신과 로비하는 직원들이 갈 것이라고 하면서 불만이 많습니다. 물론 청·비·총 출신 직원들이 우수하고 또 로비하는 직원 중에도 우수한 사람이 있지만 주미국대사관 전보 인사에 전부 그런 직원만 보내면 곤란하다고 생각합니다."

장관이 나에게 물었습니다.

"그럼 김 국장은 무슨 다른 생각이 있어요?"

"장관님, 제가 데리고 있는 과장 중에 ○○대학을 나온 과장이 있는데, 그 과장은 그 대학에서 외무고시를 합격한 유일한 사람입니다.

이 직원은 아무도 도와주고 끌어 주는 사람이 없는데, 이번 인사에 그를 주미국대사관에 보내 주시면 직원들이 그래도 공정한 인사를 위해 노력했다고 평가하지 않을까 생각합니다."

내 이야기를 들은 장관은 "좋은 생각"이라고 하면서 차관에게 가서 상의해 보라고 했습니다. 나는 다시 인사위원장인 이시영 차관(후에 주유엔대사)을 찾아가 장관에게 건의한 내용을 설명했습니다. 그랬더니 차관은 아주 흔쾌히 "그렇게 합시다"라고 대답하는 것이었습니다. 그리고 며칠 후 직원들의 해외 공관 배치에 관한 인사위원회에서 그 과장은 주미국대사관으로 발령됐습니다.

발령이 나자 외무부 직원들이 깜짝 놀랐습니다. 과장은 나에게 찾아와 자신의 발언을 사과하고 감사를 표했습니다.

나는 공직에 있는 동안 성실하고 실력은 있지만 학연, 지연, 혈연이 없는 직원들을 가능한 한 많이 도와주려고 노력했습니다. 그러나 평소에 일은 열심히 하지 않으면서 늘 학연이나 지연 또는 혈연에만 기웃거리는 직원들에 대해서는 엄격하게 대했습니다. 그래서 일부 직원들은 지금도 나에게 섭섭한 마음을 갖고 있을지도 모릅니다. 그러나 나는 그런 사람들이 혹시 그렇게 생각하더라도 오히려 감사하게 생각할 것입니다.

직장에서도 '예수 믿는 사람으로' 살라

직장에 들어가면, 또 많은 도전과

시련이 여러분을 기다리고 있습니다. 그것은 정직, 사랑과 용서, 돈 그리고 술에 관한 문제입니다.

끝까지 정직을 사수하라

근대 역사에서 세계적인 강대국은 대부분 기독교 국가였습니다. 영국, 프랑스, 독일(거기에 더해 스페인, 포르투갈, 네덜란드)과 미국도 마찬가지입니다. 기독교 국가란 하나님을 믿는 나라로서, 그 사회에서 가장 중요시되는 가치는 정직이었습니다. 이와 같이 하나님을 믿는 사람의 정체성을 상징하는 것이 바로 정직입니다.

나는 공직에 있으면서 가능한 한 정직하려고 노력했습니다. 그러나 하나님을 떠나 있을 때는 사람에 대한 두려움 때문에 정직하게 행동하는 것이 힘들었습니다. 하나님을 다시 믿고 회개하고 기도를 많이 함에 따라 내 안에 계신 성령님이 나를 서서히 장악하시면서 나도 점점 담대해지기 시작했습니다. 그리고 청와대에 가서 대통령을 모시기 시작하면서 나는 그 담대함을 행동으로 보이려고 했습니다. 그래서 나타난 것이 앞에 청와대 시절에 있었던 몇 가지 에피소드입니다. 물론 그 에피소드들은 책으로 쓸 수 있는 것으로, 책으로 쓸 수 없는 이야기는 더 많습니다. 어쨌든 내가 정직하려고 노력할 때 하나님은 더 강력한 능력을 주셨고 더 큰 축복을 허락하셨습니다.

지금 세상에서는 정직보다는 편법과 불법이 판을 치고 있고, 정직이라는 말을 입 밖에 내기조차 어려운 상황입니다. 이 때문에 하나님을 믿는 사람은 직장에서 일하면서 정직의 문제에 부딪쳤을 때 큰 고민에 빠지게 됩니다. 그러나 만일 여러분이 몸담은 조직이 여러분에게 거짓말을 강요한다면 여러분은 그 조직에 계속 있어서는 안 됩니다. 그런 조직에서 계속 일하면서 잠시 풍요로운 삶을 살 수 있을지 모르지만 어느 날 반드시 큰 환난에 처할 것이기 때문입니다.

만일 여러분이 그 풍요로운 삶을 포기할 수 없어서 세상이 속삭이는 대로 계속 편법과 불법을 저지르며 산다면, 아무리 십일조를 잘 내고 교회에 중보기도를 부탁하면서 하나님의 용서와 은혜를 구한다 해도 그것은 진정한 믿음이 아닙니다. 여러분은 정직에 관련된 문제만큼은 절대 양보해서는 안 되며, 자신의 정체성을 분명히 드러내야 합니다. 그리고 믿음을 계속 유지하기 어렵다면 차라리 빨리 그 조직을 떠나야 합니다. 그러면 하나님께서 여러분을 더 좋은 곳으로 인도하실 것입니다.

속이는 말로 재물을 모으는 것은 죽음을 구하는 것이라
곧 불려 다니는 안개니라(잠 21:6).

사랑하고 용서하라, 나부터 살아난다

사람이 모여 있는 곳에는 항상 세상 영이 주는 미움과 시기와 질투와 다툼이 있습니다. 그러니까 여러분이 어느 직장을 다니더라도 그곳에도 분명히 그러한 것이 있을 겁니다. 그러나 우리는 성령의 사람으로서 세상 사람과 똑같은 방법으로 맞대응하면 안 되며, 세상이 전혀 생각하지 못한 방법으로 대응해야 합니다. 그것은 사랑하고 용서하는 것입니다.

물론 세상 사람들도 사랑하고 용서할 수 있지만, 그것은 사람의 노력으로 하는 것입니다. 반면 하나님을 믿는 사람이 하는 사랑과 용서는 성령의 능력으로 하는 것이기 때문에 세상 사람은 우리가 말하는 사랑과 용서를 절대로 이해하지 못 합니다.

예수님께서는 "네 이웃을 네 자신과 같이 사랑하는 것"보다 더 큰 계명이 없다고 말씀하셨는데, 사실 사랑은 능력입니다. 만일 여러분이 사회생활을 하면서 어떤 상황에서든지 누구를 사랑할 수만 있다면 여러분은 상상할 수 없을 만큼 엄청난 능력을 갖는 것입니다. 여러분이 잘 아는 고린도전서 13장을 보면, 2절에서 "내가 예언하는 능력이 있어 모든 비밀과 모든 지식을 다 알고 또 산을 옮길 만한 모든 믿음이 있을지라도 사랑이 없으면 내가 아무것도 아니요"라고 말합니다. 하나님을 믿는 사람이 그렇게 갖기를 원하는 예언의 능력과 믿음의 은사가 있을지라도 사랑이 없으면 아무것도 아니라는 겁니다. 또 3절에서 "내게 있는 모든 것으로 구제하고 또 내 몸을 불사르게 내줄지라도 사랑이 없으면 내게 아무 유익이 없느니라"라고 강조합니다. 구제를 아무리 많이 하고 심지어 순교를 하더라도 사랑이 없으면 유익이 없다는 겁니다. 이만큼 사랑이 중요합니다.

자신이 일하는 직장에서 사랑의 사람이 되십시오. 사랑하면 시키지 않아도 기도하게 됩니다. 여러분이 일하는 직장을 사랑하고 함께 일하는 상사와 동료와 부하를 사랑한다면, 항상 직장과 그들을 위해 기도해야 합니다. 즉 사랑의 중보자가 되어야 합니다. 그럴 때 하나님께서 여러분에게 기름을 부어 주실 것입니다.

사랑보다 더 어려운 것은 용서입니다. 나를 미워하고 시기하고 질투하는 사람들은 계속 나를 욕하고 모함합니다. 내가 주중대사로 있을 때 뒤에서 사람들이 나를 모함했지만, 나는 그런 사실을 전혀 모르고 있었습니다.

《하나님의 대사 3》에도 이야기가 나오지만, 2003년 5월 21일부터 23일까지 재외공관장회의가 서울에서 개최되었고, 회의 둘째 날인 5월 22일 저녁, 청와대에서 대통령 내외 주최 만찬이 있었지만 나는 사스 발원지인 중국에서 온 대사로서 감염 위험성이 있다고 하여 만찬에 참석하지 못해서 노무현 대통령을 만날 기회가 없었습니다. 그러나 나중에 청와대 지시에 따라 공관장회의가 끝난 다음인 26일 오전에 청와대에 들어가 노무현 대통령을 만나 사스와 대통령 중국 방문을 포함하여 많은 문제에 관해 이야기를 나누었습니다. 이야기 마지막에 대통령이 말했습니다.

"김 대사는 중국어를 할 줄 아십니까?"

"네, 할 줄 압니다. 대학에서 중국문학을 전공했습니다."

"그래요? 그런데 사람들이 내게는 김 대사가 중국어를 못한다고 하면서 중국어도 못하는 사람이 어떻게 주중대사를 할 수 있느냐고 하던데, 어떻게 된 일이지요?"

누군가가 대통령에게 그런 이야기로 모함한 것이 틀림없었습니다.

또 한번은 전직 외무장관을 만났더니 정부의 어느 고위 인사가 자기에게 "김하중 대사는 자신이 직접 일은 하지 않고 직원들이 밖에 나가 활동을 하고 돌아가서 보고하면 그 내용을 마치 대사가 활동한 것처럼 각색하여 보고한다는데 사실이냐?"고 물어 "말도 안 되는 소리"라고 했다고 알려 주기도 했습니다.

모함은 이렇게 무서운 것입니다. 모함은 나중에 그 실체가 드러나기 전까지는 누가 왜 그렇게 했는지를 알 수 없습니다. 우리가 용서하지 않으면 모함한 사람을 찾아낼 때까지 분노하며 기다려야 합니다. 그렇기에 용서하지 않으면 그것은 내 손해입니다. 우리가 분을 참지 못하여 내 살을 스스로 깎고 내 뼈를 스스로 녹이는 것은 바보 같은 짓입니다. 그럴 시간이나 에너지가 있으면 차라리 빨리 용서하고 일어나 주님을 위해 더 보람 있는 일을 해야 합니다. 우리에게는 그렇게 한가한 시간이 없습니다.

다윗을 보십시오. 사울이 몇 번이나 자기를 죽이려고 했어도 다 용서했습니다. 요셉을 보십시오. 형들이 자기를 팔았어도 다 용서했습니다. 왜 그렇게 했겠습니까? 자기가 받은 은혜가 너무 컸기 때문입니다. 나를 그렇게 괴롭힌 적을 용서할 때 적은 틀림없이 부끄러울 것이고 큰 감동을 받을 것이기 때문입니다. 그러한 감동은 아무리 큰 승리를 해도 얻을 수 없는 것입니다. 결국 감동과 존경은 용서를 통해 얻는 것이지, 전쟁의 승리를 통해 얻는 것이 아닙니다.

무엇보다 우리가 용서해야 하는 가장 큰 이유는 우리가 우리 죄를 용서받은 자이기 때문입니다. 나는 하나님을 믿지 않았고, 남을 욕하고 비방하고 시기하고 질투했으며, 남을 속이고 거짓말했으며, 거기다 술 마시고 방탕한 탕아였으며 죄인 중에 괴수였습니다. 그런 나를 하나님께서 용서하시고 높여 주셨는데, 나를 조금 욕하고 비방하고 모함했다고 해서 과연 내게 누구를 욕하고 용서하지 않겠다고 말할 자격이 있겠습니까?

나는 그렇게 비양심적이고 뻔뻔한 사람이 되고 싶지 않습니다. 죄를 은혜로 되받은 자로서 내가 받은 은혜를 다른 사람에게 나누어 주고 싶습니다. 그래서 앞에서 이야기한 대로 나를 욕하고 비방하고 모함하는 사람들을 축복해 주시도록 기도하는 것입니다. 그리고 나는 예수님이 말씀하신 "일곱 번뿐만 아니라 일곱 번을 일흔 번까지라도 용서하는 것"을 넘어 "일곱 번의 일흔 번이 아닌 일곱 번의 칠백 번까지도 용서할 수 있다"고 말하곤 합니다.

시험과 유혹은 계속 찾아온다

2006년 10월 초 반기문 외교통상부 장관이 유엔 안보리에서 차기 사무총장으로 선출된 다음, 반 장관은 유엔사무총장 선출 과정에서 보여 준 중국 정부의 적극적인 협조에 감사를 표하고, 한국 외통부 장관으로서 마지막 인사를 하기 위해 10월 말 베이징에 도착했습니다. 반 장관은 먼저 중국 외교부장과 회담을 가진 후 인민대회당으로 가서 후진타오 주석을 면담했습니다. 그리고 저녁에는 탕자쉬안 국무위원이 주최하는 만찬에 참석하고 숙소로 돌아왔습니다.

반 장관을 수행하고 온 일행 중에 한 중견 간부가 나에게 긴히 할 말이 있다고 해서 나는 그를 데리고 내 방으로 갔습니다. 그러자 그가 나에게 말했습니다.

"대사님, 반 장관님이 내년 1월 1일부터 유엔 사무총장으로 가시면 외통부장관이 공석이기 때문에 후임 장관을 임명해야 합니다. 지금 서울에서는 많은 사람이 대사님이 외교통상부장관 후임 1순위라고들 합니다. 다만 일부 사람들이 대사님이 예수를 좀 지나치게 믿는다고 이야기들을 하니 예수를 조금만 약하게 믿으시는 것이 좋겠습니다."

물론 그는 나를 위해 하는 말이었습니다. 그러나 내 생각은 좀 달랐습니다. 나는 대사관 상황실에 전화를 걸어 지금 그곳에 있는 직원들에게 내 방으로 잠깐 오라고 했습니다. 조금 후에 장관을 수행하고 베이징에 온 장관 특보(후일 반기문 유엔 사무총장 특보)와 대사관의 참사관과 서기관들이 내 방으로 들어왔습니다. 나는 그들에게 조금 전 중견 간부가 내게 한 말을 전하면서 말했습니다.

"나는 저 간부가 나를 진심으로 생각해서 한 말이라고 생각해요. 그래서 고마워요. 내가 저 간부 말에 대해 답을 하려는데, 그냥 하면 저 사람이 다른 사람들에게 내 말을 전하지 않을 것 같아요. 그래서 내 생각을 공개적으로 말할 필요가 있을 것 같아 여러분을 불렀으니 잘 들어 주세요. 나는 어떠한 상황에서도 예수를 약하게 믿을 수 없어요. 만일 예수를 세게 믿어서 외교통상부장관이 안 된다고 해도 상관없어요. 나는 앞으로 예수를 더 세게 믿을 거예요. 그러니 혹시 사람들이 물어보면 여러분이 꼭 내 생각을 잘 설명해 주세요."

사실 그 간부는 나를 위해서 조용히 말한 것인데 내가 그의 말을 여러 사람에게 공개해 버렸으니 속으로 당황하고 기분이 나빴을 것입니다. 그러나 나는 그의 입장을 고려할 처지가 아니었습니다. 나는 그 간부의 말을 듣는 순간 그 말이 바로 나의 믿음에 대한 시험이라는 것을 알았습니다. 그 자리에서 내 정체성을 분명히 밝히지 않으면 안 되었습니다. 안 그러면 그 말이 내 마음으로 들어와 나를 미혹시켜 내 믿음을 흔들리게 할지도 몰랐습니다. 그래서 나는 미리 강력하게 대응했던 것입니다.

나중에 들으니, 믿음이 좋다고 하는 사람들도 내 이야기를 전해 듣고 "김 대사가 예수를 믿어도 너무 지나치다"고 하더랍니다. 나는 그 말을 들으면서 하나님께서 사람들이 나에 대해 하는 말을 들으시면 나를 어떻게 보실까 생각하면서 오히려 마음으로 기뻤습니다.

그렇게 이야기한 때문인지 나는 훗날 외교통상부장관을 하지 못했습니다. 그러나 하나님께서는 나를 통일부장관이라는 자리로 보내주셨습니다. 어쩌면 하나님께서는 처음부터 나를 통일부장관을 시키려고 계획하셨는지도 모릅니다. 그래서 외교통상부장관 이야기가 나왔을 때 바로 내게 그런 태도를 보이게 하심으로써 내가 외교통상부장관이 될 수 있는 길을 막으셨는지도 모릅니다. 어쨌든 우리는 우리의 믿음과 세상의 것을 바꾸자는 속삭임에 대해 항상 경계를 늦추어서는 안 되며, 필요한 경우에는 바로 자기 정체성을 분명히 드러내야 합니다(《하나님의 대사 3》 67-69쪽 참조).

나도 폭음했던 사람이다

　술 이야기가 나오면 나는 할 말이 없습니다. 전에 술을 많이 마셨고 폭음도 했기 때문입니다. 술을 마실 당시, 나는 술이 좋은 것이라고 생각했습니다. 그러나 어느 날 내 안에 계신 성령님께서 술을 보면 토하게 만드신 이후 나는 술이 얼마나 나쁜 것이었는지를 알게 되었습니다. 그렇기 때문에 지금도 그때 생각을 하면 부끄러울 뿐입니다.

　성경에서는 술을 마시면 사람이 방탕해진다고 말하는데, 그것은 사실입니다. 왜냐하면 술이 들어가면 흥분이 되면서 자제력을 잃어버리기 때문입니다. 또한 잠언 20장 1절에 "포도주는 거만하게 하는 것이요 독주는 떠들게 하는 것이라 이에 미혹되는 자마다 지혜가 없느니라"고 기록되어 있는데, 그것도 정확한 말씀입니다. 내 경험에 의하면 술을 마시면 기억력이 크게 감퇴됩니다. 나는 술을 끊은 이후 기억력이 놀라울 정도로 회복된 것을 보면서 그 사실을 알게 되었습니다. 또 몸에 술이 들어가면 내 안에 계신 성령님이 움직이시지를 않습니다. 그래서 술을 마시면 기도를 할 수가 없고, 기도를 하더라도 하나님의 뜻을 분별할 수가 없습니다. 술은 나에게 독이었습니다. 그것도 모르고 나는 세상 사람들과 어울려 술을 마셨던 겁니다. 성령님께서는 내가 독으로 인해 죽기 전에 나를 살리셨습니다.

　지금 세상은 어디를 가든지 술을 권하고 있으며, 술을 마시지 못하는 사람을 이상하게 취급하기까지 합니다. 그래서 하나님을 믿는 사람은 술을 마시지 못하는 것 때문에 혹시라도 불리한 영향을 받지 않을까 걱정할 겁니다. 그러나 걱정하지 말기 바랍니다. 나는 하나님을 믿기 시작하면서 술을 마시지 않도록 해 달라고 기도했으며 하나님의 도우심에 따라 점점 술 마시는 빈도가 줄어 갔습니다. 처음에 강제로 술을 끊게 되었을 때는 술을 마시지 않으면 활동하기가 어려운 중국에서 과연 외교를 제대로 할 수 있을까 하는 걱정도 많았습니다.

술을 끊은 다음 중국의 장관을 대사관저에 초청한 적이 있었습니다. 그런데 직원들이 와서 보고하기를, 그 장관은 중국 정부에서 가장 술을 잘 마시는 장관이라는 것이었습니다. 그날부터 본격적으로 작정기도를 시작했습니다.

"하나님, 이번에 중국의 장관을 초청했는데, 그 사람이 술을 잘 마신다고 합니다. 그런데 관저에 와서 제가 술 대작을 하지 않으면 혹시라도 불쾌하게 생각할지도 모르니, 그가 제 관저에 오는 날만큼은 술을 마시지 못하도록 해 주십시오."

그러면서 그 장관이 좋아한다는 중국술을 한 병 준비했습니다. 드디어 정한 날이 되어 중국 장관이 간부들을 데리고 관저에 왔습니다. 잠시 환담을 한 다음, 식탁에 앉아 제가 인사말을 했습니다.

"오늘 존경하는 장관님을 모시고 저녁을 하게 되었는데, 장관님이 평소에 좋아하신다는 술을 한 병 준비해 놓았으니 즐겁게 드시기 바랍니다" 하고 말하고 그 술을 보여 주었습니다. 그랬더니 그 장관이 이렇게 말했습니다.

"지금 대사님께서 준비하신 술은 정말 제가 평소에 좋아하는 술입니다. 사실 저는 술을 참 좋아합니다. 그런데 제가 이번 주에 여러 가지 행사가 많아 술을 너무 많이 마셨습니다. 그랬더니 오늘 아침에 속이 불편하여 아무래도 오늘은 술을 마시지 못할 것 같습니다. 대사님께서 이해해 주시고, 대신 이 술은 저와 함께 온 간부들이 절 대신하여 맛있게 마시도록 하겠습니다."

얼마나 놀라운 일입니까? 하나님께서 기도를 들으시고 나로 하여금 아주 마음 편하게 손님을 대접할 수 있도록 해 주신 겁니다.

여러분은 술을 마시지 못한다고 해서 상사나 동료들이 자기를 이상하게 생각하지 않을까 걱정할 필요가 전혀 없습니다. 그것을 위해 기도하면 술을 마시는 상사나 동료들은 여러분이 술을 마시는지 안 마시는지 전혀 관심도 없을 것이며, 설사 관심이 있다고 하더라도 이상한 생각을 갖는 일은 절대로 없을 겁니다. 문제는 그렇게 기도하는 것이 중요하다는 것입니다.

돈이 '신'(神)이 되다

앞에서도 이야기했지만 나는 어릴 때 가난했기 때문에 늘 돈이 없었습니다. 대학에 다닐 때 아르바이트를 했어도 항상 용돈이 부족했습니다. 그러다가 외무부에 들어와 결혼을 했는데 계속 돈이 없었습니다. 물론 그때는 다른 가족들로부터 도움을 받기는 했지만 그래도 항상 돈이 부족했습니다. 해외에 가서 몇 번이나 근무를 하고 돌아왔지만 아이가 셋이나 되고 보니 늘 돈이 모자랐습니다. 나중에 청와대 가서 근무를 하고 주중대사를 하고 통일부장관을 할 때도, 은퇴를 하고 여생을 보내면서도 마찬가지입니다.

그러나 나는 돈을 많이 갖고 싶지도 않고, 돈을 많이 가진 사람을 부러워한 적도 없고 가까이하려고 한 적도 없습니다. 나는 사회에 나와 돈을 많이 가진 사람들을 보면서 (모든 사람이 다 그런 것은 아니지만) 많은 사람이 교만하고 자랑하고 탐욕스럽게 행동하는 모습을 보면서 내가 돈과 상관없는 공무원의 길을 가게 된 것을 감사하게 생각했습니다. 그래서 나는 아이들이 자랄 때 식탁에서 앞으로 친구나 이성을 사귈 때 돈을 지나치게 좋아하는 사람과는 사귀지도 말고 교제하지도 말라고 강조하곤 했습니다. 그래서 내가 말한 대로 그런 사위와 며느리들을 주신 것을 감사하게 생각하고 있습니다.

돈과 영성

물론 돈은 우리가 세상을 살아가는 데 매우 중요합니다. 그러나 그것보다 더 중요한 것은 우리가 돈에 대해 어떠한 물질관을 갖느냐 하는 것입니다. 요즈음 세상 사람들은 돈이 '권력'이요 '신'이라고 이야기합니다. 또한 사람들이 돈을 중요시하다 못해 돈의 노예가 되었다고까지 말하기도 합니다. 결국 사람들이 그냥 지폐에 불과한 돈을 하나님보다 더 사랑하고 하나님보다 더 중요하게 생각하는 바람에 돈이 우상이 되고 만 것입니다.

물론 세상 사람들이 그렇게 생각하는 것은 당연합니다. 그러나 하나님을 믿는 사람조차 그렇게 생각한다면 그것은 매우 위험합니다. 예수님이 마태복음 6장 24절에서 "한 사람이 두 주인을 섬기지 못할 것이니… 너희가 하나님과 재물을 겸하여 섬기지 못하느니라"고 말

쓸하신 것은 바로 이러한 것에 대한 경고였습니다.

디모데전서 6장 10절에서 "돈을 사랑함이 '일만 악의 뿌리'가 된다"고 했듯이 돈이 우상이 된다면 그것은 나와 성령님과의 소통을 방해하는 가장 큰 요소가 됩니다. 그러나 우리 마음이 돈으로부터 자유하고, 오직 하나님만 의지하면, 내 안에 계신 성령님과의 교통이 원활하게 이루어지며 하나님께서는 사랑과 위로하심을 풍성하게 나타내십니다. 그러므로 하나님을 믿는 사람은 지나치게 돈에 집착하지 않도록 경계를 게을리해서는 안 됩니다.

돈이 지배하는 사회

과거 기독교가 발달했던 미국이나 영국, 독일 등 선진국에서는 기독교가 점점 쇠퇴하고 있습니다. 왜냐하면 인터넷과 스마트폰의 보급, 물질적인 풍요로 인한 안일과 쾌락의 추구로 사람들이 하나님에 대하여 점점 더 무관심해져 가고 있기 때문입니다. 특히 자본주의의 발달로 돈이 세상의 모든 것을 지배하다 보니 사회가 메마르고 거칠어지고, 사람들이 공동체 의식을 상실하고 자신의 이익만을 생각하면서 정의와 공평함이 사라지고 있습니다.

2014년에 발생했던 '세월호 사건'의 본질은 돈이 지배하는 사회로 인한 것이었습니다. 당시 국민은 세월호 선장과 선원들이 침몰하는 배에서 자신들부터 탈출하고도 뻔뻔하게 행동하는 것에 대해 분노했지만, 사실 우리 사회의 각 분야에는 세월호 선장이나 선원들과 같은 사람이 많습니다. 회사나 기관의 최고 책임자들이 자신이 속한 회사와 기관을 망하게 하고 엄청난 해악을 끼쳤음에도 불구하고 뻔뻔하게 행동하는 것은 물론 오히려 온갖 수단과 방법으로 자신의 잘못을 감추고 도망가는 것을 볼 수 있습니다.

돈은 적당히 있으면 양약과 같이 우리에게 도움을 주지만, 어느 때는 우리를 해치고 때로는 죽이는 독이 될 수도 있습니다. 세상의 많은 유명 인사나 권력자, 돈 많은 사람들이 감옥에 가는 것은 사람을 죽이거나 사기를 쳐서 가기보다는 대부분 돈 때문인 경우가 많습니다. 그래서 돈은 약이 되기도 하지만 독이 된다는 것을 꼭 기억해야 합니다.

누구에게나 쉽지 않은 일

자녀들을 결혼시킬 때 청첩장을 만들지 여부와 축의금을 받아야 하는지에 관해 기도를 했습니다. 하나님께서 청첩장을 돌리지 말고 축의금도 받지 말라는 마음을 주셔서 나는 세 아이를 결혼시키면서 청첩장을 한 장도 돌리지 못했고 물론 축의금도 받지 못했습니다.

한국 사회에서 자녀들의 결혼식을 앞두고서 청첩장을 한 장도 돌리지 않는다는 것은 상당한 용기가 필요했지만, 성령님의 말씀에 순종하여 그렇게 실행했습니다. 더욱이 나는 30년 이상 수많은 축의금을 냈기 때문에 내가 준 것을 한 푼도 돌려받지 못하는 것에 대해 아쉬움이 컸습니다. 그러나 그로 인해 나는 다른 누구보다도 성령님과 밀접한 관계를 가지게 되었고, 상상할 수 없는 은혜를 경험했습니다. 그리고 하나님께서는 아비 때문에 결혼 축의금을 받아 보지 못한 내 아이들에게 이미 큰 은혜를 부어 주셨고, 앞으로도 더 부어 주실 것으로 믿습니다.

내가 주중대사로 있는 동안 한국의 대형 로펌과 대기업에서 찾아와 은퇴를 하면 자신들을 도와 달라고 하면서 엄청난 연봉을 주겠다는 뜻을 내비쳤습니다. 아마도 내가 최장수 주중대사로서 중국에 수많은 인맥을 가지고 있을 것이라고 믿었기에 그렇게 제안했을 것입니다. 통일부장관에서 은퇴하고 나서, 나는 인생의 말년을 여유롭게 보내고 싶은 바람으로 하나님께 그 문제를 놓고 기도했습니다. 그런데 성령님께서는 어느 한 곳도 가면 안 된다는 마음을 주셨고, 나는 할 수 없이 모든 제의를 거절했습니다.

나중에는 어느 대기업에서 사외이사라도 해 달라고 하면서 억대에 달하는 연봉을 주겠다고 제의를 해, 그것도 기도해 보았지만 성령님은 그것도 하지 못하도록 막으셨습니다. 나는 사실 그때 마음속으로 좀 섭섭했습니다. 성령님께서 왜 이렇게 철저히 막으시는지 이해가 되지 않았습니다. 그러나 후에 언론에 대기업의 사외이사로 근무하는 전직 고위관료들의 이름이 보도된 것을 보면서 그제야 하나님의 뜻을 알게 되었습니다. 하나님께서는 《하나님의 대사》라는 책을 출간한 내가 뒤에서 그렇게 많은 돈을 받으면서 대기업을 위해 봉사하는 것을 원하지 않으셨던 것입니다.

여러분이 앞으로 사회에 나아가 하나님을 믿으면서 일생 동안 열심히 정직하게 일하면 돈은 부족하겠지만 어느 정도의 생활을 유지하고 아이들 교육시키는 것은 할 수 있습니다. 그러나 하나님 말씀이 아닌 세상 방법으로 산다면 아주 잘살 때도 있겠지만 어떤 때는 감당하기 어려운 시련을 당할 때도 있을 것입니다. 모든 것은 여러분의 선택에 달려 있습니다.

꼭 필요한 사람을 붙여 주신다

하나님을 믿는 사람이 세상을 살아가면서 하나님만을 온전히 의지하고 사람을 의지해서는 안 된다고 하는 것은 우리가 너무 사람에게 의지하면 사람이 우상이 되기 때문입니다. 그러나 세상을 살아가는 데 사람은 아주 중요합니다. 모든 것이 다 사람을 통해 이루어지기 때문입니다. 그래서 우리가 무슨 일을 할 때 음으로 양으로 사람으로부터 도움을 받습니다. 그런 의미에서 사람은 인생을 살아가면서 누구를 만나느냐 하는 것이 중요합니다.

하나님은 그분을 믿는 사람에게 꼭 필요한 사람들을 붙여 주십니다. 앞에서 이야기한 것처럼, 나도 인생을 살아가면서 하나님이 보내 주신 귀한 분을 많이 만났습니다. 어떤 분은 나에게 이런 도움을 주고, 다른 분은 저런 도움을 주었으며, 어떤 분은 나의 인생 전체에 지대한 영향을 미치기도 했습니다. 그렇기 때문에 우리는 사람을 만나는 것을 중요시해야 하며, 하나님께서 우리에게 만남의 축복을 주시기를 기도해야 합니다.

사람에 대한 분별력을 구하라

살다 보면 좋은 사람을 만나기도 하지만 어떤 때는 악한 사람을 만나기도 합니다. 그러나 우리는 그 사람이 앞으로 나에게 어떠한 영향을 미칠지 알지 못합니다. 세상의 많은 사람이 나중에 큰 환난을 당하는 것 중 하나가 사람을 잘못 만나는 데 있습니다. 처음에 만날 때는 몰랐는데, 어느 순간에 그와의 만남이 큰 올무가 되어 한순간에 나를 큰 환난에 빠트립니다. 그렇기 때문에 우리는 사람을 만나는 것이 어떤 때는 도움이 되지만 어떤 때는 해가 된다는 것을 반드시 기억해야 합니다.

그러나 인간은 그것을 분별할 능력이 없으므로 우리는 모르는 사람을 만날 때 꼭 기도해야 합니다. 그러면 성령님이 분별력을 주십니다. 여러분이 정말로 겸손하게 무릎 꿇고 기도하면 내 안에 계신 성령님께서 자신의 뜻을 알려 주십니다.

> 사람의 마음에 있는 모략은 깊은 물 같으니라 그럴지라도 명철한 사람은 그것을 길어 내느니라 (잠 20:5).

모든 만남에는 때가 있다

앞으로 여러분이 만나게 될 세상 사람과의 관계는 다 때가 있습니다. 그때가 지나면 멀어지게 됩니다. 처음에 만나 의기 투합하여 별의별 이야기를 다하고 온갖 일을 상의하지만 그때가 지나면 시들해집니다. 물론 아주 몇 명의 예외적인 친구가 있을지 모르지만, 세상적인 또는 인간적인 생각으로 맺어진 관계는 때가 되면 멀어진다는 것을 기억하기 바랍니다. 그리고 그럴 때는 억지로 인위적으로 가까이 하려고 하지 마십시오. 그때는 멀어지는 것이 순리입니다.

나와 같이 하나님을 믿는 사람이라고 하더라도 때가 되면 멀어집니다. 다만 예외가 있습니다. 영적으로 가까워지면 절대로 멀어지지 않습니다. 우리가 예수 그리스도의 사랑 안에 있으면 아무도 우리 사이를 끊을 수 없기 때문입니다.

이상형을 기다리는 청춘들에게

요즈음 결혼의 적령기도 높아지고 있지만, 결혼한 사람들이 이혼하는 비율도 점점 높아지고 있습니다. 왜 그럴까요? 그들은 처음부터 자신의 배우자가 아닌 사람을 만났을 가능성이 많습니다. 그럼에도 불구하고 그들이 결혼을 하기로 한 것은 무언가 자신이 생각하고 있는 기준에 상대방이 어느 정도 부합했기 때문이겠지요. 그렇다면 그 기준은 무엇일까요? 세상적인 기준에 따르면, 우선 자신이 좋아하는 외모와 체격, 돈, 학벌, 좋은 직장, 부모의 배경 등이 기준일 겁니다.

그런 조건으로는 만나기 어렵다

그러나 이 기준은 그야말로 세상적인, 표면적인 기준입니다. 정작 중요한 것은 상대방이 도대체 어떤 사람이냐는 것입니다. 잠언 12장

4절에 "어진 여인은 그 지아비의 면류관이나 욕을 끼치는 여인은 그 지아비의 뼈가 썩음 같게 하느니라"라는 말씀이 있습니다. 잠언에서는 "여인"이라고 했지만 지금과 같이 남녀 평등시대에 이 말씀은 남편에게도 적용되는 말입니다. 요즈음은 남자든 여자든 배우자를 잘못 만나면 부끄러움을 당하는 것은 물론 망하기도 합니다. 그렇기 때문에 자기에게 맞는 배우자를 만나야 하는데 세상적인 기준으로 배우자를 찾으면 성공할 확률이 아주 낮다고 생각합니다. 앞에서도 몇 번이나 강조했지만, 하나님을 믿는 사람은 외모나 세상적인 조건에 현혹되어서는 안 됩니다. 그런 조건으로는 하나님이 예비하신 배우자를 만나기 어렵습니다.

배우자를 위한 바른 기도

"고운 것도 거짓되고 아름다운 것도 헛되나 오직 여호와를 경외하는 여자는 칭찬을 받을 것이라"(잠 31:30). 여기서도 "여자"는 남자에게도 적용되는 말씀입니다. 이 시대가 너무 악합니다. 그러므로 여러분은 여호와를 경외하는 배우자를 만나야 합니다. 내가 자랄 때만 해도 지금보다는 상황이 달라 하나님을 믿지 않는 사람도 결혼한 다음에 하나님을 쉽게 믿었습니다. 그러나 지금은 상황이 다릅니다. 그렇기 때문에 믿음이 약하더라도 예수를 믿는 배우자를 선택하는 것이 안전합니다. 물론 결혼한 다음에 자기가 전도를 한다고 하지만 거기에 투자하는 시간과 에너지를 생각하면 결혼하기 전에라도 믿음 생활을 시작하는 것이 중요합니다.

믿음의 사람이라고 하더라도 기도해야 합니다. 믿음의 사람이라고 해서 무조건 좋은 것이 아니며 믿는 사람 중에도 요즈음은 왜곡된 믿음을 가진 사람이 많기 때문에 하나님께 기도해야 합니다. 특히 외모와 표면적인 조건을 보고 무조건 마음을 정하고 기도하면 안 됩니다. 자기의 선입견과 욕심을 내려놓고 기도해야 합니다. 만일 상대방이 나의 배우자라면 하나님이 움직이실 것이며, 둘이서 기쁘게 결혼을 하게 될 것입니다. 시간이 늦어진다고 서두르지 마십시오. 다 때가 있으니 하나님의 때에 이루어 주실 겁니다.

나와 아내는 아이 세 명이 결혼을 할 때 사위와 며느리에 관하여 자세히 알려고 하지 않았습니다. 오직 기도만 했습니다. 그리고 아이들이 좋다고 하고 우리 부부의 기도가 좋으면 아무것도 물어보지 않고 결혼을 시켰습니다. 그래서 세 아이 모두 행복한 가정을 이루어 살고 있습니다. 세상 사람이 말하는 외모, 돈, 학벌, 좋은 직장, 부모의 배경 등은 전부 헛된 것입니다. 그것이 결혼의 행복을 보장하지 못합니다. 사람의 행복은 오직 하나님의 은혜로 가능합니다. 그리고 이러한 진리를 깨닫는 것이 축복입니다.

삶에서 길어 올린 지혜

01
스펙보다 실력을 갖추십시오

"전방 근무 중에도 외무고시를 준비했고, 외교관이 된 후에도 30여 년간 외국어 학습에 매진했습니다." 믿음이 좋고 기도를 많이 한다 해도 실력이 없으면 세상은 우리를 인정하지 않습니다. 하나님의 일을 성공적으로 수행하려면 반드시 실력이 뒷받침되어야 합니다. 지혜와 총명, 모략과 재능의 영이신(사 11:2) 성령님께 도움을 간구하며 단순한 스펙 쌓기가 아니라 남들이 따라올 수 없는 확고한 실력을 갖추기 위해 끊임없이 노력하고 공부하십시오.

02
시간은 분산투자가 아니라 집중투자를 해야 합니다

"외국어 습득을 위해 주말과 공휴일을 모두 공부에 투자했고, 영화나 드라마를 볼 여유를 포기했습니다." 모든 이에게 주어진 시간은 동일하기에 그 시간을 어떻게 사용하느냐가 중요합니다. 자신이 일하는 분야에서 남다른 실력을 갖추려면 다른 분야에 대한 욕심을 과감히 내려놓아야 합니다. 큰 나무가 되기 위해서는 가지치기가 필요합니다.

03
주님께 하듯 상사를 섬기십시오

직장에서 상사와의 관계는 단순한 업무 관계를 넘어 신앙의 실천 현장임을 기억해야 합니다. 상사에게 정직하게 보고하고 먼저 준비하는 것은 주님을 두려워하는 마음에서 나오는 성실함입니다. 상사를 위해 기도하며 사랑하는 마음으로 섬기십시오. 그럴 때 하나님께서 여러분을 신뢰하시고 더 큰 일을 맡기실 것입니다.

04
공정함과 의로움은 조직을 건강하게 합니다

"배경이 없는 과장을 주미대사관에 보내기 위해 장관과 차관을 설득했습니다." 리더는 학연, 지연, 혈연에 치우치지 말고, 사람들을 공정하게 대우해야 합니다. 실력 있고 성실한 직원을 도와주는 것은 하나님의 뜻입니다. 인맥보다는 능력과 성실함을 기준으로 판단하고, 소외된 사람들을 먼저 살피는 리더가 되어야 합니다. 이것이 조직을 건강하게 만드는 길입니다.

05
사랑과 용서가 진정한 능력입니다

"중국 대사 재임시 뒤에서 모함한 사람들을 축복하며 기도했습니다." 용서하지 않으면 결국 자신만 손해를 봅니다. 직장에서 미움과 모함을 당할 때 세상의 방법으로 맞대응하지 말아야 합니다. 사랑과 용서야말로 성령의 능력입니다. 받은 은혜를 헤아려 보면 용서할 수 있습니다. 용서를 통해 얻는 감동과 존경이야말로 진정한 승리입니다.

06
사람을 분별하는 지혜를 구하십시오

세상에는 좋은 사람도 있지만, 때로는 악한 사람을 만나기도 합니다. 사람은 이를 분별할 능력이 없으므로, 모르는 사람을 만날 때는 꼭 기도해야 합니다. 겸손하게 무릎 꿇고 기도하면 성령님께서 분별력을 주십니다. 직장에서든 교회에서든 새로운 사람을 만날 때마다 하나님께 지혜를 구하는 습관을 기르십시오.

나누며 깊어지는 시간

학업 중인 청년에게

1. 나를 모함하거나 힘들게 한 사람을 용서하고 사랑해 보았나요? 그것은 내 힘으로 한 일이었나요, 아니면 성령의 도우심으로 가능했던 일이었나요? 하나님께서 나를 보내신 자리에서 '사랑의 사람'으로 살아가려면, 먼저 내게 베풀어 주신 하나님의 사랑과 은혜를 깊이 묵상하고 누려야 합니다. 내가 경험한 하나님의 놀라운 사랑과 은혜를 돌아보고 나눠 보세요.

2. 실력을 기르기 위해서는 꾸준한 시간 투자와 집중이 필요합니다. 모두에게 똑같이 주어진 시간을 더 지혜롭게 사용하기 위해, 지금 내가 포기해야 할 습관이나 유혹은 무엇인가요? 특히 스마트폰 사용 시간을 돌아보며, 절제와 집중을 위해 오늘부터 실천할 수 있는 한 가지를 결단해 보세요.

일터에 있는 청년에게

1. "죽고 사는 것이 혀의 힘에 달렸나니 혀를 쓰기 좋아하는 자는 그 열매를 먹으리라"(잠 18:21)라는 말씀처럼, 말은 사람을 살리기도 하고 죽이기도 합니다. 여러분이 일상에서 사용하는 말 속에 부드러움과 위로, 사랑이 담겨 있다고 느끼나요? 혹시 무심코 던진 말이 누군가에게 상처가 되었던 경험이 있다면 돌아보고, 지금 내가 이웃 사랑을 실천하기 위해 바꾸어야 할 말의 습관이 있다면 함께 나눠 보세요.

2. 성령 충만함을 사모하며 살아가기 위해 여러분은 술과 같은 유혹을 어떻게 절제하고 있나요? 혹시 아직 절제하지 못하고 있다면, 그 이유는 무엇인지 솔직하게 나눠 보세요. 그리고 지금 하나님의 뜻에 합당한 결단은 무엇일지 함께 생각하고 이야기해 보세요.

한 걸음 더 나아가기

지금 몸담은 학업 현장, 직장, 공동체 안에서 하나님께서 나중에 사용하시기 위해 지금 내 손에 쥐어 주시는 것이 무엇이라고 생각하나요? 그것이 하나님의 뜻을 이루는 도구로 사용되기 위해서 지금 나는 무엇을 어떻게 갈고닦아야 할지 생각하고 이야기해 보세요.

3

강하고 담대하라, 성령의 능력으로 승리하라

이제 여러분은 삶의 전쟁터요 거대한 영적 전쟁터인 사회로 나갑니다. 그리고 자신이 근무하는 직장에서 그 발걸음을 내딛습니다. 그러한 여러분의 마음에는 기쁨도 있을 것이고 소망도 있을 것입니다. 다른 한 구석에는 두려움과 걱정도 많을 것입니다. 그래서 여러분은 그 걱정과 두려움을 떨어내기 위해서 부모나 친지나 친구에게서 유익한 이야기를 듣기도 하고 조언을 듣기도 할 겁니다. 그러나 그런 이야기는 조금은 도움이 되겠지만 큰 도움은 되지 못합니다.

여기서 여러분은 발상의 전환을 해야 합니다. 여러분이 가는 곳은 절대로 대단한 곳이 아닙니다. 직장에 처음 들어가는 사람이 가는 부서나 일이 무어가 그리 대단하겠습니까? 괜히 여러분 스스로 겁이 나 그러는 것뿐입니다. 여호수아를 보십시오. 이스라엘 민족을 이끌고 요단강을 건너 가나안 땅으로 들어가면 그 땅에서 살던 민족들과 수없는 전쟁을 하게 되는 여호수아가 느꼈던 두려움에 비하면 여러분을 기다리고 있는 것은 정말 별 것이 아닙니다.

하나님께서 여호수아에게 말씀하신 것은 "강하고 담대하라"는 것이었습니다. 여호수아는 그 말씀을 붙잡고 놀라운 승리를 거두었고 그 이름이 역사에 빛나게 되었습니다. 그러니까 여러분도 여호수아와 같이 '강하고 담대하기'를 바랍니다. 여러분을 막을 자가 없을 것입니다.

영의 기도를 시작하라

우리는 세상에서 살아가지만 하나님을 믿는 사람이기에 세상 방법으로 살아갈 수 없으며 세상 방법으로는 승리할 수가 없습니다. 그러나 우리에게는 하나님이 계십니다. 우리가 하나님을 믿고 예수를 나의 구주로 영접하면 바로 하나님이신 성령님이 우리 안으로 들어오시며, 우리는 성령님을 통해 하나님의 뜻을 알고 기도의 응답을 받을 수가 있습니다. 때문에 우리는 우리 안에 성령님이 계시다는 것을 믿고 그분이 우리 안에서 역사하시기를 간구해야 합니다.

그러기 위해 우리는 육신의 정욕과 욕심을 위한 육신적인 기도를 하는 것이 아니라 내 안에 계신 성령님이 원하시는 기도, 성령님이 인도하시는 기도를 해야 합니다. 바로 영의 기도입니다. 그래서 바울도 고린도전서 14장 15절에서 "내가 영으로 기도하고 또 마음으로 기도하며 내가 영으로 찬송하고 또 마음으로 찬송하리라"라고 했으며, 또 에베소서 6장 18절에서는 "모든 기도와 간구를 하되 항상 성령 안에서 기도하고"라고 강조하고 있습니다.

그러면 영의 기도가 무엇일까요? 그것은 하나님 나라와 그 의를 위한 기도이고, 하나님의 종과 백성을 위한 기도이며, 하나님의 통치가 내가 있는 이곳에서 일어나기를 소원하는 기도입니다. 또한 하나님께서 불쌍히 여기시는 힘없고 가난한 자들을 위한 기도이며, 나라와 민족을 위한 기도입니다. 이렇게 우리가 영의 기도를 할 때 비로소 내 안에 계신 성령님께서 나를 도우시며 나에게 능력을 주실 것이며, 우리를 영적인 리더로 만들어 주십니다.

성령의 은사

고린도전서 12장에 성령의 은사에 관한 내용이 나오는데, "각 사람에게 성령을 나타내심은 유익하게 하려 하심으로서, 어떤 사람에게는 성령으로 말미암아 지혜의 말씀을, 어떤 사람에게는 성령을 따라 지식의 말씀을, 다른 사람에게는 같은 성령으로 믿음을, 어떤 사람에게는 한 성령으로 병 고치는 은사를, 어떤 사람에게는 능력 행함을, 어떤 사람에게는 영들 분별함을, 다른 사람에게는 각종 방언 말함을, 어떤 사람에게는 방언들 통역함을 주신다"고 말씀하십니다(4-11절 참조).

은사는 무조건 열심히 기도한다고 해서 주어지는 것이 아니고 또한 사람들에게 자랑하고, 자신의 성공과 이익을 위해 무조건 간구한다고 해서 주어지는 것이 아닙니다. 하나님이 주셔야 받는 것임을 알아야 합니다. 기도하는 사람이 항상 하나님 말씀에 순종하고 충성할 때 그 마음을 감찰하시는 하나님께서 하나님의 때에 주신다는 것을 기억해야 합니다.

영적 리더로
당신을 부르신다

영적 리더는 세상 사람들이 가질 수 없는 특별한 것, 바로 성령께서 주시는 능력으로 놀라운 리더십을 발휘하는 사람을 뜻합니다(《하나님의 대사 3》 232-245쪽 참조). 그렇다면 여러분은 어떻게 진정한 영적 리더로서의 역할을 감당할 수 있을까요?

사람으로부터 자유로운 자

영적 리더의 첫 번째 특징은 세상을 쳐다보지 않고 사람을 의지하지 않는다는 겁니다. 나는 1994년 예수를 다시 믿기 시작하면서 하나님만 의지하겠다고 마음먹었지만 쉽지 않았습니다. 그러다가 청와대 3년 8개월 동안의 근무를 통해 더 이상 세상을 쳐다보지 않고 사람을 의지하지 않기로 작정했습니다. 그 후 주중대사와 통일부장관을 거쳐 2009년 2월 은퇴한 다음 나는 여생을 오직 하나님만 의지하며 살아가기로 작정하고 지난 40여 년 동안 모아 두었던 4천여 개의 전화번호를 다 삭제해 버렸습니다. 우리가 세상을 쳐다보지 않고 사람을 의지하지 않으면 않을수록 성령께서는 우리 안에서 아주 강력하게 역사하시며, 그것을 통해 우리는 영적 리더의 역할을 감당할 수 있습니다.

> 너희는 인생을 의지하지 말라 그의 호흡은 코에 있나니 셈할 가치가 어디 있느냐(사 2:22).

사랑의 중보자

영적 리더의 두 번째 특징은 사랑의 사람이라는 겁니다. 물론 세상 사람들도 사랑할 수 있습니다. 그러나 하나님을 믿는 사람의 사랑은 차원이 다릅니다. 영적인 리더는 나를 사랑하고 우호적인 사람만 사랑하는 것이 아니라 나를 적대시하는 사람들도 사랑하는 사람입니다. 그는 적과 원수도 사랑하고 축복합니다.

내가 2008년 3월 통일부장관에 취임한 후 통일부의 과장급 이상 전 직원과 대화를 한 적이 있었습니다. 그때 내가 이렇게 말했습니다. "여러분, 여러분도 장관이 되고 싶은 마음이 있지요? 내가 비결을 가르쳐 줄게요. 아주 간단합니다. 앞으로 여러분이 공무원 생활을 하면서 무슨 일이 생기든지 감사할 수 있고, 어떠한 사람을 만나도 사랑할 수만 있다면 어느 날 반드시 장관이 되어 있을 겁니다."

나는 만나는 사람들을 사랑하려고 노력했습니다. 내가 모시던 상사들을 사랑했고, 나와 함께 일하던 동료와 직원들을 사랑했고, 업무적으로나 신앙적으로 만나는 사람들을 사랑했습니다. 특히 나보다 지위가 낮고 힘들고 어려운 사람을 더 사랑했습니다. 정말로 '사랑의 중보자'가 되고 싶었습니다. 사랑은 세상의 어떤 사람도 흉내 낼 수 없는 크리스천의 강력한 무기입니다. 세상 사람이 명문 학교나 큰 직장에는 얼마든지 들어갈 수 있어도, 하나님의 마음을 가지고 사람을 진정으로 사랑하고 긍휼한 마음을 갖는 것은 어렵습니다. 그러므로 우리는 세상에서 우리만이 가질 수 있는 사랑의 병기를 마음껏 사용해야 합니다. 그때 하나님께서 우리를 높이실 겁니다.

> 나는 너희에게 이르노니 너희 원수를 사랑하며 너희를 박해하는 자를 위하여 기도하라(마 5:44).

정직하기 위해 힘쓰는 자

영적 리더의 세 번째 특징은 계속 정직하려고 노력한다는 겁니다. 본래 죄인으로 태어난 인간이 완전히 정직하기란 불가능합니다. 그러나 하나님을 믿게 되면 우리는 끊임없이 정직해지려고 노력합니다. 예를 들어 하나님을 믿기 전에는 매일 열 개씩 짓던 죄를 아홉이나 일곱으로 점점 줄여 나가면서 성화되어 가는 것입니다. 나는 김대중 대통령을 모시고 근무하는 동안 가능한 한 정직하려고 노력했습니다. 《하나님의 대사 1》에서 이야기했듯이 대통령께 보고하러 들어갔다 잠깐 나온 것은 대통령에게 보고 드리고 대답할 때 나에게 정직함과 담대함을 달라고 기도하기 위해서였습니다. 앞에서 이야기한 몇 가지의 에피소드도 최대한 정직하려고 노력한 이야기입니다.

세상 사람들은 자신이 높아지거나 높은 사람의 측근이 되면 자신의 충성도를 보여 주기 위해 상사의 말에 무조건 복종하고, 그것을 무리하게 실행하려고 수많은 아랫사람을 괴롭게 하고 엄청난 돈과 인력을 낭비하는 일이 비일비재합니다. 영적 리더는 그렇게 하지 않습니다. 자신이 어려움을 당하는 한이 있더라도 끊임없이 자신의 의견을 정직하게 개진하여 그러한 문제가 발생하는 것을 미연에 방지하도록 노력합니다.

내가 청와대에서 근무할 때와 주중대사 그리고 통일부장관 시절에 내 밑에 많은 직원이 있었습니다. 나는 항상 그들이 나에게 정직해 주기를 원했습니다. 그러나 정직하려고 노력하는 사람은 그리 많지 않았습니다. 많은 직원이 나에게 잘 보이려고 적당히 둘러대고 과장하거나 축소해서 보고를 했습니다. 나는 직원을 평가할 때 늘 그가 얼마나 정직하고 성실하며 실력이 있는지를 고려했습니다.

그가 아무리 좋은 학벌과 배경을 가졌더라도 자기밖에 모르는 이기주의자, 일은 항상 말로만 하고 관심은 오직 돈 많고 권력 있는 사람과의 만남에만 쏠려 있는 직원은 아주 엄격하게 대했습니다. 그들 중 일부는 뒤에서 계속 나를 험담하고 비방했지만 나는 아무 말도 하지 않고 오히려 기도로 그들을 축복했습니다. 나는 그들과 영적으로 다른 사람이었기 때문입니다.

여호와는 의로우사 의로운 일을 좋아하시나니 정직한 자는 그의 얼굴을 뵈오리로다(시 11:7).

담대하게 결정하는 자

영적 리더의 또 다른 특징은 항상 담대하게 결정한다는 겁니다. 리더는 항상 조직원들이 쉽게 할 수 없는 어려운 결정을 해야 하고, 그들을 한 번도 가 보지 않은 곳으로 데려가야 합니다. 그렇기 때문에 그에 따른 책임도 큽니다. 세상의 많은 리더는 자기가 가진 것을 잃어버릴까 두려워 결정을 하지 않으려 합니다. 리더가 책임지는 것이 두려워 결정하지 않는다면 그는 리더가 될 자격이 없는 비겁한 자임에 틀림없습니다.

그러나 영적 리더는 하나님을 믿고 성령님의 인도를 받기 때문에 항상 담대합니다. 성경에 나오는 리더들이 모두 담대했던 이유는 하나님께서 그들을 인도하시고 보호하셨기 때문입니다. 나는 공직에 있을 때 항상 담대하게 결정하려고 노력했습니다. 그래서 무엇을 결정해야 할 때 미루는 법이 없었습니다. 매일 결정해야 할 수많은 난제가 끊이지 않았지만, 나는 항상 자료를 숙독하고, 사람들의 이야기를 잘 듣고, 기도한 다음 신속하고 담대하게 결정했습니다. 그 당시 내가 어떻게 일했는지는 당시 청와대에서 같이 근무했던 고위 인사나 직원들, 그리고 관계 부처 장관들이 지금도 잘 기억하고 있을 것입니다.

주중대사를 할 때도 끊임없이 공부하고, 직원들이나 사람들의 이야기를 충분히 듣고 생각하고 기도하면서, 간부나 직원들이 보고를 하면 신속하게 결정해 주었습니다. 탈북자 문제나 국군포로 문제로 밤이나 새벽에 총영사나 직원들이 전화하여 상황을 보고할 때도 결정을 미루지 않았습니다. 일 년 365일 언제든지 직원들이 나에게 찾아오거나 전화를 하면 그들의 이야기를 잘 듣고 빨리 결정하고 방향을 정해 주었습니다. 통일부장관을 할 때도 마찬가지였습니다.

모두 무릎 꿇고 기도할 때 하나님께서 주시는 지혜와 담대함이 있었기에 가능했던 일입니다. 이 지혜와 담대함은 세상에서 배우는 지식이나 경험과는 비교할 수 없는 영적 리더의 강력한 무기입니다.

> 네가 자기의 일에 능숙한 사람을 보았느냐 이러한 사람은
> 왕 앞에 설 것이요 천한 자 앞에 서지 아니하리라(잠 22:29).

책임에 따르는 고통을 감내하는 자

영적 리더의 마지막 특징은 책임에 따른 어려움과 고통을 기쁘게 감당한다는 겁니다. 나는 청와대에서 근무할 때 매일 밤늦게 퇴근하고 토요일(당시에는 일을 했음)은 물론 일요일 오후에 출근을 해도 늘 읽어야 할 자료와 챙겨야 할 일이 쌓여 있었습니다. 주중대사 때도 앞에서 이야기한 것처럼 일이 산적해 있었습니다. 그래도 나라와 민족을 위해 일한다는 기쁨과 사명감으로 6년 반을 버텼습니다.

사람들은 피곤을 풀기 위해 골프를 친다고들 했지만 나는 골프는 커녕 잠도 충분히 잘 수가 없었습니다. 주일에는 반드시 베이징을 비롯한 중국 각지에 있는 교회들의 어려움을 살피고 힘들고 어렵게 지

내는 교인들과 시간을 보냈습니다. 처음에는 골프를 배워 볼까 생각도 했지만, 골프를 하면서 만날 수 있는 사람은 몇 명에 불과하지만 그 시간이면 수십 명 내지 수백 명의 교인을 만날 수 있었기 때문에 포기했습니다. 그랬기에 도리어 더 많은 것을 보고 배울 수 있었고, 이런 생활은 통일부장관이 되어서도 계속되었습니다.

공직을 마감하면서는 어느 정도 휴식이 가능할 것이라고 내심 기대했습니다. 그러나 공직을 떠난 지 16년이 넘었지만 지금도 매일 공부하고 기도하고 책을 쓰느라 새벽 두 시가 넘어서야 잠자리에 듭니다. 그래도 나는 행복합니다. 왜냐하면 공직을 떠나도 할 일이 많기 때문입니다. 공직에 있는 동안 직원들에게 "내가 은퇴해서 그동안 못한 이야기를 책으로 쓰자면 쓸 것이 너무 많다"라고 말했는데 그들은 내 말을 이해하지 못했습니다. 내가 지금 이렇게 할 수 있는 것은 영광된 자리에 있을 때 담대하게 일하면서 그 책임에 따른 고통을 기쁘게 감당했기 때문입니다. 또한 하나님 말씀에 순종하여 끊임없이 기도하고 하나님의 종과 백성을 도왔기 때문에 《하나님의 대사》라는 책이 나올 수 있었습니다.

나는 사람들이 말하는 은퇴 후의 외로움이란 것을 모르고 삽니다. 공직에 있을 때 높은 사람이나 돈이 많은 사람들과 골프를 치거나 명승지를 돌아다니면서 즐거운 시간을 보냈다면 지금쯤 나도 집에서 대부분의 은퇴자가 경험하는 외로움과 고독감에 시달렸을지도 모릅니다.

결론은 분명합니다. 영적 리더는 오직 하나님만을 의지하면서, 사람을 사랑하고 정직하게 행동하며, 담대함으로 책임을 지고 결정하며, 영광된 자리에 있는 만큼 고통을 기쁘게 감당하는 사람입니다. 그러기 위해서 온 힘을 다해 공부하고 실력을 기르는 동시에 쉬지 않고 기도하여 성령의 인도와 도움을 받아야 합니다.

말은 하나님을 믿는다 하면서도 끊임없이 학연, 지연, 혈연을 찾아다니면서 사람들의 눈치를 보고 비위를 맞추고, 다른 사람을 사랑도, 용서도 하지 않으며, 함부로 거짓말만 일삼는다면 그는 하나님의 말씀을 듣기는커녕 계속 사탄의 미혹을 받는 자아의 소리만 듣게 될 것입니다. 때문에 우리는 하나님의 말씀을 들으려고 하기 전에 먼저 '내가 얼마나 하나님을 온전히 의지하는가? 내가 얼마나 사람을 사랑하고 정직하게 행동하는가? 내가 얼마나 담대하게 결정을 내리는가? 그리고 내가 얼마나 나에게 주어진 어려움과 고통을 인내하는가?'를 생각해 보아야 합니다.

하지만 이 모든 것도 성령님의 인도와 도움이 있어야만 가능한 겁니다. 성령께서 우리에게 회개의 영을 부어 주셔야 회개할 수 있고, 성령께서 도와주셔야 사람에게서 자유할 수 있고, 성령께서 도와주셔야 남을 사랑할 수 있고 정직할 수 있으며, 성령께서 도와주셔야 담대하게 결정할 수 있고 어려움과 고통을 기쁘게 감당할 수 있습니다. 그리고 성령님께서 주시는 은사로 사람들이 상상할 수 없는 놀라운 일을 행할 수 있는 것입니다.

만군의 여호와가 말씀하시되 이는 힘으로 되지 아니하며

능력으로 되지 아니하고 오직 나의 영으로 되느니라(슥 4:6).

힘없고 불쌍한 사람을 돕는 자

"주의 성령이 내게 임하셨으니 이는 가난한 자에게 복음을 전하게 하시려고 내게 기름을 부으시고 나를 보내사 포로 된 자에게 자유를, 눈먼 자에게 다시 보게 함을 전파하며 눌린 자를 자유롭게 하고 주의 은혜의 해를 전파하게 하려 하심이라"(눅 4:18-19).

영적 리더는 예수님께서 항상 힘없고 불쌍하고 어려운 사람들의 편에 서셨듯이 하나님의 백성을 위해 살아야 합니다. 아무리 많이 배우고 사회적으로 중요한 사람이라고 하더라도 그의 마음에 사람에 대한 진정한 사랑과 힘없고 불쌍한 사람에 대한 긍휼한 마음이 없다면 그는 진정한 리더가 아닙니다.

주중대사 시절 내가 주일이나 공휴일에 돈이 많거나 힘이 있는 사람들과 어울리지 않고 항상 연약하고 어려운 교회에 가서 목회자들을 위로하고 가난한 교민들과 함께 지내려고 했던 것은 바로 나에게 주어진 소명을 알았기 때문에 그랬던 것입니다.

물론 어떤 사람들은 그런 행동도 정치적인 의도를 가지고 하지만, 하나님을 믿는 사람은 그런 가식적인 행동이 아닌 진정한 예수님의 마음을 가지고 그들 편에 서야 합니다.

삶에서 길어 올린 지혜

01
인맥에 의존하지 마십시오

"은퇴 후 40여 년간 모아둔 4천여 개의 전화번호를 모두 삭제했습니다. 사람을 의지하지 않기로 작정했기 때문입니다." 학연, 지연, 혈연보다 하나님을 의지하십시오. 사람을 의지하지 않을수록 성령께서 더욱 강력하게 역사하십니다. 진정한 성공은 하나님이 주시는 것입니다.

02
원수까지도 사랑하는 능력을 키우십시오

"어떤 사람을 만나도 사랑할 수만 있다면 어느 날 반드시 장관이 되어 있을 것이라고 직원들에게 말했습니다." 적대시하는 사람들도 사랑하고 축복하려 노력해야 합니다. 세상 사람들은 명문 학교나 좋은 직장에는 들어갈 수 있을지 몰라도 하나님의 마음을 가질 수는 없습니다. 그들이 흉내 낼 수 없는 크리스천만의 강력한 무기는 사랑입니다.

03
섬김은 리더의 진면목입니다

"매일 밤늦게 퇴근하고 주일에도 출근했지만, 나라와 민족을 위해 일한다는 기쁨으로 감당했습니다. 골프나 여가 활동보다는 도움이 필요한 사람들을 섬기는 일을 선택했습니다." 중요한 자리에 있는 만큼 수고를 마다하지 않는 것이 영적 리더의 덕목입니다. 편안함을 뒤로하고 예수님의 손과 발이 되어 움직일 때 생명의 열매를 맺게 됩니다.

04
약자의 편에 서는 것이 진정한 리더십입니다

"주일과 공휴일에 힘 있고 권력 있는 사람들과 어울리지 않고 연약한 교회와 가난한 교민들과 함께했습니다." 예수님께서 항상 힘없고 불쌍한 사람들의 편에 서셨듯이 하나님의 백성을 위해 사십시오. 아무리 많이 배우고 사회적으로 중요한 사람이라도 약자에 대해 긍휼함이 없다면 진정한 리더가 아닙니다.

05
성령의 능력 없이는 아무것도 할 수 없습니다

회개, 사랑, 정직, 담대함, 인내 등 모든 것이 성령님의 도움으로만 가능합니다. 자신의 노력과 의지력을 과신하지 마십시오. "이는 힘으로 되지 아니하며 능력으로 되지 아니하고 오직 나의 영으로 되느니라"(슥4:6)라는 말씀이 인생의 모토가 되어야 합니다. 성령님을 의지하는 사람에게 불가능은 없습니다.

나누며 깊어지는 시간

학업 중인 청년에게

1. 진로를 선택할 때 어떤 기준을 가장 중요하게 생각하나요? 지금 고민하고 있는 직업이 하나님께서 기뻐하시는 삶의 자리일 수 있을지, 또 그 일을 통해 다른 사람을 돕고 사회에 선한 영향력을 미칠 수 있을지 함께 생각해 보세요.

2. 중요한 문제나 어려움 앞에서 나는 성령님의 능력을 의지하여 담대하게 결정하고 있나요? 지금까지의 결정들이 충분히 배우고, 듣고, 생각하고, 기도한 결과였는지 돌아보세요. 앞으로 믿음 안에서 결단하기 위해 내가 바꿔야 할 태도가 있다면 함께 나눠 보세요.

일터에 있는 청년에게

1. 지금 나는 세상의 흐름에 이끌리고 있는지, 아니면 하나님의 자녀로서 세상 속에 선한 영향력을 흘려보내고 있는지 돌아보세요. '왕 같은 제사장'으로 부르심을 받은 삶답게, 오늘 내가 충성할 수 있는 작은 자리는 어디인가요?

2. 예수님은 늘 소외된 이들과 약자들을 먼저 바라보셨습니다. 나 역시 하나님 나라의 리더로서 그런 시선을 품고 살아가고 있는지 돌아보세요. 이번 주, 내 곁에 있는 누군가에게 베풀 수 있는 섬김의 행동을 정하고 이야기하며 결단해 보세요.

한 걸음 더 나아가기

믿음에 대한 시험이 찾아왔다고 느낀 순간이 있었나요? 그때 하나님을 믿는 사람으로서의 정체성을 어떤 말이나 행동으로 드러냈나요? 만약 그렇게 하지 못했더라도, 앞으로 '믿음과 세상의 것을 바꾸자'라는 속삭임 앞에 넘어지지 않기 위해서 내가 내려야 할 결단은 무엇일지 생각하며 기도 제목을 나눠 보세요.

에필로그

　이 책을 읽은 젊은이 중에는 고위 공직자의 이야기가 나와 무슨 상관이 있겠냐고 생각하거나, 또는 자신에 비해 내가 받은 축복이 너무 특별한 것 같아 실망감이나 좌절감을 느낄지도 모르겠습니다. 그러나 그것은 오해입니다.

　내가 여러분에게 말하고자 한 것은 우리 모두는 하나님 앞에 죄인이며, 하나님께서는 그런 우리에게 벌을 주시기는커녕, 죽어 마땅한 죄인인 우리를 독생자를 내주시는 사랑으로 깊이 사랑하신다는 사실입니다. 그러므로 우리는 인생의 목표를 성공이나 출세에 두는 세상 사람들과 달리, 오직 하나님의 영광을 드러내고 그리스도 예수의 십자가 복음을 전하는 데 우리의 인생 목표를 두어야 한다는 것입니다.

그러려면 우선 크리스천으로서의 우리 정체성을 분명히 드러내어 세상 사람들이 우리를 존경하고 두려워하게 만들어야 합니다. 오늘날 기독교가 욕을 먹는 이유는 다원주의 속에서 '예수 그리스도만이 길이요, 진리'라는 절대 타협할 수 없는 우리의 믿음 때문이기도 하지만, 또 한편은 부끄럽게도 세상 사람들과 별반 다를 바 없는 우리의 삶 때문이기도 합니다. 아무리 세상이 우리를 공격하고 압박하며, 돈과 명예와 권력으로 우리를 달래고 회유하여 우리 믿음을 무너뜨리려고 해도 우리는 세상 사람들의 시선과 공격에 위축되거나 두려워해서는 안 되며, 그들의 유혹에 넘어가서도 안 됩니다.

이를 위해 믿음과 행함이 일치하는 삶을 살아야 합니다. 또한 자기 십자가를 기쁨으로 지고 가야 합니다. 자기 십자가를 지는 것은 바로 정직을 지키고, 그럴 수 없을 때도 사랑하고 용서하며, 술을 멀리하고, 돈을 사랑하지 않는 것입니다. 직장에서는 자신의 맡은 바를 아무리 작은 일이라도 최선을 다해서 하며, 생색나지 않는 일도 즐겁게 하고, 누가 보건 보지 않건 궂은일도 솔선수범하는 성실함과 희생정신입니다.

또한 사람을 외모나 그가 가진 것으로 판단하지 않고, 특히 배우자를 외모나 돈이나 학벌이나 집안 배경 같은 세상적인 기준으로 선택하지 않아야 합니다. 그것이 바로 악한 영들이 지배하는 이 세상을 이기는 힘입니다. 그러나 우리의 능력으로는 그렇게 할 수가 없습니다. 기도하면서 우리 안에 계시는 성령의 인도하심과 도우심을 날마다 때마다 구해야 합니다.

여러분이 진정한 하나님의 자녀답게 행동한다면 여러분이 어느 자리에 있든지 하나님은 여러분을 리더의 자리에 올려 주실 것입니다. 여러분은 사람으로부터 자유롭고, 담대하며, 자신에게 주어진 책임을 다하고, 힘없고 불쌍한 자들을 도울 수 있는 존경받는 영적 리더가 될 수 있다는 믿음으로 지금의 어려움과 고난을 감내하고 실력을 갈고닦으시길 바랍니다.

고통과 시련을 피하지 말라

다시 한번 강조하고 싶은 것은 하나님이 세우신 리더의 자리는 자신과 가족만을 위한 것이 아니라, 오히려 하나님과 다른 사람을 위한 것이라는 사실을 명심해야 한다는 것입니다. 그 삶에 세상적인 즐거움이나 안일함보다는 항상 나라와 민족, 하나님의 종과 백성을 향한 사랑과 긍휼함이 있어야 합니다. 그 생활은 항상 힘들고 긴장되고 고독할 수밖에 없습니다. 하나님이 높이시면 높이실수록 그 강도는 더해 갑니다. 그러나 그것은 죄 안에서 죄에 붙들려 살면서 힘들고 긴장되고 고독한 것과는 비할 수가 없습니다. 차원이 다른 내적 평강이 있습니다.

여러분은 이 책을 읽으면서 부러움을 느꼈을지도 모릅니다. 아니 누군가는 '당신이 그런 높은 자리에 있으면서 일반 크리스천들이 겪는 시련과 고통을 어떻게 알 수 있겠느냐'고 반문할지도 모릅니다. 물론 나는 사람들이 흔히 생각하는 그런 고생을 하거나 환난을 당하지는 않았습니다. 직장을 들어가지 못해 낙담하지 않았고, 사회에 나와 돈이 없어서 답답하지도 않았으며, 승진을 못 해서 슬퍼한 적도 없고, 건강이 나빠져서 절망한 적도 없습니다.

그러나 나도 가난하게 자랐고, 가진 것이 없었기 때문에 그저 공부만 해서 고시에 합격했으며, 아무도 도와줄 사람이 없었기 때문에 열심히 일만 했습니다. 1994년 하나님을 다시 믿게 된 이후 소위 말하는 높은 자리까지 올랐지만, 실상 나에게는 세상적인 즐거움을 즐길 수 있는 시간이 없었습니다.

그것만이 아니었습니다. 국장을 할 때는 과거사와 독도 문제로 인해 한일 관계가 나빠질 때마다 무릎 꿇고 하나님께 얼마나 많은 기도를 했는지 모릅니다. 김대중 대통령을 모시고 일할 때 나라와 민족을 위해서, 또한 억울하게 사람들로부터 비난받는 대통령을 위해 기도하면서 얼마나 많은 눈물을 흘렸는지 모릅니다. 주중대사를 할 때 중국에 사스가 발생하여 교민들이 철수 명령을 내려 달라고 요청할 때 하나님께서 주시는 마음으로 거절을 하면서 또 얼마나 두려웠는지요. 공관장회의에 들어갈 때 하나님께서 대통령 주최 만찬에 가지 말라고 하셔서 안 간다고 통보하면서, 그리고 대통령에게 사스는 6월 말에 진정될 것이니 당초 예정대로 7월 초에 오시라고 건의한 다음,

나는 얼마나 무서웠는지 모릅니다.

그 외에도 하나님의 말씀에 순종하면서 이런저런 종류의 두렵고 떨리는 경우를 참 많이 경험했습니다. 수많은 결혼식을 다니며 30년 이상 축의금을 냈는데 정작 내 아이들 세 명을 결혼시킬 때는 하나님께서 받지 말라고 하셨다고 축의금을 받지 않는 것이 얼마나 힘든 결정인 줄 아십니까? 은퇴를 하면서 하나님이 말씀하신다고 40여 년 동안 유지해 온 전화번호 수천 개를 지우기 위해서는 얼마나 큰 용기가 필요한 줄 아십니까? 유명 로펌이나 대기업에서 상상도 할 수 없는 연봉을 주겠다고 하는데 그 모든 유혹을 다 거절했을 때 나라고 마음이 흔들린 적이 없었겠습니까?

공직에 있을 때는 매일 사무실에서 열심히 일하고 집에 돌아오면 새벽까지 다른 사람을 위해 기도하고, 주일에는 교회에 가서 힘없고 가난한 교인들과 시간을 보냈는데, 은퇴를 해서는 세상 사람은 만나지 않으면서 영화도 드라마도 안 보고, 산에도 물에도 놀러 가지도 않고 매일 기도만 하면서 하나님을 위한 일만 한다면 여러분은 그런 인생을 어떻게 생각합니까? 여러분에게 그런 기회가 주어진다면 선뜻 그 길을 걷겠다고 나서겠습니까? 여기까지 온 길을 돌아보면 영광도 있었지만 제 삶은 힘들고 고달팠습니다. 그래도 하나님께 붙들리고 성령님의 이끄심이 있었기에 기쁨으로 이 모든 것을 감당할 수 있었습니다.

결론은 하나님께서 그분의 계획을 위해서 하나님의 사람을 높이실 때 그 사람은 어디에서 무슨 일을 하든지 영광과 함께 반드시 힘들고 고달프고 고독한 길을 갈 수밖에 없다는 것입니다. 여러분이 만약 그런 고통을 감내함 없이, 하나님을 믿어 좋은 학교에 들어가고, 좋은 직장에 들어가서, 좋은 배우자를 만나 죽을 때까지 즐겁고 행복한 인생만 추구한다면, 반드시 언젠가는 자신이 얼마나 헛되고 이기적인 삶을 살았는지 깨닫고 후회하게 될 것입니다. 물론 하나님은 자기중심적인 이기주의자들을 절대로 높이지 않으실 것이며, 제가 믿기로는 어쩌다 그런 자리에 가더라도 부끄러움을 당하고 끝날 확률이 높습니다.

통일한국시대와 동북아중심시대를 대비하라

한반도 통일은 우리가 느끼지 못해도 다가오고 있습니다. 남북통일은 '할 것이냐 안 할 것이냐'라는 의지의 문제가 아니라, 하나님의 방법으로 틀림없이 이루어질 일이며, 그 시기도 우리가 예상하는 것보다 훨씬 빠를 것입니다. 한반도의 통일이 이루어진 다음, 여러분은 통일한국이 세계 중심에 우뚝 서서 아시아와 세계 평화와 번영에 기여하는 시대를 보게 될 것입니다. 그리고 여러분은 그러한 시대에 주역이 될 것입니다.

여러분은 그때를 대비하여 시간을 아껴 열심히 공부해서 필요한 실력을 길러야 합니다. 그러려면 여러분은 자신이 즐기고 싶고, 자신이 하고 싶어 하는 것을 일정 부분 포기해야 합니다. 다시 한번 강조하지만 지금 세상 사람들이 중시하는 학연과 지연과 혈연은 절대로 중요한 것이 아니며, 다 신기루 같은 것이기에 그런 것을 부러워할 필요가 없습니다. 그런 것에 매달려 사는 사람은 어느 날 자신이 믿고 의지하던 바로 그 사람으로 인해 감당할 수 없는 슬픔에 빠질 가능성이 높습니다. 중요한 것은 하나님의 비전을 이루기 위한 여러분의 각고의 노력과 기도입니다.

여러분은 영적 리더가 되어 물질주의와 세속주의에 물든 이 세상을 변화시켜야 합니다. 그러면서 많은 사람에게 하나님의 사랑과 희망을 전달해 그들이 옳은 데로 돌아오게 하는 축복의 통로가 되어야 합니다. 그럴 때 하나님께서는 여러분을 높이실 것입니다. 이 책을 읽은 여러분에게 그러한 하나님의 축복이 임하기를 축원합니다.